Rien n'emprisonne l'innocence

Florence Cassez
et Éric Dussart

Rien n'emprisonne l'innocence

ÉDITIONS DE NOYELLES

118, avenue Achille-Peretti
CS70024 – 92521 Neuilly-sur-Seine Cedex
www.michel-lafon.com

« Ce qui s'est passé est grave. Mais il y aurait quelque chose de plus grave encore, ce serait de garder cette femme dans nos prisons. »

Alfredo Guttiérrez Ortiz
Le 23 janvier 2013.

Préface

Quatre-vingt-seize ans de prison. Le chiffre fait peur. Comme si l'on craignait que le condamné n'ait pas assez d'une vie pour payer sa dette. En France, on dit « perpétuité », ce qui revient à la même peine mais paraît plus réel. Une réalité pourtant cruelle, qui s'apparente à une mort sociale.

Que peut-on avoir fait de si odieux pour mériter un tel supplice ? Quelqu'un le mérite-t-il d'ailleurs ? Une peine à purger dans une prison mexicaine, de surcroît, que l'imaginaire et le cinéma des années 1970 nous présentent ultraviolente et livrée à la loi primaire du plus fort.

Comme tout le monde, je ne sais rien de Florence Cassez, en avril 2008, quand tombe la nouvelle de cette condamnation. Tout juste ai-je lu deux ou trois articles écrits par mes camarades de l'agence béthunoise de *La Voix du Nord*. Mais quand Frank Berton m'appelle pour me signaler qu'il vient de rencontrer ses parents et qu'elle est désormais sa cliente, je suis d'accord avec lui : cette histoire n'est pas ordinaire.

Ma première entrevue avec Charlotte Cassez m'en apprend plus sur la vie de sa fille, sur ce qui l'a conduite à Mexico, mais pas sur ce qu'elle a fait – ou non – pour en arriver là. Avec son cœur de mère et sa douleur plein les yeux, elle me répète : « Ma fille est innocente, monsieur. » Bien consciente qu'il en faudra plus pour convaincre un journaliste.

Je suis grand reporter dans une rédaction dont les chefs croient encore au reportage, à l'enquête. À l'intérêt de prendre son temps, de se donner les moyens pour connaître la vérité et la partager. Quand je rentre au journal, que je livre à mon rédacteur en chef ce que je sais de cette jeune femme de notre région et les questions qui m'habitent, il dit comme une évidence : « Il faut y aller. » C'est le début d'un long travail.

À Mexico, le comportement de la police et de la justice est déroutant. De toute évidence, les autorités s'arrangent avec la vérité, des témoins ont menti, et ce qu'on a présenté au pays tout entier, un matin de décembre 2005, est un montage grossier. On est décidément dans un autre monde.

Au bout de deux ou trois jours de ce genre de découvertes, je rencontre enfin cette jeune femme frêle et décidée à la fois. Elle clame son innocence, ouvre tout grand son dossier pénal, supplie qu'on s'y plonge, qu'on se fasse sa propre idée. Comme tant de fois, en d'autres circonstances, je l'écoute en me demandant si j'ai affaire à une manipulatrice adroite ou à une femme perdue. Si la machination qu'elle raconte est crédible.

Il faut du temps, pour répondre à ces questions. Du travail. Beaucoup de rencontres, d'interviews, de recoupements. De déplacements, aussi. Pour *La Voix du Nord*, je suis allé une demi-douzaine de fois à Mexico. L'évidence a fini par s'imposer : aucun des éléments d'accusation retenus contre Florence Cassez ne tenait. Certains avaient manifestement été inventés de toutes pièces, d'autres avaient été modifiés, arrangés, afin de coller à une culpabilité décrétée mais pas du tout étayée.

« Comment appelle-t-on une femme sur laquelle aucune charge ne pèse ? » demande-t-elle aujourd'hui. Une innocente, voilà la réponse. La Cour suprême n'avait pas à déclarer Florence Cassez innocente. Ce n'est pas son rôle, dans la chaîne judiciaire mexicaine. Mais elle a annulé toutes les charges qui pesaient sur elle et des juges disent aujourd'hui que la justice de leur pays en est sortie renforcée.

Quelques mois après sa libération, je suis retourné à Mexico afin de mesurer ce qu'avait changé le départ des hommes de pouvoir qui avaient tenu le sort de Florence Cassez entre leurs mains durant sept années. Des langues se délient, peu à peu. Pas encore ouvertement. Quand des policiers acceptent de parler de cette affaire, c'est aujourd'hui encore sous couvert d'anonymat. En prenant les précautions d'usage. Mais tous racontent une machination comme il en existe d'autres au Mexique. On est décidément dans un autre monde.

L'affaire Florence Cassez n'est pas un fait divers. Pas même une erreur judiciaire. C'est une violation manifeste, assumée, des droits de l'homme. Une privation indigne de sa liberté. Voilà ce qui m'a poussé à enquêter, à persévérer : un attachement profond à la liberté.

En mêlant à son témoignage les éléments de mon travail, je ne fais que mon métier, comme je le fais depuis trente ans. En parfait accord avec cette jeune femme que j'ai plus d'une fois admirée pour son courage et sa force, mais en m'attachant à respecter les faits. À la profonde émotion de son récit, je ne cherche à apporter qu'une chose : la vérité.

ÉRIC DUSSART
Novembre 2013

– 1 –

J'avais tellement rêvé de cet avion. Des nuits, des journées entières, j'en avais rêvé. Et depuis quelques jours, je savais que c'était pour aujourd'hui. Je le sentais. Mieux : je l'avais compris. Je savais que les juges de la Cour suprême allaient ordonner ma libération, il ne pouvait plus en être autrement. Néanmoins, certains m'avaient mise en garde. Et pas n'importe qui : Luis de la Barreda Solórzano, le fondateur du secrétariat fédéral aux Droits de l'homme, et Miguel Carbonell, un constitutionnaliste très connu au Mexique, qui venaient me voir régulièrement à la prison et me soutenaient depuis longtemps. Ils ne voulaient pas que je me fasse une nouvelle fois des illusions. Et je pense qu'eux-mêmes n'y croyaient pas beaucoup…

Et voilà, j'y suis. Cet avion n'est plus un rêve. Il roule. Mon père est assis à ma gauche, je regarde par le hublot, il fait nuit. C'est la première fois que je voyage en business. Un instant, je ferme les yeux, comme pour mieux sentir la vitesse que prend l'appareil, et la certitude qu'on m'emmène enfin. Je suis épuisée par cette journée complètement folle.

Il est 21 heures et l'avion décolle. Il monte et je vois cette ville s'étaler sous moi, ces centaines de milliers de petites lumières, j'imagine les millions de personnes qu'elles éclairent à cette heure, et je me dis : *Mon Dieu, c'est contre tout ça que je me suis battue*... C'est presque terrifiant de voir l'immensité de Mexico de cette manière. Dans ma prison, j'avais fini par oublier qu'il y avait des gens. Je pensais à des rues vides, des magasins vides, je n'imaginais plus la fureur de cette ville qui grouille nuit et jour...

Mon père me regarde en silence, il devine mes pensées, comprend mon trouble. Son sourire est plein de tendresse, ou d'amour, ou les deux : il me regarde comme un père. Je lui montre le hublot : « C'est contre tout ça que je me suis battue. » Alors il rit franchement et se moque un peu : « Tu sais, il y en a autant de l'autre côté... »

Je ferme les yeux. Tout cela est tellement bouleversant. Tant de changements. La directrice de la prison soudain toute gentille ce midi ; les policiers de la PGR[1], patients, aux petits soins, et d'un seul coup tant de choses à manger, aussi. À la PGR, justement, ils étaient allés jusqu'à nous prévoir des sandwichs. Et dans l'avion, c'est trop d'un coup, alors que pendant sept ans j'ai eu faim plus souvent qu'à mon tour. Le champagne, je ne voulais pas trop y toucher. Je craignais qu'avec l'émotion, le stress, la fatigue... Je craignais de perdre des moments de cette journée. Je voulais la vivre. J'ai

1. *Procuraduría General de la República*, les bureaux du procureur général de la République. L'équivalent de notre police judiciaire.

juste pris une coupe pour trinquer, j'ai bu une gorgée puis j'ai mangé. Maintenant, la tête pleine de cette journée folle, je me laisse bercer par les moteurs réguliers de l'avion et les bruits de la cabine qui s'estompent. Je m'endors.

Je savais que les juges allaient enfin me libérer. La nuit dernière, je n'ai pas dormi pour autant, mais j'étais sûre que cette fois-ci serait la bonne.

Mercredi, jour du conseil de discipline, à la prison de Tepepan, est synonyme de jour de stress. On ne sait jamais à l'avance si on va être convoquée, d'autant qu'on peut l'être pour tout et rien. Ces derniers mois, j'y suis allée cinq ou six fois. Une fois, à cause d'Anne-Marie Mergier, journaliste à *Proceso*, un hebdo mexicain. À la fouille, les gardes ont trouvé une clé USB au fond de son sac – c'est formellement interdit. Ils l'ont empêchée d'entrer, et moi, j'ai été convoquée en conseil de discipline. Une autre fois, parce qu'une amie avait voulu m'apporter une interview qu'elle avait gravée sur un CD. Elle leur a dit que c'était de la musique, mais ils sont allés l'écouter. Elle a été interdite de visites à vie. Et reconvocation pour moi.

Le mercredi matin est donc toujours tendu. Le conseil peut être implacable. Des filles sortent parfois de là en larmes. Surtout quand la sanction les envoie à l'isolement dans les cachots du sous-sol, d'où on entend parfois monter les cris de celles qui y sont enfermées. C'est un cauchemar, ces cachots. Et ces cris qui résonnent dans toute la prison sont obsédants, on ne s'y fait jamais.

Le mercredi est habituellement un jour sans visite. Pourtant, j'ai l'autorisation de recevoir mon père et Gérald Martin, le consul général de France à Mexico – ce n'est pas un jour comme les autres. Je ne les recevrai pas dans la grande salle des visites habituelles, mais dans un coin réservé à ce genre de circonstances, à gauche quand on a passé la première grille de la prison. Juste à côté de la salle du conseil de discipline. Une dizaine de filles angoissées attendent là, sous l'œil de gardiens patibulaires.

J'ai sorti ma petite nappe, je la pose sur la table qu'on a installée à notre intention. Mon panier vert pomme, avec le café soluble, le sucre, les gobelets. J'offre toujours du café à mes visiteurs. Gérald Martin est un homme au physique rassurant. Grand, costaud, il a souvent un sourire avenant et une pointe d'accent du Sud qui contribuent à le rendre sympathique. C'est lui qui va aux nouvelles, au téléphone mural de l'autre côté du couloir. Cette fois, j'ai choisi de ne pas suivre l'audience en direct. Pas la peine. Et trop dur. Je reste là, avec mon père qui ne dit pas grand-chose, qui est au moins aussi tendu que moi et, de temps en temps, le consul va prendre des nouvelles. Mais ce n'est pas encore commencé et, un peu avant midi, nous voyons arriver un personnage que je n'attendais pas du tout. Il se présente comme adjoint au maire de Mexico : « Je viens vous accompagner dans l'attente de la décision. » Je n'ai évidemment pas demandé une chose pareille et c'est bien la première fois qu'on me fait une telle faveur. Le petit homme brun parle beaucoup et se croit obligé de me dire qu'il aime la France. Bon, très bien. Je le regarde et l'écoute, un peu surprise, et voilà qu'il aimerait qu'on reste en contact, maintenant : « Donne-moi ton mail. » Il en a de bonnes, lui ! Je n'ai pas de mail : je suis en prison depuis sept ans. Il se rend compte de son erreur et tente de se rattraper : « Tu as été bien traitée, ici ? » Je préfère en rire.

Dans l'intervalle, Gérald Martin est déjà allé plusieurs fois au téléphone. L'audience a commencé, il y a eu un premier vote, on passe maintenant au deuxième, qui doit être déterminant. Il fait un aller-retour : « Le premier juge a voté oui, le deuxième a voté non... » Puis il est reparti. Mais on sent que ça s'accélère. C'est drôle : mon destin est une nouvelle fois en train de se jouer et je suis là, immobile, incapable de bouger et même de penser à quoi que ce soit. Je voudrais voir à nouveau le consul mais il ne revient pas. Mon père va voir ce qu'il fait.

On entend des cris, là. Je ne rêve pas : on entend très nettement des cris dans la prison, tout au bout du couloir qui donne vers les cellules. Les gardes devant moi me regardent en levant le pouce, je crois qu'ils veulent m'encourager. D'un coup, une copine de mon dortoir qui attendait de passer en conseil de discipline sort du rang et vient vers moi, elle pleure et elle me dit juste : « Libre ! Libre ! » Mon père a trouvé Gérald Martin, il est à côté du téléphone. Il tape du plat de la main contre le mur, deux fois, trois fois... Ils reviennent tous les deux vers moi, mon père est en larmes.

Ça va tellement vite. Mon père me serre, me serre... Et moi, je reste immobile pendant que tout s'accélère autour de moi. Je n'ai pas conscience de ce qui se passe. Quelqu'un a dû donner l'ordre d'évacuer toutes les filles qui attendaient devant la salle du conseil, d'ailleurs celui-ci est interrompu. Les gardes ne sont plus là que pour nous. Le type de la mairie me dit : « Oui, c'est bon. » Et, en un instant, ma table est un véritable buffet. Des gardes et des employés de la prison apportent des plateaux, je ne vois même pas ce qu'il y a dessus. Je n'ai toujours pas dit un mot. Je pense que ce n'est pas possible, qu'il va se passer quelque chose, qu'on va me dire que je dois subir un autre procès…

Voilà des années que j'espère ce moment. Ce matin encore j'y pensais de toutes mes forces, et maintenant c'est là, on me le dit de partout et je n'y crois pas. Je n'y crois pas !

C'est invraisemblable comme cette prison a changé. Tout le monde me sourit, tout le monde est content pour moi, dirait-on. On m'emmène à la visite médicale, maintenant. Un médecin vérifie que je n'ai pas d'hématomes, pas de traces. Ils veulent tous prendre une photo avec moi. J'essaie ensuite d'aller vers ma cellule pour récupérer mes sacs. Mais c'est impossible : toutes les filles sont là, juste derrière la deuxième grille, elles m'agrippent, m'embrassent et on ne peut pas passer. Les gardes me font faire demi-tour et moi, je pense à mes vêtements. Je sais bien ce que je veux : le petit blouson de cuir qui m'a été offert par le comité de soutien. Je m'étais toujours dit que je le porterais le jour de ma libération. Voilà à quoi je pense, d'un coup : à ce blouson et à ce qu'il signifie pour moi.

Mais autour de moi, on me dit un tas de choses. Tout le monde veut mon attention. Un instant, je me dis qu'on va bien me donner un papier, me notifier cette liberté. Un document que je pourrai emporter…

En attendant, on dirait que c'est jour de fête. Une dame arrive, au milieu d'autres gardes : c'est la directrice de l'administration pénitentiaire du Mexique. Elle s'est déplacée pour moi ! Elle aussi me pose des questions. Est-ce que je vais bien ? Est-ce que j'ai besoin de quelque chose ? Et puis Frank Berton arrive. Et Agustin Acosta, un peu plus tard. Mes deux avocats. Ils m'embrassent, je les serre très fort : « On a gagné, Florence. C'est fini. Vous êtes libre. » Aussi clairement qu'ils m'ont dit autrefois que ce serait difficile, que ce serait encore long, cette fois ils me répètent tous les deux que tout est terminé. Que je vais sortir d'ici, rentrer chez moi. D'ailleurs, cela ne va pas traîner : nous allons prendre l'avion de 21 heures. Et je n'arrive toujours pas à y croire.

On reste là, toujours devant cette salle où j'ai parfois tellement tremblé et qui ne me fait plus aucun effet maintenant. Gérald Martin, le responsable de la sécurité de l'ambassade de France négocie les conditions de mon transfert auprès des autorités mexicaines. Il faut faire venir deux voitures blindées du centre de Mexico, et des motards de la police, pour l'escorte. Cela prend du temps. Ce policier français me donne des consignes très précises, très strictes. Plusieurs fois, il me dit : « Florence, vous ne me lâchez pas ! » Je me demande d'abord s'il me prend pour une demeurée, s'il a peur que je me perde. En réalité, je n'ai pas la mesure de ce qui se passe dehors.

Il est 16 heures, environ, la nouvelle de ma libération est tombée depuis trois heures et, devant la prison, il y a une foule de journalistes. Mexicains et français, tous médias confondus. Derrière eux, des curieux sont venus aux nouvelles ou exprimer ce qu'ils ressentent. Agustin Acosta ne m'en a rien dit, mais il a été interpellé, à son arrivée, par plusieurs personnes que ma libération rendait agressives. Des femmes qui parlaient de honte et de choses comme ça. Voilà ce qui fait peur aux autorités mexicaines et françaises : les débordements. Pour l'instant, je n'en ai absolument pas conscience.

Après une longue attente, deux policiers viennent enfin vers nous. Avec deux gilets pare-balles. Un pour moi, l'autre pour mon père. Cette fois, on part. Les policiers sont en armes, et nombreux. Ils nous emmènent au sous-sol, où nous attendent deux voitures blindées aux couleurs de la police mexicaine. Je sens bien qu'ils ne laissent rien au hasard. Ce sera moins tranquille que je l'imaginais. D'ailleurs, à ma grande surprise, pour sortir de la prison, on me fait asseoir par terre, à l'arrière de la voiture, et deux policiers m'encadrent. Le gilet pare-balles me remonte sous le menton et ça me fait comme une carapace, j'ai l'air d'une tortue. Chacun des gardes pose un bras sur ma tête, comme si je leur servais d'accoudoir. La voiture a déjà démarré, nous sortons de la prison et j'essaye de regarder ce qui se passe autour de nous. L'espace de quelques secondes, je vois nettement la foule et c'est assez pour que je sente l'hostilité, la rage qui règne dès que nous avons franchi la lourde porte.

Je n'en reviens pas. Instinctivement, je me suis recroquevillée et maintenant, j'ai peur. Une idée terrible me traverse l'esprit : une balle dans la tête. Je la vois, d'ailleurs : pile entre les deux yeux. Les gangs de narcotrafiquants appellent ça le troisième œil. Les images de mon arrestation et du montage médiatique qui a suivi me reviennent.

La voiture a dû prendre de la vitesse. Elle roule vite et, exactement comme en décembre 2005, je ne sais pas où je vais. C'est la même ambiance, la même angoisse prenante, plus à cause de la vitesse que de la violence. La différence, c'est que je n'ai pas de menottes et, surtout, que mon père est avec moi.

À ce moment, pourtant, un sentiment nouveau s'empare de moi. La fierté. Une fierté immense ! J'ai gagné. J'ai gagné après m'être battue, si longtemps, tant de fois ; je suis sur le chemin qui me ramène chez moi, ils n'ont pas eu raison de moi. C'est bête, mais je me sens comme une guerrière. Tant pis pour ces visages rouges de colère que j'ai aperçus tout à l'heure. Je me dis que c'est le Mexique, ceux-là ne comprennent pas. Ils ne comprendront jamais. Cela ira mieux en France…

Je suis loin d'imaginer ce qui m'attend.

Avant de prendre l'avion, il faut passer aux services de l'immigration où l'on peut m'établir de nouveaux papiers, au moins provisoires. C'est là que se trouve le passeport avec lequel je suis entrée au Mexique, en septembre 2005. Le 9 septembre, plus précisément. Je me souviens qu'un autre agent de l'immigration, ce jour-là, avait fait une erreur, à l'aéroport : il avait mis un tampon du 9 août. Lors du procès, cela m'avait valu de sérieuses complications, et il avait fallu que je prouve ce que je disais à l'aide de mes billets d'avion. Ma mère avait même envoyé de France un certificat de mon médecin qui prouvait que je l'avais consulté le 20 août. Mais tout était compliqué. Tout était suspect. Et je ne sais pas ce qui me prend, à cet instant, alors que la voie de la liberté est en train de s'ouvrir toute grande devant moi, mais je refuse que l'agent qui m'établit un nouveau passeport y remette la date du 9 août. Ce n'est pas ça. Ce n'est pas la vérité ! Je me suis battue pour la vérité, pendant ces sept années, et à cet instant je n'arrive pas à passer au-dessus de cette banale histoire de date. Je me dis que ce n'est pas possible, que ça ne va pas recommencer, je pleure et tout le monde autour de moi me regarde, chacun se demandant pourquoi j'en suis là, pourquoi je fais tant de cas de ce détail…

Je suis fatiguée. Le poids du gilet m'accable, et je ne suis pas à l'aise dans cette pièce de la PGR, que je voyais si souvent à la télévision. C'était à l'heure des faits divers, quand je guettais si l'on parlait de moi dans les journaux. Je reconnais parfaitement ce hangar où les policiers exhibaient des pauvres types qui s'étaient fait arrêter, où l'on étalait les butins. Combien d'innocents, parmi ceux-là ? Combien de coupables fabriqués à l'aide de fausses preuves ? Je ne peux pas m'empêcher d'y penser quand le gars qui remplit les papiers me demande soudain si j'envisage de rester vivre dans le pays. Je suis sur le point de lui demander si c'est une blague, mais

Gérald Martin me coupe : « Répondez par oui ou par non, Florence. »

Il ne faut plus traîner ici. On m'emmène dans une autre petite pièce, où m'attendent Élisabeth Beton-Delègue, l'ambassadrice de la France, Laurence Pantin, la responsable de la communication, ainsi que mon père et quelques policiers. Sur une table, il y a des verres, ils ont envie de trinquer à ma libération, une gentille attention. Je me sens entourée de gens de confiance, c'est la première fois que je ne suis qu'avec des Français. Et pourtant, quelque chose me bloque : le drapeau avec les insignes de la PGR, sur un des murs de la pièce. J'ai vu ces insignes tant de fois associés à des histoires sordides, derrière des gens que j'imaginais confrontés au même drame que moi. Je ne sais plus que dire à Mme Beton-Delègue qui veut faire une photo à mes côtés, alors que c'est interdit. Moi, je sors de Tepepan, où l'on passe en conseil de discipline même quand on n'a rien fait…

Mais nous partons enfin. Vers l'aéroport, cette fois. Directement. Et c'est fou, mais les motards mexicains ont une nouvelle fois dégagé la route. La voiture fonce dans le soir qui tombe, les lumières défilent sur l'autoroute, je regarde la ville sans vraiment la voir. J'ai droit à un traitement de faveur, voiture blindée et escorte de motards qui nous déposent directement sur le tarmac. Dans la nuit mexicaine, déjà fraîche, cet avion immense et le symbole qu'il représente pour moi m'impressionnent. Quand j'arrive à bord, j'ai déjà le sentiment d'être en territoire français. J'en avais tellement rêvé.

– 2 –

Aussi curieux que cela puisse paraître, je me réveille exactement dans le même état d'esprit qu'avant de m'endormir. Je suis pourtant dans cet avion, mon père dort encore à mes côtés, je vois les hôtesses s'affairer, Frank Berton se lever, les cheveux en bataille, et je ne réalise toujours pas.

Il reste deux heures avant d'atterrir à Roissy. Je me suis assoupie sans vraiment trouver le sommeil. J'ai somnolé, plutôt. Je voudrais être rentrée chez mes parents, au calme, avec ma famille et mes objets, à tenter de reprendre possession de ma vie puisqu'il paraît que je suis libre de le faire. Les yeux fermés, je pense à tout cela pendant quelques instants de solitude comme je n'en ai pas encore eu beaucoup.

On nous sert un petit déjeuner. Autour de moi, les gens sont toujours aussi agréables. Souriants, prévenants. Mon père est aux petits soins. Il se lève un moment, et c'est Frank Berton qui vient s'asseoir à sa place. Comme moi, il a pris le temps d'aller se rafraîchir, sa belle voix chaude a retrouvé le timbre que je lui connais : « Comment vous sentez-vous, Florence ? » Je lui dis que ça va, que je suis évidemment un peu fatiguée, que j'ai hâte d'être au calme. Il ne me laisse pas aller plus loin. S'il est venu me rejoindre, c'est pour m'expliquer ce qui va se passer quand nous serons à l'aéroport, et ce qu'on attend de moi.

Depuis cinq ans que nous nous connaissons, mon avocat m'a toujours parlé franchement, et j'ai toujours apprécié cela. Dès de notre première conversation au téléphone, en avril 2008, quand mes parents étaient allés le voir dans son cabinet, à Lille, il m'avait expliqué que ma situation était compliquée et m'avait bien fait comprendre qu'il ne me promettait rien de facile. Avec lui, il n'était pas question de se faire des illusions. Et quand enfin il m'a dit un jour qu'on pouvait espérer, c'est qu'il en était certain.

Il est donc sûr de lui, et de ce qui nous attend dans quelques minutes. Moi qui croyais arriver directement dans les bras de ma mère, de mes proches, j'apprends qu'il y aura des journalistes – beaucoup de journalistes – et aussi un comité d'accueil officiel, que je devrai parler à tous ces gens, donner des interviews – et pas seulement à l'aéroport, mais sans doute toute la journée.

Je suis effondrée. Non que je ne veuille pas parler à tous ces gens, exprimer mon bonheur, ma reconnaissance à tous ceux qui m'ont soutenue pendant sept années, mais j'aurais vraiment aimé que ce soit un tout petit peu plus tard. Juste un peu plus tard. Frank me comprend, sans doute, mais il ne me laisse aucun espoir.

Je sors de sept années d'enfermement pendant lesquelles j'ai dû faire attention à tout ce que je disais.

À chaque parole, à chaque geste, parce que j'étais sans cesse épiée, parce qu'on pouvait me reprocher le moindre écart, même quand ce n'en était pas un à mes yeux. Je ne sais plus comment on s'exprime naturellement. Je voudrais qu'on comprenne – que Frank comprenne – que j'ai peur de la foule. Je suis terrorisée à l'idée d'affronter ce qui va m'arriver si je ne sais pas précisément de quoi il s'agit, qui me regarde ou m'écoute, où l'on m'emmène… Je n'ai plus rien fait d'imprévu, rien qui ne soit planifié, depuis si longtemps. Et quand, par malheur, c'est arrivé, quand on m'emmenait vers un nouvel endroit, de nouveaux interlocuteurs, c'était chaque fois une nouvelle épreuve. « J'ai peur, Frank. » J'ai tellement peur que je lui dis tout de go : « Je ne veux pas parler aux journalistes. »

Il ne s'énerve pas. Il prend le temps, c'est tout juste s'il durcit un peu le ton, pour que je sente que c'est sérieux, là. Il m'explique que c'est vraiment dans mon intérêt. Au-delà de la simple politesse qui veut que je me présente à tous ceux qui seront là, ce dont je conviens tout de suite, il est important que je réponde à l'attente des gens qui se posent encore tant de questions. En me défilant, j'aurai tôt fait de donner l'image d'une capricieuse. Et lui qui connaît bien le monde de la presse et ses habitudes a sa petite idée : « Si vous ne parlez pas aujourd'hui, vous aurez des paparazzi aux trousses pendant des jours. Peut-être des semaines. Où que vous alliez, quoi que vous fassiez, ils vous traqueront pour une photo ou pour une interview… »

Il a toujours su trouver les mots. Je vais donc parler aux journalistes, et sans tarder même, puisqu'il y en a une dizaine dans cet avion, de l'autre côté du rideau qui abrite la classe business. Personne ne m'en avait rien dit, mais certains d'entre eux sont restés là, juste de l'autre côté de ce rideau, pendant une bonne partie du voyage. Les hôtesses ont été d'admirables gardiennes de ma tranquillité.

Voilà donc quelques micros, et même une caméra. Pour moi, c'est la première fois, puisque pour toutes les interviews que j'ai données en prison l'ont été à l'abri de mon téléphone. Je n'avais qu'à me concentrer sur ce que je disais, et c'était d'autant plus facile qu'il s'agissait le plus souvent d'exprimer ce que j'ai toujours eu de plus cher, pendant toutes ces années : mon innocence. J'étais contre ces longs murs de la prison de Tepepan, dans un endroit qui m'était devenu familier, et c'est bête à dire mais je me sentais plus en sécurité que maintenant, face à ces gens que je ne connais pas et dont je sais, pourtant, qu'ils ne me veulent aucun mal.

Une demi-heure avant que l'avion se pose, me voilà debout dans l'allée, Frank à mes côtés, à tenter d'expliquer que tout cela est encore un peu abstrait, que je ne réalise pas. Je ne parviens pas à aligner deux phrases sans me retourner vers Frank, qui comprend alors que rien n'est gagné pour la conférence de presse au salon d'honneur de l'aéroport. Car il sait, lui, que nous sommes attendus au salon d'honneur, que ce sera la cohue, que je serai impressionnée. Mais il ne m'en a dit que le strict minimum. Je crois qu'il fait confiance à mes capacités d'adaptation. Même si, à cet instant précis, chaque fois que je me retourne vers lui pour guetter son approbation, c'est peut-être une lueur d'inquiétude que je devine au fond de son regard.

Au sol, je suis de nouveau l'objet de toutes les attentions. Je sors la première, les gens me sourient, m'encouragent. Dans le couloir qui se présente à moi, on me serre la main, on m'emmène vers un escalier à l'air libre. Tout le monde me fait signe, alors je fais signe. Je suis tellement fébrile.

Ma mère, dans un pull rouge, est face à moi. Elle est au bout de cette passerelle et je marche vers elle, je ne vois qu'elle, en fait. On s'embrasse, enfin. Je sens qu'elle me serre, qu'elle me serre très fort dans ses bras. Ni elle ni moi ne réussissons à prononcer le moindre mot. Il existe une photo de cet instant. Une photo superbe. Nous avons les yeux fermés sur ce cliché, et je peux dire qu'alors nous sommes seules au monde. À rire. À nous étreindre en pensant toutes les deux la même chose : « Voilà, nous y sommes arrivés ! » On n'y croit pas vraiment, on pleure un peu…

Un type, souriant, m'attrape par le bras, m'emmène vers un minibus, je me dis qu'il est gentil, plein d'attention. Dans le véhicule, je rencontre pour la première fois Thierry Lazaro. L'un des hommes importants dans mon histoire : il est le premier élu à avoir reçu et écouté mes parents, en 2008. C'est lui qui a contacté Nicolas Sarkozy, qui a obtenu le premier rendez-vous à l'Élysée, et quand on sait tout ce que l'ex-Président a fait pour moi, tout ce que je lui dois, on comprend que mon cœur bondisse de joie au moment de l'embrasser. Mais on n'a pas vraiment le temps de faire connaissance.

Dans ce minibus, il y a également Frédéric Cuvillier, autre élu qui m'a beaucoup soutenue. Aujourd'hui, il est ministre, mais bien avant cela il formait avec Thierry Lazaro un tandem solide et symbolique, parce qu'il transcendait les partis politiques. Souvent, mes parents m'ont dit que ces deux-là avaient été précieux, leur soutien sans faille. Avec eux, je me sens revigorée, pleine de confiance. Du coup, je me retourne vers l'homme si prévenant, qui ne m'a toujours pas lâché le bras. Et c'est à cet instant que je m'aperçois que c'est Laurent Fabius. C'est vrai, ça me revient maintenant : je crois que Frank m'avait parlé du ministre des Affaires étrangères, quand nous étions encore dans l'avion.

Tout ça pour moi ? J'ai l'impression, alors, que je suis un peu dépassée, qu'il faut vraiment que je fasse attention à ce que je dis, à ce que je fais, que je ne peux pas me contenter d'être naturelle, comme je le fais d'habitude. Je dois me tenir comme on l'attend de moi. Je regrette amèrement de ne pas avoir écouté Frank attentivement quand il m'a expliqué ce qui allait se passer, ce que je devais dire pour n'oublier personne. Tout cela me paraissait tellement irréel.

Mais nous y sommes. Mon frère, à la descente du van, qui m'embrasse et m'étreint, puis une vraie cohue, maintenant, avec Jean-Luc Romero, fidèle président du comité de soutien, ma tante Marilou et tant d'autres gens, dont certains que je ne connais même pas. Tant d'idées se mélangent dans ma tête. Je ne peux pas m'empêcher d'avoir peur, à nouveau. Je sais que je dois en passer par là mais je n'ai qu'une envie, c'est que tout cela finisse et que l'on soit ensemble, avec ma famille, au calme. J'ai le sentiment de ne pas être dans la même émotion que tous ces gens. Pas du tout dans la même énergie.

On change de salon, et c'est encore pire. Tous ces journalistes qui crient, qui se bousculent et se marchent dessus, et les clameurs qui redoublent quand nous avançons dans la pièce. Un micro est installé, c'est là que me conduit Laurent Fabius. Ils attendent un discours, mais je suis bien incapable de parler. J'essaie d'être la plus souriante possible, c'est tout. Heureusement, c'est d'abord Laurent Fabius qui prend la parole. C'est important. Je l'entends dire « innocence », et aussi « justice a été faite », et ces mots me font un bien fou. Je me suis mise un peu sur le côté, mais il m'attire vers le micro : « C'est à vous, Florence. » Mais je n'ai rien à dire, moi. Pourtant, Frank m'avait bien demandé de remercier, de ne pas oublier… Et tout ce que je sais dire, c'est : « Vous avez des questions ? »

Je manque une belle occasion, là. Si j'avais su, j'aurais écrit un discours et je l'aurais lu, il n'y aurait pas eu de questions. Je me sens un peu dépassée, pas du tout à la hauteur…

Combien de fois, en sept ans, ai-je rêvé de voir une caméra ? Là, ils sont deux cents à se bousculer et je ne sais pas quoi dire. Les mots ne viennent pas, je ne sors que des banalités. Je suis une fille toute simple, moi. Une fille qui s'est tout de même tirée d'un sacré guêpier, mais maintenant je m'entends dire que je veux vivre normalement, que je veux aider les autres à mon tour… Je n'ai pas un mot pour rappeler que je suis innocente. Je ne reviens pas sur toutes ces choses que j'ai répétées pendant sept ans, les invraisemblances des accusations qui pesaient contre moi, les contrevérités sur lesquelles on m'a condamnée et que des gens croient encore, ici... Mais je n'ai pas la tête à cela. Je suis dans l'euphorie, le choc des retrouvailles avec ma famille. Je ne crois pas un seul instant que certaines personnes doutent toujours de moi, je pense que l'on me fait enfin confiance, j'en ai tellement rêvé. Pour moi, liberté rime avec innocence. Je me dis que les gens me découvrent telle que je suis. Non plus sur de vieilles photos, mais nature : je parle, je bouge, je me montre sincèrement, autant que je le peux. Je ris, aussi. Il y a bien une question, à ce propos, une fille je crois, qui fait remarquer que j'ai été libérée mais pas innocentée, mais dans l'euphorie du moment je ne la saisis pas bien. Frank Berton s'avance vers le micro et répond à ma place : « Nous étions à l'audience et nous avons entendu les cinq magistrats de la Cour suprême dire que même les témoignages des victimes n'étaient pas crédibles. Ça suffit ! La Cour suprême est venue dire que cette jeune femme est innocente. Et elle l'est ! »

Voilà bien une question avec laquelle je suis loin d'être quitte. Comme celle de la médiatisation qui accompagne mon retour. On va tellement me la reprocher. Comme si je l'avais voulue !

Enfin nous sommes réunis, mes parents et moi, dans une voiture. Ils sont à l'arrière et moi, à l'avant. Je ne sais pas qui conduit. Je n'ai d'yeux que pour eux, que je retrouve, à qui j'ai envie de dire tant de choses.

Tous les deux, l'un contre l'autre, mon père qui prend ma mère par l'épaule, la serre un peu plus contre lui, doucement, et lui dit : « Tu vois, je te l'ai ramenée. Je te l'avais promis… » Il dit cela rien que pour elle, presque tout bas. Je le lis sur ses lèvres plus que je ne l'entends. Et ma mère, si forte, ma mère qui semble toujours avoir le contrôle de ce qui se passe et de ce qu'elle éprouve, je la vois cette fois qui a l'air d'une petite fille, blottie contre son homme, toute douce, toute fragile. Sans doute le seul moment d'intimité de mes parents dont j'aie été témoin, mais celui-là les vaut tous. Mon papa fier d'avoir ramené sa fille et ma maman qui pleure doucement. Dans un état, dans une posture que je ne lui connaissais pas. La pensée qui me vient alors, en la regardant, c'est : « Qu'est-ce qu'elle est douce… »

La voiture nous dépose chez ma tante Marilou. Elle habite un appartement au cœur de Paris, un endroit familier. Je suis heureuse de m'y rendre avec mes parents, mes frères, pour me rafraîchir et me poser un peu, mais ça ne durera pas. J'espérais que tout cela se termine : ça ne fait que commencer, au contraire.

La voiture dans laquelle je suis maintenant, avec Frank Berton, est escortée par des motards – français, cette fois – et conduite par deux gardes du corps. On me prend pour un ministre ! Mais qui a décidé cela ? On m'emmène sur le plateau d'une chaîne d'information en continu.

Frank prend des appels et organise d'autres interviews pendant qu'on roule, et chaque fois ce sera la même chose : accueil, poignées de main, maquillage et plateau. « Comment allez-vous, Florence ? Que ressentez-vous ? Qu'allez-vous faire, maintenant ? » Mais je n'en sais rien, moi ! Je veux juste vivre, profiter des miens, et je ne sais même pas où ils sont. On reprend la voiture, autre plateau, mêmes questions… Il faut que je sourie, que je reste détendue. Après tout, j'étais bien contente quand tous ces gens parlaient de moi quand j'étais là-bas, alors qu'ils auraient tout aussi bien pu m'oublier. Donc on continue. Depuis 14 heures, quand nous nous sommes posés à Roissy, ça n'a quasiment pas arrêté.

J'entends qu'il y a un problème avec le journal de 20 heures. Frank négocie au téléphone, il répond aux uns et aux autres, décide pour moi… Je regarde les rues de Paris qui défilent, les motards qui ouvrent la route, je voudrais que tout le monde soit satisfait. D'ailleurs, avec la foule qui m'attendait à l'aéroport, je croyais que c'était le cas. Pourquoi faut-il continuer ? Pourquoi Frank doit-il se montrer si ferme ?

La direction de France 2 est au téléphone. Ils ne sont pas contents parce que nous serons ce soir dans le journal de TF1. Frank me dit que c'est cette dernière chaîne qui nous a le plus suivis pendant que j'étais en prison. Il a raison : je connais la journaliste Dominique Lagrou, qui est venue me voir à Tepepan. Alors, va pour TF1. On ira sur France 2 plus tard.

En réalité, nous n'irons jamais sur France 2. Ils ne sont pas contents. Je ne peux pas deviner que c'est si important. Allez, encore une autre chaîne, en direct. Des coulisses, des poignées de main, puis le plateau, la lumière crue, les caméras, il faut se tenir droite, expliquer le mieux possible, encore et encore.

Nous finissons en effet par TF1. Réception en grande pompe. Pour moi, le 20 heures de TF1, c'était encore PPDA. J'avais bien entendu Laurence Ferrari au téléphone, mais c'était à mon appareil mural. Ici, je suis accueillie par un type très gentil, très doux, avec un sourire rassurant, Gilles Bouleau. L'interview est longue, mais je suis à l'aise. Et puis, c'est la dernière. Enfin… presque la dernière. En arrivant à l'hôtel, on me dit qu'une autre équipe de télévision est là, installée dans l'un des salons, avec projecteurs et micros. Je suis furieuse et sur le point de le montrer, cette fois. On m'avait promis que c'était terminé !

Heureusement, le type est charmant. L'interview passe vite. Et cette fois, c'est fini. D'un seul coup, ça s'arrête. Plus de caméra. Juste ma famille et quelques amis. Mon premier moment de relâche. Mon premier moment d'émotion intime. J'avais faim, mais je n'ai pas beaucoup mangé : tout le monde voulait me parler.

Je me souviens de mes premières minutes de vraie liberté. Nous sommes sortis pour fumer une cigarette, avec mes frères. Pas question d'aller sur le trottoir : des journalistes stationnaient devant l'hôtel – ils y resteraient toute la nuit. Alors un employé nous a guidés à travers des couloirs, les cuisines, une petite passerelle, jusqu'à une terrasse qui donnait sur les toits. Mes amis Mélissa Theuriau et Jamel Debbouze étaient également présents. Il faisait frais. J'ai laissé filer la conversation, je ne l'entendais plus. Je profitais enfin. Et puis j'ai réalisé que je voulais être seule.

– 3 –

Mon corps a dit « stop ». J'étais épuisée. Épuisée. C'était le lendemain de mon retour, et tout avait recommencé comme la veille. Interview dans les studios de RMC avec Jean-Jacques Bourdin dès le matin. Or je n'avais pas fermé l'œil de la nuit. Trop de tension, et trop d'interrogations, aussi. Comme un sentiment de malaise. Pendant cette longue nuit, j'ai eu l'occasion de retourner dans ma tête quelques questions entendues ici et là, quelques remarques que je n'avais pas voulu relever, sans doute, au cours de cette folle journée.

Manifestement, beaucoup de gens doutaient de mon innocence, et l'accumulation d'interviews les gênait. « On » en faisait trop sur moi ; on me voyait trop, je paraissais trop détendue, trop à l'aise.

On m'a reproché plus tard d'avoir séjourné deux nuits dans un palace parisien. Comme si je l'avais demandé ou exigé, alors que je n'ai fait que suivre ce que Franck avait prévu.

Si encore j'en avais profité ! Quand Mélissa m'a laissée seule, après m'avoir accompagnée jusqu'à une suite luxueuse, je me suis sentie perdue. Pourtant, c'était ce que je voulais : me retrouver seule. Mais je n'avais pas prévu le choc. J'ai pénétré dans un monde que je ne connaissais pas. Et ce n'était certainement pas le moment de partir à l'aventure. Je n'avais jamais dormi dans un hôtel de luxe, et je sortais de sept ans de prison.

Il y avait une grande table, avec des fruits et un seau à champagne rempli de plusieurs bouteilles. Je n'ai pas osé y toucher. C'était la table de l'interdit ! À Tepepan, on n'avait pas droit à l'alcool, bien sûr, ni aux fruits – tout ce qui peut macérer est interdit : les filles peuvent s'en servir pour faire de l'alcool.

Il y avait des fleurs – trop de fleurs pour moi. Et un téléviseur gigantesque avec un iPod en guise de télécommande. J'ai été incapable de l'allumer. Pareil avec le robinet d'eau chaude de la douche : je n'ai pas su m'en servir ! J'ai même fini par avoir peur, c'était trop grand. Il y avait des penderies, des cintres, et tout était vide. Je n'avais pas de trousse de toilette ni de change. J'ai donc passé cette nuit à laver mon linge et à guetter le moindre bruit.

Le pire a été le matin, au réveil. J'avais fini par m'endormir et je n'ai pas entendu qu'on frappait à la porte. Tout le monde s'est inquiété. Un employé de l'hôtel a utilisé un double des clés et il est venu me réveiller. Quelle frayeur ! J'ai découvert au pied de mon lit un homme inconnu alors que je ne savais pas où je me trouvais… J'ai cru qu'on allait me tuer.

Cette nuit-là n'est vraiment pas un bon souvenir. Tous les commentaires qui l'ont suivie non plus. Je me sens tellement étrangère à ce qu'on me reproche. Je n'ai pas des goûts de luxe et je n'ai jamais eu particulièrement l'envie de m'exposer. Si j'ai répondu à toutes ces interviews, c'est parce que je voulais remercier tous les journalistes qui avaient parlé de moi pendant ces sept années. Je leur devais bien ça. Je faisais de mon mieux et ça n'allait pas. L'enfer de la veille recommençait de plus belle.

Et il y a eu l'épisode Sarkozy. Je dois beaucoup à l'ancien Président. Lui non plus ne m'a jamais laissée tomber, il a même pris des risques pour moi. Mais quand son entourage a souhaité que nous passions le voir avant d'aller à l'Élysée, nous n'avons pas pu accepter. Cela aurait été terriblement maladroit. J'entendais Frank discuter, argumenter, rester ferme, et je me suis agacée. J'ai pris le téléphone et j'ai expliqué moi-même que ce n'était pas possible. La lassitude et la nervosité m'avaient fait perdre toute patience. On est finalement convenus d'un rendez-vous quelques jours plus tard. J'étais au bord de la crise de nerfs, je le sentais bien. Je suis restée sept ans dans l'enfer des prisons mexicaines, je suis passée par tous les états d'âme, y compris des moments de détresse où je croyais mourir, alors maintenant je connais mes limites. Là, je les avais presque atteintes. Je suis rentrée à l'hôtel, je me suis enfermée et j'ai pleuré.

Je ne voulais même pas aller à l'Élysée. C'était impossible, bien sûr. Frank Berton me l'a tout de suite fait comprendre. Il a fait en sorte qu'on me laisse en paix dans l'après-midi, en commençant par annuler toutes les autres interviews prévues. Autant dire que nous avons fait des mécontents. Mais je ne pouvais plus, c'est tout. Je ne pouvais plus sortir de cet hôtel, poussée par des gardes du corps, poursuivie par des photographes.

Après une petite sieste et une bonne douche, j'ai fait bonne figure à l'Élysée. Je pensais être impressionnée, je vivais quelque chose de si extraordinaire ! Mais après la cloche et l'huissier qui annonçait « le président de la République ! », tout a été très simple. Je l'ai vu arriver vers moi en souriant, il était plus petit que je l'imaginais. Au téléphone, à Tepepan, je l'avais trouvé calme, sympa, très à l'écoute. Ça contrastait avec Nicolas Sarkozy qui parlait plus vite, qui était plus nerveux. François Hollande a donc été agréable, drôle et sa compagne, adorable. Elle nous a demandé si elle devait laisser en place le service de gardes du corps. Manifestement, c'était elle qui gérait cela. Frank Berton a demandé de l'alléger. C'est vrai que ces types qui me tenaient toujours par le bras, c'était énervant aussi.

À ma grande surprise, il y a encore eu des dizaines de journalistes dans la cour, en sortant. Et il a fallu que je parle une nouvelle fois dans un micro posé là, au milieu, tout seul. Encore un moment difficile. Je n'étais alors pas du tout dans l'état d'esprit qu'il fallait. Je n'avais pas évacué. J'ai bredouillé quelques mots et les journalistes se sont dit que c'était bien la peine d'avoir attendu là, dans le froid, pour ça. Mais je ne leur ai jamais demandé d'attendre !

Nous sommes partis directement dans un restaurant avec ma famille. Quelques minutes plus tard, j'ai vu arriver Fausto. C'était ma mère qui l'avait invité à se joindre à nous. Fausto est installé en France depuis une douzaine d'années, mais il est né et a grandi à Mexico. Il avait entendu parler de moi en France. Très vite, il avait adhéré au comité de soutien, avait pris contact avec Jean-Luc Romero et mes parents. Je l'avais rencontré à Tepepan : il avait fait le voyage pour rendre visite à sa famille et en avait profité pour venir me voir. Il m'avait dit : « Je serai là quand tu sortiras. » Et effectivement il était là.

Le lendemain, je l'ai revu chez ma tante Marilou. Il y avait de nouveau une telle tension ! Paul Amar nous avait invités, mes parents et moi, dans son émission sur France 5. Mais je ne pouvais pas y aller. Je ne voulais qu'une chose : partir. Pour quitter l'hôtel, il avait fallu que Frank Berton sorte sur le trottoir, fasse semblant de fumer une cigarette, pour attirer à lui tous les journalistes afin que notre voiture puisse sortir discrètement par le garage. J'en avais assez de tout cela. Et de tous les commentaires autour. Mes parents essayaient de me convaincre, mais ce n'était tout simplement pas possible. Et puis, la veille, j'avais dit non à tous les autres, ils n'auraient pas compris.

C'est bien simple : chaque fois que quelqu'un m'approchait, je pleurais. Je voulais juste qu'on me fiche la paix, mais le téléphone ne cessait de sonner. Nicolas Sarkozy, Ingrid Betancourt, Bertrand Delanoë… Je n'avais plus de forces. Non, Paul Amar, je ne pouvais plus. Même si je regrette ma décision, aujourd'hui : l'émission, sans moi, ne s'est pas bien passée.

Fausto y est allé avec mes parents, en tant que membre du comité de soutien. Et puisqu'il est mexicain, l'équipe de l'émission l'a invité à venir sur le plateau. Mais Paul Amar a très mal pris mon absence. Avec ma mère, il s'est montré presque agressif, laissant entendre qu'elle mentait. Il a voulu bousculer Fausto de ses questions. Je crois qu'il était vexé. Dans les coulisses, avant le début de l'enregistrement, il était très en colère et tout le monde était donc très tendu. Mes parents n'avaient pas besoin de cela, eux non plus. Dans la voiture, enfin sur la route du retour dans le Nord, je les écoutais raconter ce difficile épisode et j'avais des remords. J'étais assise à l'arrière, derrière eux, comme quand j'avais douze ans, et je sentais comme un malaise. J'échangeais quelques textos avec Fausto, mais je ne savais pas ce qu'il adviendrait, quand je le reverrais. J'étais comme une petite fille un peu paumée, je n'avais même pas de papiers. Je me sentais fragile…

– 4 –

Ma vie est marquée par mes coups de tête. Du plus loin que je me souvienne, j'ai toujours été impatiente. Avec les années, je me suis découverte orgueilleuse, également. La première fois que ces deux traits de caractère ont pris le dessus sur le reste, marquant l'un de mes premiers virages décisifs, c'était au lycée. J'avais seize ans et je m'ennuyais. Je ne réussissais pas à me passionner pour les cours, peut-être parce que je ne m'y intéressais pas suffisamment. Mes professeurs m'aimaient bien, je crois, mais ils déploraient que je ne m'investisse pas davantage. Mes parents également.

Mes deux frères réussissaient dans leurs études, mon père menait bien son entreprise de textile, près de Béthune, et ma mère avait un emploi valorisant, chez un notaire. J'étais la petite dernière, j'ai voulu leur montrer que je pouvais aussi réussir, et sans tarder. J'ai quitté le lycée. Je ne peux pas dire que mes parents approuvaient cette décision, mais j'étais déterminée. Je voulais travailler, rencontrer des gens nouveaux, me mesurer au monde professionnel, concrètement.

Évidemment, cela n'a pas été si simple. J'ai dû me contenter de petits boulots, le plus souvent dans la restauration, mais partout où je suis passée, j'ai bossé. Je n'ai jamais triché. Je n'ai jamais voulu renoncer, non plus. Jamais reconnaître que c'était peut-être prématuré, que j'avais sans doute eu tort. Il a parfois fallu que je serre les poings, mais ça, je sais le faire.

J'ai fini par réussir. Dans le commerce, naturellement, parce que c'est toujours ce que j'ai fait de mieux. Je suis entrée en 1997 chez Eurodif, une chaîne de distribution de meubles et de linge. L'une des périodes de ma vie où j'ai été la plus heureuse. Je travaillais beaucoup, des journées entières, très longues, et je sortais assez peu. Mais j'adorais cela, le contact avec la clientèle, les missions que l'on me confiait, et surtout les responsabilités qui venaient à mesure que je progressais. Si on me proposait un avancement sur un nouveau poste, peu importait s'il fallait déménager, changer de ville, et même de région, je fonçais. En cinq ans, j'ai gravi tous les échelons : de simple vendeuse je suis devenue directrice d'un magasin. J'avais vingt-sept ans et vingt-sept vendeuses avec moi.

Pour le coup, je crois bien que j'avais prouvé que j'étais capable de m'en sortir. Mais pour moi, ce n'était pas suffisant. Je me voyais encore progresser, évoluer, relever d'autres défis et assumer des responsabilités supplémentaires.

Un jour de 2002, alors que j'étais directrice depuis à peine un an, j'ai appris que trois magasins, dont le mien, allaient être regroupés. J'ai évidemment postulé pour le poste de direction de cette nouvelle entité – une sorte de directeur de zone. Je voulais vraiment ce poste, et je ne comprenais pas qu'on ne me réponde pas. En fait, on ne m'a jamais répondu. Je me suis vexée. Et j'ai démissionné. Mon impatience et mon orgueil avaient une nouvelle fois pris le dessus sur ce que mon entourage me conseillait.

Ce virage avait été moins brutal, parce qu'à cette époque une chaîne de vêtements m'a proposé un poste de chef de département, par l'intermédiaire d'un chasseur de têtes. J'ai évidemment accepté. Je n'ai donc pas eu le temps de me lamenter, de nourrir des scrupules. Au contraire, j'y voyais la preuve qu'on reconnaissait mes qualités, que j'étais devenue compétitive dans mon milieu. Mais ça n'a pas duré longtemps. Au bout de quelques mois, la directrice m'a convoquée pour m'expliquer qu'elle était obligée de licencier une personne. Et les yeux dans les yeux, elle m'a dit : « C'est toi que j'élimine. Parce que si je ne t'élimine pas, bientôt tu prendras ma place. »

Cette fois ce fut brutal. Un déchirement. J'en ai pleuré des jours, et je me souviens même avoir bu une bouteille de vin entière dans ma chambre, pour tenter d'atténuer ma douleur. Une bouffée de rage que rien ne pouvait calmer. Je croyais alors vivre un des pires moments de ma vie.

Au début de l'année 2003, parce qu'il savait que je n'allais pas bien, mon frère Sébastien m'a proposé de venir le rejoindre à Mexico. Il était parti là-bas par amour, pour Iolany, qu'il avait rencontrée en France, et ils s'étaient établis tous les deux dans la capitale mexicaine. Ils avaient deux enfants et leurs affaires allaient plutôt bien, d'après ce qu'ils en disaient. Au point que pour les développer il avait besoin d'une personne supplémentaire. Pour moi, c'était une occasion formidable. Je pouvais apprendre une autre langue, relever un nouveau défi, bref me relancer. Sans gros risque, en plus, puisque c'était avec Sébastien. Nous nous étions toujours très bien entendus.

Voilà comment, le 11 mars 2003, j'ai atterri à l'aéroport international de Mexico. Pleine de rêves et d'ambition, décidée à rentrer en France quelques années plus tard avec de jolies lignes supplémentaires sur mon CV. J'avais une revanche à prendre.

Ce premier séjour a duré un peu plus de deux ans. Il a fallu du temps avant que je travaille avec Sébastien. Il disait que je devais d'abord apprendre et maîtriser la langue, mais ce n'était pas en restant à la maison avec Iolany qui me parlait français que j'allais progresser ! J'ai dû insister pour que mon frère, enfin, me trouve un travail. Rien de bien passionnant : un petit boulot de manutention à l'aéroport, mais au moins je sortais, je voyais vivre cette ville, je rencontrais des gens.

C'était un début. J'avais du chemin à faire, parce que je ne savais rien de Mexico. J'étais juste allée une fois en vacances à Cancún, autant dire que je ne connaissais pas le Mexique. Au fil des jours, j'ai découvert une ville pleine de bruits et de couleurs, une ville immense qui semble ne jamais dormir, ni même se reposer. Mexico ne manque pas de charme, mais elle est d'une diversité incroyable. Au centre, on parcourt les quartiers chics par de grandes avenues très claires, souvent vertes, qui livrent l'histoire foisonnante du pays au travers de monuments étonnants. C'est le cœur moderne et riche d'une ville de vingt millions d'habitants qui n'ont cependant pas tous la chance de vivre de cette manière.

Dès qu'on s'éloigne un peu de ces quartiers agréables, on touche du doigt les difficultés d'une population au sein de laquelle les inégalités sociales sont criantes. Encore plus que chez nous.

Il m'a fallu un an pour trouver mes marques. Après mon passage à l'aéroport de Toluca, où j'ai pu mesurer que les Mexicains ne faisaient pas de cadeaux à une femme, surtout étrangère, j'ai enfin travaillé pour Sébastien. Son entreprise marchait bien. Il commercialisait, pour des médecins, des cliniques ou des hôpitaux, une gamme de machines traitant les problèmes dermatologiques, ou plus simplement esthétiques.

Avec Iolany, il a d'ailleurs ouvert son propre institut, où je travaillais également. J'étais chargée de la décoration et de l'animation – il y avait douze employées. Mais mes relations avec ma belle-sœur étaient difficiles. Dès que je prenais une décision, elle était agacée, arguant auprès de Sébastien que je me mêlais de tout. Je crois qu'elle était jalouse. Pas de moi, mais de ma relation avec mon frère. Nous étions complices, à l'époque, très heureux de nous retrouver et de construire quelque chose ensemble.

Alors il m'a confié un autre travail, pour nous éloigner un peu, Iolany et moi. Cette fois, je devais développer le fichier des clients de la société. J'appelais des médecins, des instituts, je tentais d'obtenir des rendez-vous. Une fonction assez agréable, parce que les machines qu'importait Sébastien étaient de qualité, ce que les professionnels comprenaient rapidement. Mon accent français était je crois assez bien accueilli. On m'en parlait souvent, la plupart du temps gentiment, ou avec le sourire.

J'avais bien trouvé ma place et mon rythme, dans ces bureaux. J'y passais les deux premiers jours de la semaine, surtout au téléphone, puis les deux jours suivants je me rendais aux rendez-vous que j'avais réussi à décrocher. C'est à ce moment-là que j'ai vraiment fait connaissance avec Mexico. Je sillonnais la ville en taxi. J'aimais beaucoup le vendredi, aussi : le jour où je récapitulais tout mon travail de la semaine et en rendais compte à Sébastien. Ainsi, nous passions du temps ensemble. Il avait l'air content de tout cela, content de ce que je faisais. Rien à voir avec mon poste de directrice dans un grand magasin, ce n'était pas la même pression, ni les mêmes responsabilités, mais j'y trouvais mon compte. On était en mars ou en avril 2004, cela faisait un an que j'étais à Mexico et ma vie prenait enfin une allure sympa, qui me convenait bien.

Parmi les autres employés de Sébastien, j'ai fait la connaissance de Guadalupe. Elle avait à peu près mon âge, elle était gaie et elle aussi s'ouvrait à la vie. Un jour que nous déjeunions ensemble, elle m'a confié que son problème était de trouver un logement. Elle voulait vraiment quitter le domicile de ses parents, mais un endroit confortable, quelque chose qui ait du charme, était un peu cher, à Mexico. Alors, spontanément, je lui ai proposé de chercher ensemble, puisque moi-même je souhaitais partir de chez Sébastien et Iolany. À deux, ce serait plus abordable. Et c'est ainsi que nous avons signé un bail en colocation, au mois de juillet 2004.

Quel changement ! C'était encore plus sympa. Il faisait beau, et tous les soirs nous nous amusions. Guadalupe avait pas mal d'amis et nous sortions également souvent avec des collègues de travail. Parfois, nous nous réunissions à l'appartement, qui est vite devenu un lieu de rendez-vous entre copains. On achetait quelques bières et on passait la soirée ici. Sur notre palier, il y avait deux Italiens, en colocation également, qui nous ont fait découvrir le club de sport. J'aimais beaucoup cette vie.

C'est à cette époque que nous sommes passés à la télévision, avec Sébastien. Mon premier passage à la télé mexicaine. J'étais loin de m'imaginer qu'on m'y reverrait ! J'étais morte de trouille. Pourtant, je n'avais rien à dire, je devais juste aider Sébastien dans la démonstration des instruments qu'il présentait – c'était une émission spécialisée. Là encore, Sébastien était ravi. C'était le signe que le matériel dont il avait l'exclusivité était reconnu au Mexique.

Cet été-là, au cœur du mois d'août, j'ai rencontré Israel. C'était dans l'ascenseur qui menait à nos bureaux, au septième étage. Nous avons juste échangé un sourire, puis, en sortant, je l'ai vu se diriger directement vers mon frère et l'embrasser. Ils avaient l'air de bien se connaître. Sébastien m'a tout de suite appelée pour me le présenter : « C'est un super copain », m'a-t-il dit. Il connaissait également Iolany et les enfants. À partir de ce moment, on a souvent vu Israel au bureau. Sébastien disait qu'il trouvait toujours un prétexte, et je me suis vite rendu compte qu'il venait aussi pour me voir. Il m'offrait des fleurs, il était charmant avec moi. Je suppose que c'est ce qu'on appelle faire la cour à une femme.

À vrai dire, je ne crois pas avoir jamais été réellement amoureuse d'Israel. Mais j'étais charmée, c'est vrai. Il était si gentil, attentionné. Il avait l'élégance latine de beaucoup d'hommes de son pays. Quelques-uns de leurs travers aussi, mais je ne m'en rendrais compte que plus tard. Pour l'instant, je savais juste qu'il était séparé de son épouse, qui vivait dans le nord du pays, avec ses deux enfants. Il y allait souvent le week-end, d'ailleurs, et quand il parlait d'eux, c'était avec beaucoup de tendresse.

Un jour de septembre, j'ai eu un problème de santé. J'étais seule à l'appartement et j'ai appelé Sébastien afin qu'il me conduise aux urgences. J'étais incapable d'y aller seule. Mais mon frère et son épouse étaient sur la route de l'aéroport. Alors Sébastien m'a dit que la personne en laquelle il avait le plus confiance était Israel, qu'il allait l'appeler et qu'il était certain que celui-ci se ferait un plaisir de me rendre service. Je n'avais pas tellement le choix, au fond. Et Israel a été charmant. Il est arrivé avec un homme qu'il m'a présenté comme son beau-frère. Alejandro Mejía. Je n'étais pas en état de faire très attention à lui, je voulais surtout qu'un médecin s'occupe de moi. En sortant, Israel voulait même payer la consultation avant de me raccompagner chez moi…

Depuis ce jour, il a commencé à m'appeler souvent. J'avais dû lui donner mon numéro. Il prenait de mes nouvelles, me demandait comment allait ma vie, me racontait la sienne… C'est au cours du mois de novembre, pas très loin du jour de mon anniversaire, que notre relation a commencé.

– 5 –

J'avais bien fait de quitter la maison de Sébastien et Iolany. Mon départ avait apaisé beaucoup de choses. Entre eux, peut-être, mais certainement aussi entre mon frère et moi. Désormais, si on avait besoin de se voir, ou simplement envie de boire une bière ensemble, c'était simple. Je crois qu'il n'en disait rien à son épouse, et d'ailleurs ça m'était égal. Je ne comprenais pas très bien ce qui se passait entre eux, au juste. Je ne m'en mêlais pas. Mais je ne le sentais pas très heureux. Pas toujours très à l'aise, non plus.

Un peu plus tôt, vers la fin de l'année 2003, il m'avait présenté son associé. Je l'avais déjà vu plusieurs fois sur le parking, puisqu'il avait ses bureaux dans le même bâtiment. On ne pouvait pas le manquer. Il avait de grosses voitures et des gardes du corps autour de lui. Il y avait toujours beaucoup de passage, chez lui. Des voitures officielles ou d'autres, trop voyantes pour être tout à fait honnêtes. Sébastien m'avait assez peu parlé de lui. Pourtant, Eduardo Margolis est un homme très connu au Mexique. Très craint, aussi, paraît-il. Un jour, donc, mon frère m'avait emmenée jusqu'au bureau de son associé. Il était mal à l'aise, c'était évident. « Je crois qu'il va te proposer un travail, il faut que tu refuses… » Je trouvais cela mystérieux. Qui était ce type que je ne connaissais pas – je ne l'avais rencontré qu'une fois – et qui voulait m'offrir un travail ? J'étais curieuse, et même un peu amusée. Je ne comprenais pas la mise en garde de mon frère.

En fait de travail, Margolis m'avait purement et simplement proposé de devenir la gérante d'un restaurant qu'il possédait à Mexico. Nous étions même allés y déjeuner, il voulait que je voie ce que c'était. Que je lui dise ce que j'en pensais. Il n'était pas pressant, mais on sentait immédiatement toute l'autorité de cet homme. On comprenait qu'il n'avait guère l'habitude qu'on lui résiste, ou qu'on refuse ses propositions. C'était sans doute pour ces raisons que Sébastien avait l'air ennuyé. Il semblait même très intimidé. Finalement, pour lui, j'avais répondu que ce n'était pas possible parce que je ne maîtrisais pas encore très bien la langue, à cette époque. C'était vrai, mais je ne me voyais pas non plus commencer dans ce restaurant – il m'avait également proposé d'exercer dans un salon de thé – en en prenant tout de suite la direction. J'avais tenté de le lui expliquer. Comme je l'avais fait en France, je préférais commencer par un poste de base, puis évoluer, si c'était possible. Mais ce n'était pas ce qu'il voulait. Et puis, il y avait Sébastien, qui souhaitait par-dessus tout que je refuse.

Margolis avait fini par me laisser sa carte de visite et je ne l'ai plus jamais revu. Que me voulait-il, au fond, cet homme qui avait l'air si sûr de lui, à la richesse ostentatoire, qui parlait à mon frère avec un détachement qui ne me disait rien de bon ? En réalité, c'est bien cela qui m'avait inquiétée : l'attitude de mon frère. Je n'en savais rien, mais à l'époque tout n'allait plus si bien entre les deux associés.

Eduardo Margolis a des intérêts un peu partout, au Mexique. Il a investi – et réussi – aussi bien dans les télécommunications que dans le blindage des voitures. Il représente dans ce pays une multitude d'intérêts israéliens, et il est considéré comme le « protecteur » de la Diaspora juive de Mexico. Au début des années 2000, quand les kidnappings sont devenus de plus en plus nombreux au Mexique, il a monté une sorte de police parallèle qui négocie directement avec les ravisseurs. Une « police sans plaque », comme disent encore aujourd'hui les journalistes mexicains qui le connaissent, au service de la communauté juive. Il n'intervient qu'en cas d'enlèvement d'une personne juive. C'est sûr, Eduardo Margolis a ses entrées à tous les étages de la police fédérale. Tant et si bien qu'il était présent dans les locaux de la Siedo, le 8 décembre 2005, quand Israel et moi avons été arrêtés. Le registre des entrées et sorties fait état de son passage entre 18 heures et 18 h 20. Et des policiers le confirment encore aujourd'hui, sous couvert d'anonymat. Car Margolis fait toujours peur, à Mexico. Quand on parle de lui, les voix s'estompent, les regards se font plus méfiants. Certains l'appellent même simplement « M », de peur d'être entendus.

En 2004, Sébastien se méfiait énormément de cet homme-là. Comment l'aurais-je deviné, puisqu'il ne m'en avait rien dit ? Il ne m'avait pas dit non plus que le feu couvait entre eux deux et que, pour Margolis, m'embaucher, se rapprocher de moi aurait peut-être été un moyen de pression sur mon frère. Margolis s'est fâché lorsque Sébastien a voulu revendre ses parts de la société. Sébastien et Iolany me l'ont raconté ainsi : un jour de décembre 2004, ma belle-sœur aurait reçu un coup de téléphone chez elle. Margolis était au bout du fil, ulcéré que mon frère refuse de lui céder ses parts : puisque Sébastien souhaitait se retirer de leur association, qu'il parte, mais il était hors de question que le puissant homme d'affaires débourse un seul peso !

Ce jour-là, au téléphone, il aurait laissé éclater sa colère, avant de menacer d'enlever les deux enfants (ils avaient quatre et cinq ans) et de tuer les parents, en assénant : « Vous ne savez pas à qui vous avez affaire ! » Sébastien a porté plainte, et la procédure a traîné en longueur, jusqu'à ce qu'il obtienne finalement gain de cause alors que j'étais en prison.

Je ne prêtais guère attention à ces considérations, pas plus qu'à l'actualité du Mexique, de plus en plus marquée par la violence. Vicente Fox était encore président, une élection approchait pour désigner son successeur, et la campagne faisait rage sur le thème de la lutte contre les cartels de la drogue, extrêmement puissants et infiltrés jusqu'au cœur du pouvoir. L'un des candidats, Felipe Calderón, utilisait le mot « guerre », pour évoquer cette lutte qu'il promettait de mener s'il était élu. Un homme s'affichait comme le bras armé du gouvernement, contre les narcotrafiquants : Genaro García Luna, directeur de l'Agence fédérale d'investigation, la police spécialement mise sur pied avec d'énormes moyens. Les journaux étaient pleins de ces crimes commis au grand jour. Une autre chose qu'on ne connaît pas chez nous : l'habitude d'ouvrir un journal et de tomber sur la photo d'un cadavre ensanglanté, voire de plusieurs corps alignés. L'extrême violence des gangs a pénétré le quotidien des Mexicains et, dans certaines régions, les gens vivent dans la peur du matin au soir. Dans certains quartiers de Mexico aussi, mais pas dans le centre, où étaient installés Iolany et Sébastien, ainsi que leurs bureaux.

Avec Israel, j'ai découvert d'autres facettes de la capitale. Il est originaire d'Iztapalapa, une zone pauvre, au sud-ouest de la ville, et toute sa famille y habite encore. Il était le seul à s'en être éloigné, depuis qu'il vivait dans cette maison qui affichait fièrement son nom au-dessus de la grille d'entrée : Rancho Las Chinitas. Le « ranch des Coccinelles ». Un endroit charmant, à près de trente kilomètres du centre-ville, où le relief commence à se creuser et les collines boisées donnent des airs de campagne ardennaise à cette ville pourtant bombardée de soleil neuf mois par an. Cette maison n'avait de ranch que le nom, mais peu importait. On y était bien. Derrière un haut mur d'enceinte se trouvait un vaste espace gazonné avec une grande croix plantée au beau milieu. La maison était au fond, quatre pièces dont une seule chambre, meublée simplement et équipée de bancs en bois. Dès la première fois qu'Israel m'y a emmenée, j'ai trouvé l'endroit chaleureux. À l'époque il me courtisait timidement, et nous avons joué au billard après avoir déjeuné. En repartant, je n'ai même pas remarqué un petit cabanon de briques, à gauche de la grille. Celui qui deviendrait si célèbre dans tout le Mexique.

J'ai rapidement su qu'Israel avait perdu un frère. Il en parlait beaucoup. Il était d'ailleurs très proche de sa famille. Des gens très simples, qui m'ont vite adoptée et avec lesquels j'étais à l'aise. Sa mère, c'était une petite vieille avec des cheveux blancs et le père avait les yeux clairs et souriants. Ils faisaient de longues marches ensemble.

Ses frères étaient garagistes dans leur quartier d'Iztapalapa. De petits garages dans des locaux étroits ; les ouvriers travaillaient par terre où leurs outils s'entassaient. Mario est celui qui ressemblait le plus à Israel. L'autre s'appelait René. Des gens discrets, travailleurs, qui passaient toute la semaine en bleu de travail, mais mettaient un point d'honneur à endosser leur plus belle chemise quand ils allaient au ranch le week-end. Israel adorait organiser des barbecues pour toute la famille et les autres étaient ravis aussi. Parfois, on se cotisait, tout le monde donnait 10 pesos et quelqu'un allait acheter la viande. Je retrouvais l'ambiance familiale que j'avais connue chez ma grand-mère, dans l'arrière-pays béthunois. Lupita et Yolanda, les deux sœurs d'Israel, m'avaient adoptée, bien qu'elles aient à peu près dix ans de plus que moi, et les nièces d'Israel également. Elles étaient adolescentes, curieuses de ce qu'avait pu être ma vie en France.

Je n'allais quasiment jamais au ranch pendant la semaine. C'était trop loin de mon travail, et je tenais à cette indépendance. En revanche, j'aimais beaucoup y aller le week-end. Quand Israel ne recevait pas sa famille, nous passions de longs après-midi à marcher dans la campagne, à laisser courir ses deux chiens. Un type tranquille, Israel. Il avait assez peu d'amis, au fond, et ne sortait pas beaucoup. Il n'était pas porté sur la fête et je l'ai rarement vu boire de l'alcool. Il avait un côté rassurant, dans sa manière d'être attentif, et même prévenant. Avec moi, bien sûr, mais également avec son entourage. On l'aimait beaucoup pour ça. Au sein de sa famille, il avait une place un peu particulière. Bien qu'étant le plus jeune, il était très écouté. Je crois qu'il avait un peu plus d'ambition, de caractère que les autres. Ses frères, avec leur épouse, leurs enfants et un petit garage qui leur permettait de vivre chichement, avaient réussi leur vie, à leur manière. Lui cherchait à trouver d'autres clients, d'autres ouvertures, pour moderniser et étendre leurs activités. Il était plus débrouillard. Plus vif. Son ambition, à cette époque, était que ses parents puissent acheter une maison. Il travaillait avec ses frères. Il s'occupait des pièces détachées et cherchait des voitures en panne ou endommagées qu'ils pourraient racheter et remettre en état pour les revendre ensuite. Il passait beaucoup de temps au téléphone. Sans aucun doute, il animait l'activité professionnelle de la famille, et chacun lui en était reconnaissant. Je crois qu'ils l'admiraient un peu.

Au fond, la seule faiblesse d'Israel, c'étaient ses enfants. Même s'il tentait de le dissimuler, il souffrait de vivre loin d'eux. Chaque fois qu'il le pouvait, il montait passer le week-end avec eux. Ces semaines-là, je ne le voyais pas, mais je trouvais cela normal, évidemment.

Je restais à l'appartement, avec Guadalupe et nos amis. Les week-ends y étaient plus animés, j'étais contente d'alterner. J'ai toujours aimé m'amuser, mais je me sentais bien également auprès d'Israel.

Tout cela n'a pas duré plus de quelques mois. En décembre 2004, pendant les fêtes de fin d'année, j'ai trouvé une promotion sur les vols vers la France. À condition de voyager à l'aller le 24 et au retour le 31, le vol n'était vraiment pas cher. J'en ai profité. Après tout, avec qui aurais-je passé les fêtes, puisque Israel partait auprès de ses enfants et que mes relations étaient toujours aussi tendues avec Iolany ? Je suis donc rentrée quelques jours chez mes parents, qui étaient ravis de me voir et de m'entendre leur raconter ma vie équilibrée et pleine de promesses. J'étais fière. Je pouvais enfin assumer mes choix de l'année précédente. Je pensais être en passe de prouver une nouvelle fois mes capacités à m'adapter, à réussir. Au moment de prendre mon vol de retour, mes parents ont évoqué l'idée de venir à Mexico en mars, je ne demandais pas mieux.

Mais une déconvenue m'attendait à mon retour. Iolany avait intégré les bureaux de la société et, très rapidement, l'ambiance s'est dégradée. Nous ne pouvions vraiment pas nous entendre. Plusieurs fois, nous avons même été près d'en venir aux mains. Israel ne l'aimait guère non plus : il m'avait dit qu'elle avait tenté de le séduire, qu'il n'avait pas apprécié. Sébastien n'avait donc pas le choix : il m'a proposé de travailler de chez moi, m'a confié un ordinateur. Mais je me sentais isolée et j'ai mal vécu cette éviction au profit de Iolany. J'ai démissionné.

Dans le même temps, mes relations se sont un peu gâtées également avec Israel. Il devenait jaloux, et plus exigeant. Il aurait voulu que je vienne vivre avec lui au ranch. Mais je tenais à ma liberté. Pour tout dire, je n'avais pas envie de m'engager avec lui, et je crois qu'il le sentait. Il s'est mis à me surveiller. Il me reprochait de faire la bise à d'autres hommes que je connaissais, me téléphonait souvent pour me demander ce que je faisais, avec qui j'avais passé la soirée. Nos relations se sont évidemment tendues à cause d'un fond de machisme que je n'avais jamais voulu voir et qui se révélait alors. Il n'était jamais méchant, mais il ne supportait pas mon indépendance, voilà tout. Une fois, pourtant, il s'est montré agressif. Pas envers moi : il est allé seul à l'appartement – sous le prétexte d'y faire le ménage ! – et il a fouillé mes tiroirs. Il a trouvé quelques photos sur lesquelles on me voyait avec d'autres hommes : des photos de fêtes, dont certaines n'étaient d'ailleurs pas très récentes. Mais il est manifestement entré dans une colère noire et il a cassé tous les vases dans lesquels il avait mis des fleurs. En rentrant chez moi, j'ai trouvé mon appartement dans un drôle d'état, et aussi un mail dans lequel il me bombardait de reproches. Nous avons rompu ce jour-là, le 14 février, jour de la fête des Amoureux.

C'est ce que je croyais, du moins. Mais, quelques jours plus tard, Israel est revenu, il s'est excusé et il m'a une nouvelle fois déclaré son amour, qui, je le crois toujours, était sincère. Mes parents devaient arriver peu de temps après et je ne voulais surtout pas leur montrer que ma vie était partie en guenilles en si peu de temps. Eux qui m'avaient vue si sereine pendant les fêtes de fin d'année ! Si je n'avais plus de travail, je pourrais au moins les rassurer sur ma vie privée. D'ailleurs, Israel a été charmant, avec eux. Il les a accueillis chez lui, emmenés dans les restaurants qu'il aimait, présentés à ses parents… Je faisais semblant de croire que tout allait bien, que j'allais retrouver du travail très bientôt, comme me le répétait Israel. Un impératif d'ailleurs, puisque Guadalupe, ma colocataire, m'avait laissé l'appartement sur les bras. Je crois qu'elle avait rencontré un homme, avec qui elle était partie vivre. Rien d'anormal, mais cela ne m'arrangeait pas, évidemment. J'étais obligée d'assumer seule la totalité du loyer, ce n'était vraiment pas le moment.

J'ai bien retrouvé du travail, mais je suis tombée sur un fou ! Un architecte qui m'a offert un emploi de secrétariat, pas inintéressant mais lui était invivable. Un homme caractériel qui piquait des colères homériques et jetait des piles complètes de documents à la figure de qui lui résistait. J'ai fait les efforts nécessaires pendant quelques semaines, mais c'était au-dessus de mes forces. Au printemps je n'avais plus de travail et je me suis décidée à dire une bonne fois pour toutes à Israel que notre histoire n'avait pas d'avenir. Il m'a bien fait comprendre qu'il tenait encore à moi, qu'il m'attendrait si je voulais revenir et que partir quelques semaines chez moi, en France, était peut-être une bonne solution. Pour réfléchir. Pour moi, c'était tout réfléchi. Quand j'ai pris l'avion, après avoir rendu mon appartement et confié quelques meubles à Israel en lui disant qu'il pourrait les vendre, c'était bien pour un retour définitif. J'avais rêvé d'autre chose, le bilan n'était pas très glorieux. Au moins, j'avais appris à parler l'espagnol, je n'avais pas tout perdu. Mais aujourd'hui je sais que, si c'était à refaire, je m'abstiendrais ! J'ai occupé des emplois qui ne me passionnaient pas vraiment, je suis restée avec un homme que je n'aimais pas réellement… Quand je pense à cette époque, je suis amère.

À mon retour, ce fut un drôle d'été, chez mes parents. J'aurais bien aimé trouver du travail rapidement, mais la période ne s'y prêtait pas. En pleine trêve estivale, qui chercherait une jeune femme un peu perdue, sans idée précise de ce qu'elle veut faire ? J'ai décidé d'attendre la rentrée, de me reposer et de reprendre des forces. De renouer avec mes amis, aussi, de manière à reprendre pied dans la vie que j'avais laissée là. Je sortais, je flânais. Et mes parents s'inquiétaient. Ils devaient penser que la belle énergie dont je faisais preuve avant mon expérience mexicaine s'était diluée là-bas. Que j'avais perdu le goût de réussir. Ce n'était pourtant pas ça du tout, mais je voyais bien que mon attitude les dérangeait. J'avais simplement besoin de repos. Petit à petit, j'oubliais le Mexique, Israel, je n'avais plus de nouvelles de mon frère. Je tournais la page sans savoir que, dans le même temps, loin de moi, une machine infernale se mettait en place. Que mon destin se scellait.

– 6 –

Le mercredi 31 août 2005, au petit matin, une jeune fille de dix-huit ans monte dans sa Seat Ibiza rouge pour se rendre en cours au lycée Vermont. Elle s'appelle Valeria et habite avec sa mère dans le quartier de Coyoacán, l'un des plus sympas de Mexico. Un endroit charmant, typique de ce qu'est la richesse culturelle de ce pays, et rendu célèbre à la fois par la Casa Azul, la maison de Frida Kahlo et de son compagnon Diego Rivera, et par le musée installé dans la dernière demeure de Léon Trotski, qui y a été assassiné. Le quartier est parcouru de ruelles pavées et de maisons colorées, truffé de petites galeries d'art et animé de musique tout au long de la semaine. Un havre de paix et de culture, traditionnellement, mais à cette époque l'industrie du crime gangrène tout le pays, et plus personne ne semble à l'abri. Les enlèvements, surtout, se sont multipliés – on dit qu'entre ceux que recense la police et les autres, dont les victimes n'osent pas parler par peur de représailles, environ trois mille personnes sont kidnappées chaque année au Mexique.

Valeria roule un moment, puis brusquement une voiture stoppe en travers de sa route. C'est une Volvo blanche. Derrière elle s'est garée une camionnette. Très vite, deux hommes ouvrent la porte de sa petite Seat et montent dedans. Elle a à peine le temps de comprendre ce qui se passe que sa voiture roule à nouveau, l'un des deux hommes au volant et l'autre à côté d'elle, sur la banquette arrière, qui lui cache les yeux et la maintient fermement.

Après un changement de véhicule – sa Seat est abandonnée et on traîne Valeria jusque dans la camionnette –, un homme lui demande tout à trac : « Combien ta mère est-elle prête à donner pour toi ? »

Valeria est amenée à l'intérieur d'une maison dont elle ne voit rien, elle a toujours les yeux bandés. On l'installe dans une pièce équipée d'un téléviseur et un homme que les autres appellent « El Patrón » lui pose des questions sur la fortune de sa mère, qui est directrice d'une entreprise de textile. Elle commercialise des tee-shirts, rien d'exceptionnel, mais elle peut avoir de l'argent. La jeune fille invoque des difficultés financières, le fait que sa mère vit seule, que sa famille n'a jamais été riche, mais elle n'émeut pas ses geôliers : c'est sans doute ce qu'ils entendent à chaque rapt.

Je ne connais pas Valeria, mais je sais tout de son histoire. Je l'ai lue et relue des dizaines de fois : elle est décrite en détail dans les procès-verbaux dès les premières pages de mon dossier judiciaire. Elle est à l'origine de tout ce qui m'est arrivé, évidemment à son corps défendant.

Valeria a passé six jours entre les mains de ses ravisseurs. D'abord, ils se sont montrés intransigeants, même si Laura, la maman de Valeria, leur a tout de suite expliqué au téléphone qu'il lui serait difficile de réunir une forte somme d'argent. Le premier coup de fil est passé un peu plus d'une heure après l'enlèvement. On imagine la panique de cette mère que rien n'avait préparée à cela. Les écoutes téléphoniques de la police traduisent sa détresse et aussi l'évolution du discours des ravisseurs. Apparemment, El Patrón lui-même a négocié avec Laura Tinajero. Les conversations figurant dans mon dossier sont édifiantes, parce que les policiers disent que c'est à peu près toujours de la même manière que se mènent les tractations. Le ton du ravisseur à l'autre bout du fil est ouvertement cynique :

« Détendez-vous, madame, essayez de vous calmer, de respirer profondément… et dites-moi : que se passe-t il ?

– Je fais de mon mieux. J'ai un peu d'argent, mais pas une telle somme. Je suis d'une famille de travailleurs.

– Oui, je comprends bien. Votre fille nous a dit que vous traversiez un moment difficile, nous le comprenons. Pourtant, madame…

– Non, non…

– Je n'ai pas l'intention de vous menacer. Je vous assure. Mais nous détenons votre fille. Si vous ne faites pas ce que nous demandons…

– Enfin, monsieur, si j'avais cette somme, je vous la donnerais…

– Nous n'avons pas l'intention de vous ruiner, nous savons que les temps sont difficiles et que l'argent est rare. Mais il y a une chose essentielle : il faut que tout cela reste entre nous.

– Oui, monsieur. Je suis seule.

– La somme devra nous parvenir en billets de 200, 500 et 1 000 pesos, d'accord ? »

Le lendemain du rapt, Mme Laura Tinajero dit avoir réuni 100 000 pesos (environ 5 800 euros) mais le ravisseur reste ferme. Il refuse la somme. Pendant ce temps, il prend soin de se montrer attentif envers Valeria. Celle-ci raconte plusieurs conversations avec son geôlier qui cherche à gagner sa confiance. Il évoque sa propre fille, à qui Valeria lui ferait songer, et promet de ne lui faire aucun mal, quoi qu'il advienne. « Le deuxième jour de ma captivité, alors que El Patrón était dans la chambre avec moi, me disait qu'à titre personnel il aimerait me relâcher parce que je suis une fille courageuse, je me suis mise à pleurer. Alors, il m'a pris la main, m'a répété qu'il souhaiterait que je sois libre et que tout cela lui faisait de la peine… »

Le 5 septembre, un énième coup de téléphone aboutit à un accord :

« Madame Laura, vous avez fait votre part du boulot, maintenant, c'est à moi de faire mon travail.

– Oui.

– J'ai confiance en vous, à cent pour cent. Alors ayez confiance aussi. Prenez bien soin de vous et de votre fille et pardonnez-moi. Mais méfiez-vous des enfoirés qui vous entourent, madame.

– Oui, oui.

– Je ne vous dis pas qui précisément, mais il y a des gens dont vous devez vous méfier. Cela peut être un voisin, un collègue… Prenez grand soin de votre fille. Je vous demande mille fois pardon, mais dans cette histoire, je n'ai fait que tenir mon rôle, entre votre fille et vous. »

Des instructions très précises sont données à un ami de la famille, qui sera chargé de déposer la rançon en un lieu tenu secret. Laura a finalement réussi à réunir 180 000 pesos (un peu plus de 10 000 euros) avec l'aide de son entourage, et c'est cette somme que l'homme devra déposer au terme d'un véritable jeu de piste très tendu et rythmé de coups de téléphone. Finalement, il laisse les billets dans un sac, comme s'il s'agissait de déchets au coin d'une rue. Le soir même, Valeria est de retour chez sa mère, saine et sauve.

Dans les jours qui suivent, elle est entendue par les services de police, mais elle ne peut guère les aider. À part quelques conversations qu'elle a eues avec celui que les autres ravisseurs appelaient « El Patrón », ou entendues autour d'elle, elle ne peut donner aucune description des hommes qui l'ont enlevée : elle a toujours eu les yeux bandés. Tout juste livre-t-elle quelques indications sur la couleur du carrelage, des murs ou des sanitaires de la chambre où elle était retenue : quand elle y était seule, elle pouvait ôter son bandeau.

La mésaventure de Valeria n'étonne pas les policiers qui l'interrogent et commencent une nouvelle enquête. Encore une fois, les kidnappings sont quotidiens, au

Mexique, et presque toujours sur le même mode. Leur nombre annuel a explosé en dix ans. En plus des cartels, des petites bandes locales se sont formées avec l'aval des parrains, qui trouvent ainsi un moyen de ne pas payer très cher leurs lieutenants. En leur permettant d'agir sur « leurs » territoires, les chefs mafieux donnent en fait une autorisation tacite à leurs hommes de main d'arrondir leurs fins de mois.

Le président Vicente Fox, déjà dépassé par l'ampleur du trafic de stupéfiants venant de Colombie et des pays voisins en direction des États-Unis, doit affronter cette nouvelle forme de crime qui entraîne également une affolante recrudescence de règlements de comptes entre bandes rivales. En 2001, il crée une police spéciale, sur le mode du FBI américain, la Agencia federal de investigación (AFI) – l'Agence fédérale d'investigation.

Genaro García Luna en deviendra le directeur. Cet homme un peu rond, au physique quelconque, a débuté sa carrière dans le renseignement. Des policiers qui ont travaillé avec lui pensent que c'est pour cette raison qu'il a ensuite connu une ascension aussi fulgurante : il sait beaucoup de choses sur les hommes du pouvoir. Peut-être même sur Felipe Calderón lui-même, qui deviendra président des États unis mexicains en 2006. Les mêmes policiers certifient que ni son talent, ni son autorité n'auraient suffi à expliquer sa réussite professionnelle. Il n'a aucun charisme et n'a jamais pu se prévaloir de résultats exceptionnels. « Mais il a un autre atout, explique l'un de ses anciens hommes. À l'époque où il travaillait dans les services de renseignements, on lui avait confié la modernisation des systèmes de communication. Il a remis ce marché énorme à Carlos Slim, magnat des télécoms au Mexique, que l'on présente depuis plusieurs années comme l'homme le plus riche du monde. Le milliardaire lui en est resté reconnaissant, et Carlos Slim, c'est la meilleure des protections, ici ! » Pour ce policier d'expérience, García Luna a une autre caractéristique : « Il n'a jamais d'états d'âme. Il suit son chemin tel qu'il se l'est tracé et tout ce qui se met en travers doit être éliminé. Il le fait discrètement, souvent à l'aide de ses lieutenants, exécuteurs des basses œuvres, dont le premier est Luis Cárdenas Palomino. » Le portrait est engageant.

Au début, l'AFI réussit quelques coups d'éclat largement médiatisés. García Luna sait s'attirer la sympathie des principales chaînes de télévision, à travers leurs reporters vedettes.

Ouvertement, à la terrasse d'un bistrot – ce qui aurait été inconcevable du temps où Calderón était encore président et García Luna, ministre –, un autre policier qui a travaillé avec lui à cette époque raconte, peu de temps après ma sortie de prison, quelques anecdotes édifiantes : « Un jour, pendant l'été 2005, un groupe d'anciens collègues à moi sont allés voir une présentatrice de télévision afin de dénoncer la corruption et les fausses preuves fabriquées par leur service sur ordre de García Luna. La jeune femme les a reçus, manifestement très intéressée, et a scrupuleusement noté tout ce que les types lui disaient. Quand ils ont eu terminé, elle les a remerciés, leur a promis d'enquêter sur tout cela – ils avaient fourni des faits précis, des lieux, des dates et des témoins –, mais à la place elle est allée raconter cette entrevue à García Luna. Deux heures plus tard, il était au courant de tout. Deux des policiers ont été mutés à des postes où ils ne pouvaient plus être nuisibles. D'autres ont été immédiatement limogés. Deux autres ont été emprisonnés, sous des motifs nébuleux, et l'un d'eux est mort, même si on ne peut pas dire avec certitude que c'est en lien avec cette affaire. »

En fait, cet ancien policier résume en quelques mots les consignes que lui donnait sa hiérarchie : « L'AFI était une émanation de la police judiciaire fédérale, qui était gangrénée par la corruption. C'était une vraie niche de délinquants corrompus, ce que tout le monde savait. Les gens en avaient assez. Les autorités pensaient qu'en changeant le nom et en présentant ce nouveau service comme une élite scientifique, la population croirait au changement. Mais il ne faut pas s'y tromper : nos chefs ne cherchaient pas à s'attirer la confiance des gens. Le but était de faire passer au peuple un message de force et de détermination suffisant pour imposer sa loi. Les directives étaient claires : il fallait montrer de petites actions, mais qui soient retentissantes. Surtout pas de travail de fond ! »

Plusieurs journalistes ont enquêté sur la vie et le travail de García Luna. Mais c'est sans doute Anabel Hernández qui a livré les enquêtes les plus fouillées, notamment dans l'un de ses livres, qui a eu un succès retentissant : *Los Cómplices del Presidente*[1]. Anabel, qui est venue me voir plusieurs fois en prison, est une jeune femme cou-

---

1. *Los Cómplices del Presidente,* Random House Mondadori, 2008.

rageuse qui a dû se résoudre à vivre sous protection. Sa maison est équipée de systèmes de surveillance et de blindages, et un garde du corps armé l'a longtemps accompagnée dans ses moindres déplacements. Elle a travaillé pendant plus de cinq ans principalement sur les réseaux de García Luna : « J'ai raconté dans mon livre les liens qu'il a avec les cartels de la drogue et les organisations de kidnappeurs. J'ai aussi obtenu de nombreux témoignages prouvant que sa police pratique la torture. Depuis plusieurs années, je sais qu'il a cherché à m'éliminer. Il fut un moment où il était question de simuler un accident de voiture. C'est à cette époque que j'ai dû me résoudre à vivre sous protection. »

Elle dit parfois que la mort rôde autour de sa vie. Même depuis le départ de Calderón et García Luna. Mais elle refuse de se taire : « Ce serait devenir complice de la corruption et du crime organisé. » Elle ne cesse d'accumuler les enquêtes qui révèlent les liens étroits qu'entretiennent certains hommes politiques et surtout de hauts policiers avec les cartels de la drogue et les organisations criminelles qui se livrent au kidnapping. Elle a accusé ouvertement Genaro García Luna d'être complice des dirigeants du cartel de Sinaloa. Comme d'autres, elle pense que l'évasion de Joaquín « El Chapo » Guzmán, l'un des dirigeants historiques du cartel, a été orchestrée avec la complicité des hommes du président Vicente Fox. C'était en 2001, El Chapo était sorti de sa prison de haute sécurité caché dans des draps sales qui partaient à la blanchisserie. Anabel Hernández a écrit que Vicente Fox aurait touché 40 millions de pesos (un peu moins de 2,5 millions d'euros) pour cette évasion « offerte ».

Elle a raison de se protéger. Les journalistes, au Mexique, sont particulièrement en danger, dès lors qu'ils se mêlent des activités du crime organisé. Selon Reporters sans frontières, plus de quatre-vingts journalistes ont été assassinés depuis l'an 2000. Une vingtaine ont disparu. Il y a eu très peu d'arrestations pour ces crimes. Parfois, c'est à leurs familles qu'on s'en prend. Au mois de mai 2013, par exemple, un couple de journalistes de Chihuahua a vécu un drame horrible : leurs deux fils, âgés de vingt et vingt et un ans, ont été assassinés par balle alors qu'ils circulaient en voiture dans la ville.

Pourtant, certains d'entre eux n'hésitent pas à traquer les responsables de la police. En début de l'année 2013, plusieurs journaux ont fait état d'un rendez-vous secret entre García Luna et les dirigeants du cartel de Sinaloa ; un rendez-vous dont le ministre de la Sécurité publique aurait bien aimé que le public n'ait jamais connaissance.

Aux côtés de García Luna, c'était son homme de main, Luis Cárdenas Palomino, qui répercutait les ordres et avait autorité sur toute la police spéciale. Un drôle de personnage aussi, celui-là, qui traîne depuis sa jeunesse une histoire retentissante qu'il n'a jamais pu démentir mais qui ne lui a pas valu d'ennuis : un soir de fête, il a pris un taxi avec deux de ses amis, mais les trois hommes n'avaient pas d'argent pour payer. Quand le pauvre chauffeur s'est montré insistant, qu'il a réclamé le prix de sa course, l'un des deux amis de Palomino a sorti une arme de poing et lui a mis une balle dans la tête.

Ce sont donc ces deux hommes-là qui étaient à la manœuvre, à la tête de l'AFI, au milieu des années 2000, au moment de l'enlèvement de la jeune Valeria. Notre ancien policier raconte encore comment on fabriquait les coupables qu'on présentait ensuite à la presse : « Un jour, l'un de nos indicateurs nous a appelés parce qu'il avait eu un différend avec l'un de ses voisins et qu'il l'avait tué. Un chef d'équipe lui a ordonné de ne pas bouger et d'attendre son arrivée. Une fois sur place, ils l'ont emmené faire le tour du quartier en voiture, en lui demandant de désigner quelqu'un qui pourrait faire un coupable crédible. L'homme a rapidement trouvé un type qui passait par là et ne s'entendait pas avec la victime. On a cueilli le pauvre gars qui ne faisait que passer, et le meurtrier est d'un coup devenu témoin numéro un. Une fois son témoignage recueilli et signé, on lui a demandé de disparaître. »

Il est formel : ce genre de pratiques était usuel. Mais une chose l'intrigue, au sujet d'Israel : « Au moment de son arrestation, à la fin de l'année 2005, des collègues ont dit qu'il avait été approché pour devenir un indicateur de la police, mais qu'il avait refusé. Ou peut-être qu'il avait accepté, mais n'avait jamais donné le moindre renseignement. La conclusion que mes collègues en avaient tirée, c'était qu'on avait voulu lui faire payer son attitude… »

– 7 –

Le 5 septembre 2005, quand la jeune Valeria rentre chez elle, je suis toujours chez mes parents. L'ambiance est un peu lourde : je n'ai pas encore trouvé d'emploi sérieux. Je travaille à temps partiel dans un petit restaurant de Beuvry-lès-Béthune, à deux pas de la maison. Ce n'est pas facile de faire accepter cette situation. J'ai un peu perdu mes anciennes amies, également : elles sont toutes mariées, elles ont des enfants, leur vies ont changé. Parfois, je sors seule boire un verre à Béthune, ou je vais en boîte. Seule. Je n'ai vraiment pas envie de ça…

De plus, Sébastien, Iolany et leurs enfants doivent arriver, pour passer quinze jours de vacances en France. Mes parents vont les accueillir, ils ont besoin de la chambre que j'occupe et chacun sait que mes relations avec ma belle-sœur sont exécrables. Si je reste là, l'ambiance risque de se détériorer. Je me sens de trop. Je vais une nouvelle fois agir sur un coup de tête : le 7 septembre, alors que nous fêtons l'anniversaire de mon père, je sais déjà que, deux jours plus tard, j'utiliserai le billet « open » de retour vers Mexico. En téléphonant à Air France, j'étais persuadée qu'on allait m'annoncer que ce billet était périmé, mais l'on m'a appris au contraire qu'il était toujours valable. J'ai donc demandé les dates disponibles et l'on m'a proposé le 9 septembre. Impeccable : Sébastien arrivera le soir, je serai déjà partie.

Ce matin-là, je prends un taxi pour la gare de Béthune. Puis je change à Lille, pour arriver le cœur lourd à Roissy. Je pleure pendant tout le voyage. Le plus discrètement possible. Sur moi. Sur ma vie. Sur ma solitude. J'ai l'impression de fuir, de ne plus savoir où est ma maison – de ne plus en avoir, peut-être.

Une fois encore, je dois patienter un peu avant de trouver un emploi stable, mais ce coup-là j'ai de la chance. Après avoir cherché tous les jours sur Internet une annonce à laquelle je puisse répondre, j'ai repéré celle d'un grand hôtel du centre de Mexico. Il y a à peine un mois que je suis revenue, c'est un jour d'octobre comme on les aime au Mexique où une agréable douceur prolonge l'été. Il fait un peu moins chaud mais toujours beau et on peut profiter de soirées claires et douces ou de longs week-ends à vivre dehors, ce que je ne connaissais pas chez moi, dans le nord de la France.

Israel a accepté de m'héberger, le temps pour moi de trouver un travail, d'abord, puis un appartement pas trop loin. Une promesse qu'il m'a faite avant que je rentre en France et qu'il a tenue. Nous sommes amis, il n'y a pas la moindre ambiguïté à ce sujet, même s'il a peut-être l'espoir de renouer. Et si c'est le cas, il a l'élégance de rester discret, même quand il m'invite parfois au restaurant. Le premier soir, nous mangeons du crocodile. La seule fois de ma vie où j'en ai mangé ! C'est sans doute dans ces circonstances que j'apprécie le plus Israel. Il est agréable et drôle, il me raconte que son travail évolue un peu, qu'il a pris des responsabilités, il semble parfaitement à l'aise. Je lui raconte ma rencontre avec les dirigeants du Fiesta Americana, un hôtel de luxe du quartier des ambassades, dans le centre de Mexico. J'ai eu avec eux plusieurs entretiens, j'ai même fait des tests psychologiques, et je me suis chaque fois montrée très déterminée. Je n'ai plus vraiment de problème avec la langue, et les quelques lettres de recommandation que j'ai gardées en plus de mon CV français font leur effet. La remarque est la même à chaque entrevue : « Vous êtes trop qualifiée pour ce poste ! Le salaire n'est que de 6 000 pesos » (un peu plus de 300 euros). Effectivement, il s'agit juste de tenir un bar. Le bar de l'étage VIP, certes, mais tout ce qu'il y a de plus simple : veiller à ce que les frigos et les armoires soient toujours alimentés, être disponible de 15 heures à 23 heures. Mais je leur donne toujours la même réponse : « Je veux travailler. J'en ai besoin. Et je sais que dans un groupe comme le vôtre, l'opportunité me sera donnée d'évoluer. C'est toujours comme cela que j'ai procédé. » J'avais calculé : le salaire serait juste, mais je pouvais y arriver. Puisque j'étais nourrie sur place, je n'avais qu'un loyer à payer.

C'est à la même époque – le 19 octobre – que Cristina Ríos Valladares, quarante-cinq ans, et son fils Cristian Hilario, alors âgé de onze ans, situent leur enlèvement.

C'est ce qu'ils ont dit, en tout cas, à la police fédérale. Comme Valeria, ils parlent d'une camionnette de couleur claire qui leur a coupé la route alors qu'ils étaient en voiture, dans le quartier Estrella. Le père conduisait. Ils ont été emmenés tous les trois, sous la menace de plusieurs hommes cagoulés et armés, dans une maison après de longues minutes de trajet dans la camionnette. Puis le père a été libéré, avec mission de réunir une somme de 15 millions de pesos (un peu plus de 850 000 euros). Une somme énorme : Raúl Ramírez Chávez et son épouse Cristina sont un couple modeste dont le train de vie n'a rien à voir avec la rançon qu'on leur réclame.

Le reste de leur récit est également tout à fait semblable à celui de la jeune Valeria. Ils sont gardés dans une maison dont ils ne voient pas grand-chose, puisqu'ils ont la plupart du temps les yeux bandés, notamment à l'aide de coton, ou bien une couverture leur est jetée sur la tête. Ils ne peuvent voir que la pièce dans laquelle ils sont séquestrés et, là encore, ils donneront les mêmes détails de décoration et d'aménagement. Une chambre aux murs blancs, divisée en deux par un rideau bleu. Le lit en bois d'un côté, la salle d'eau de l'autre, avec une fenêtre obstruée par une planche de bois. Même la couleur de la vaisselle sera identique.

Selon leur témoignage, Cristina Ríos Valladares et son fils auraient ensuite été détenus dans deux maisons différentes. On les aurait transférés dans un autre lieu en leur expliquant qu'ils étaient en danger. Mais on ne sait pas de quel danger il peut s'agir. Dans leur deuxième cache, on leur aurait ordonné de garder le plus souvent possible le téléviseur allumé. Quand, bien plus tard, Cristina a laissé entendre que ce second domicile forcé aurait pu être le cabanon du ranch d'Israel, mon avocat a justement fait remarquer que ce cabanon était dépourvu d'électricité. Il était donc impossible d'y regarder la télévision.

Valeria a parlé de plusieurs hommes, s'agissant de ses ravisseurs. Cristina dit la même chose et son fils est encore plus précis : il dit en avoir identifié sept, rien qu'à la voix. En tout cas, ils sont tous deux d'accord pour dire qu'il y avait un chef, qui donnait des ordres et s'adressait à eux d'une manière directe, tentant parfois de passer pour un protecteur, et que les autres surnommaient « El Patrón ». Il se faisait également appeler Hilario. Mais personne, parmi eux, ne parle jamais d'une femme. Ils n'ont été séquestrés que par des hommes, ils sont tous formels.

De son côté, la police analyse les conversations téléphoniques enregistrées lors des tractations entre El Patrón et la mère de Valeria. Entre le 31 août et le 5 septembre, les policiers ont accumulé les écoutes et ils ont les moyens de comparer cette voix avec celles qui figurent dans une banque de données établie par leurs spécialistes. Conclusion : El Patrón et ses hommes n'en sont pas à leur coup d'essai. La voix correspond à au moins cinq autres enlèvements – intonation et expressions, disent les experts – dont le premier remonte au mois de juin 2001.

Il s'agit de celui d'un commerçant de trente-trois ans pour lequel une rançon de 50 millions de pesos (2,9 millions d'euros !) était demandée. Il a finalement été libéré le 8 juillet de la même année, contre 1,515 million (87 000 euros).

Le 29 octobre 2002, il s'agit d'une étudiante de dix-sept ans ; les ravisseurs réclament 3 millions de dollars (2,25 millions d'euros). Elle sera libérée le 30 novembre contre une rançon de 1,412 million de pesos (81 500 euros).

Le 29 janvier 2003, la même voix demande une nouvelle fois 3 millions de dollars pour libérer un entrepreneur de quarante-quatre ans. Il sera rendu à sa famille le 26 mars contre une somme de 3 997 000 pesos (230 700 euros).

Le 30 septembre 2004, c'est au tour d'un étudiant de vingt et un ans, dont la famille reçoit une demande de rançon de 10 millions de pesos (577 000 euros), mais qui versera finalement 1,3 million (75 000 euros) le 8 octobre.

Enfin, le cas le plus dramatique concerne Ignacio Abel Figuera Torres, un commerçant de trente-trois ans, enlevé le 4 avril 2005. Une rançon de 2 millions de dollars était demandée, mais il a été retrouvé mort le 5 juillet 2005, tué par balles.

Je suis encore totalement étrangère à tout cela. Ma vie se met tranquillement en place. Le 4 novembre 2005, jour où je commence dans cet hôtel, c'est un nouveau départ. Un contrat d'un mois, dans un premier temps. On m'amène dans un salon, avec une salle de réunion. Je suis très émue, plutôt impatiente. J'ai des talons hauts et une longue robe noire. La vue panoramique du dix-huitième étage est agréable, mais il n'y a pas grand monde. Les premiers jours, je nettoie, je mets en place, je sers quelques rares clients… Mais je me dis rapidement que je vais m'ennuyer. Le quatrième jour, je trouve les menus des restaurants du rez-de-chaussée dans un tiroir. Alors j'ai une idée : je demande à ma supérieure si je peux proposer des repas à mes clients, histoire de leur permettre de rester à l'étage VIP même pour manger. Elle me répond : « Tu fais ce que tu veux ! Après tout, c'est tes pieds… Si tu veux passer ton temps à courir les ascenseurs entre ton étage et le rez-de-chaussée, c'est toi que ça regarde ! »

Je n'hésite pas un instant. Je place les menus sur toutes les tables et ça marche très rapidement. Les clients comprennent que c'est plus tranquille de rester là et la vue sur Mexico leur plaît aussi. J'ai un pourcentage sur tout ce que vends, et surtout des pourboires. À l'étage VIP, les pourboires sont particulièrement intéressants. Ils peuvent s'élever à 500 pesos par personne.

Le 20 novembre, avec l'argent que j'ai déjà mis de côté, je trouve un appartement à proximité de l'hôtel, calle Hamburgo, dans le quartier vivant et coloré de la Roma, à deux pas de la très animée Zona Rosa. Il sera disponible au début du mois de décembre, c'est la promesse d'une nouvelle vie. En attendant, Israel me prête une petite voiture qu'il a réparée pour la revendre. Je pars du ranch à midi et je rentre dans la nuit. Rapidement, je travaille au-delà des 23 heures indiquées sur mon contrat. L'heure exacte où les clients de mon étage souhaitent boire un dernier verre. Le type que je remplace m'avait conseillé de ne plus servir à partir de

22 heures, de nettoyer le bar à partir de 22 h 30. « Comme ça, tu rentres chez toi à l'heure… » Mais ce n'est pas ma vision du travail et de l'investissement. Alors je reste, jusqu'au dernier client.

Un jour, le patron de l'hôtel me convoque. Un Français, et je ne le savais même pas ! La première chose qu'il me demande, c'est : « Vous n'avez pas une sœur jumelle ? » Puis : « J'ai de bons échos sur vous. Au 1er janvier, je vous passe capitaine des restaurants du bas. » Ce jour-là, en sortant de son bureau, je chante dans la rue. Je commence déjà à progresser. Je sens que ma vie reprend le sens que j'aime et que je peux tenter de m'imposer là comme je l'ai fait ailleurs, quelques années plus tôt. Je n'ai même pas demandé le salaire.

Je signe le bail et récupère les clés de mon appartement le 6 décembre. Le 7, c'est Israel qui m'emmène au travail, parce qu'il a trouvé un acheteur pour la petite voiture qu'il me prêtait. Je lui laisse les clés et il fait un premier voyage, dans la journée, avec mes meubles. Le soir, je le rejoins dans cet appartement qui est désormais mon chez-moi. Je lui donne encore 100 ou 200 pesos. Je le fais chaque fois que je le peux : après tout, je vis chez lui. C'est une manière de rester indépendante, et puis je vois bien qu'il ne roule pas sur l'or. Ce soir-là, je veux dormir chez moi. Mais Israel trouve que c'est bête : la plupart de mes meubles sont là, mais rien n'est monté. Il est 1 heure du matin et le matelas est par terre, le micro-onde et la cafetière aussi. Une fois ou deux, Israel regarde par la fenêtre, et il finit par me dire : « Des gens nous suivent… » Mais je n'y prête pas attention. Je trouve que les Mexicains sont un peu paranos.

Je suis tout à mon bonheur d'avoir trouvé un endroit pour vivre, même si je n'y dormirai pour de bon que le lendemain. Israel a raison : c'est encore en chantier. Nous convenons qu'il m'emmènera au travail le lendemain, comme il l'a fait le matin même, en apportant les derniers meubles qui sont encore chez lui. Je retourne donc dormir au ranch pour la dernière fois – contrairement à ce que je dirai plus tard devant la justice.

Trois jours plus tôt, le 4 décembre, la jeune Valeria a eu une illumination. Elle a pris conscience d'avoir oublié un détail, lors de sa déposition devant les policiers, le 13 septembre. Elle avait alors dit plusieurs fois qu'aucun de ses ravisseurs ne s'était montré à elle. Elle avait bien eu quelques conversations avec El Patrón, mais n'avait jamais vu son visage, ni celui d'aucun de ses complices. Mais à la réflexion, trois mois plus tard, elle se souvient que ce n'est pas tout à fait vrai…

C'est en tout cas ce qu'on comprend à la page 127 de mon dossier. L'agent Alejandro Fernández Medrano, agent de la Procuraduría general de la República, prend sa nouvelle déposition et rédige un procès-verbal. Elle se souvient maintenant que, le deuxième jour de sa détention, celui qu'elle tient pour le chef, « celui qui donne les ordres », lui a demandé ce qui lui ferait plaisir. Elle a répondu : « Un miroir. » Qu'à cela ne tienne, El Patrón était bien disposé à son égard, parce qu'elle lui rappelait sa propre fille. En tout cas, même si ce n'est apparemment pas dans les habitudes de la bande, il va faire cette fois une exception. Et le voilà qui revient et lui installe ce miroir, non sans lui avoir ordonné, comme d'habitude, de se couvrir la tête d'un drap à son entrée. « Mais j'ai pu soulever un peu le drap et voir à travers le miroir celui que j'avais identifié par la voix comme le chef de la bande. » C'est tout de même bête qu'elle ne s'en soit pas souvenue lors de sa première déposition !

Alors, elle le décrit : « Approximativement trente-cinq ans, d'allure normale, c'est-à-dire qu'il n'était pas gros et n'avait pas de signe distinctif notable, il mesurait environ un mètre soixante-quinze, avait la peau blanche et les cheveux courts, était un peu dégarni. » Elle situe cet épisode le deuxième jour de sa séquestration, soit le 1er septembre. Les policiers ont reçu son témoignage le 13 septembre, c'est-à-dire douze jours plus tard. Suffisamment tôt pour que sa mémoire n'ait pas occulté un événement aussi important, et avec assez de recul pour qu'elle ait un peu digéré le choc de l'enlèvement et la terrible angoisse qui a évidemment dû être la sienne.

Cette nouvelle déposition, près de trois mois plus tard, est extravagante. Mais ce n'est pas fini. Sans transition, sur le procès-verbal de l'agent Alejandro Fernández Medrano qui ne doit pas en croire ses oreilles, elle enchaîne : « Je voudrais également dire qu'en plusieurs occasions, en compagnie d'agents de l'AFI, j'ai parcouru la zone que je pense être celle du trajet que l'on m'a fait suivre quand j'ai été enlevée, jusqu'à la maison où j'ai été privée de ma liberté. » Et toujours sans transition, dans la même phrase : « J'ai vu une voiture de marque Volvo, sans plaques, conduite par une personne de sexe masculin, que je pense être un de mes ravisseurs, le chef de la bande. Je précise que j'ai signifié aux agents de l'AFI que je refusais de les accompagner plus loin, et que l'un des véhicules m'a ramenée chez moi, tandis que l'autre voiture suivait la Volvo que nous venions d'identifier… »

Je me souviens avoir lu cette déposition dans ma cellule. Je n'en croyais pas mes yeux ! Je l'ai lue une nouvelle fois, puis une autre, et encore et encore, je l'ai fait lire à tout mon entourage. Je n'en reviens toujours pas ! Il faudrait admettre qu'après avoir miraculeusement recouvré la mémoire à propos du visage aperçu de l'un de ses ravisseurs – pas n'importe lequel : le chef ! – Valeria a accepté de suivre les agents fédéraux dans la circulation de Mexico, afin de voir si on n'allait pas, par hasard, retrouver justement cet homme-là. Le procès-verbal lui fait dire que c'était sur le chemin qu'elle croyait avoir fait avec ses ravisseurs. Mais comment est-ce possible, alors qu'elle a expliqué qu'on lui avait bandé les yeux immédiatement ? Et comment peut on imaginer que la police travaille ainsi ? La circulation dans les rues de Mexico est l'une des plus denses au monde. Cette ville de vingt-deux millions d'habitants est sans cesse saturée, on n'y circule jamais correctement. Et la police la plus équipée, la plus spécialisée contre l'industrie des enlèvements s'en remettrait donc au hasard dans ses enquêtes ? Mais pour qui me prend-on ?

Et cela continue : une fois El Patrón identifié, donc, on ramène Valeria chez elle. Et la police suit la Volvo – qui n'est d'ailleurs plus blanche, comme lors des premières déclarations de Valeria et Cristina Ríos Valladares, mais gris clair. Et on apprend, toujours sur ce procès-verbal décidément décisif, que la jeune fille est également venue voir la police le 3 décembre – c'est-à-dire la veille de ces révélations ! – afin d'y observer une série de photographies « d'habitations, de véhicules et de personnes divers ». Et là aussi, elle a reconnu la Volvo, ainsi que l'homme qu'elle identifie formellement comme le chef de la bande. Cet homme-là, c'est Israel Vallarta, photographié devant le ranch, avec sa Volvo blanche !

Les photos sont aussi dans mon dossier, évidemment. On y voit Israel, tantôt seul, tantôt avec un homme qui semble être de la police, et une autre fois au volant de sa voiture. Les autres photos montrent le domicile auquel se serait rendue la voiture miraculeusement repérée dans la circulation. Il s'agit d'une large porte de bois au milieu d'un mur crème et rouge, protégeant le domicile de la famille Rueda Cacho, et notamment de deux frères, Marco Antonio et José Fernando, que l'on retrouvera plus tard. Mais sur aucune de ces photos on ne voit arriver la Volvo – et encore moins Israel. L'explication est simple : au mois de décembre, Israel n'avait plus sa Volvo !

Une équipe de policiers ayant refait toute l'enquête quelques années plus tard établira qu'Israel a eu des problèmes d'argent, au mois de novembre 2005, alors que je travaillais déjà au Fiesta Americana. Il ne m'en avait rien dit, mais il avait besoin d'emprunter environ 100 000 pesos (5 500 euros). Selon les policiers, c'est son copain Alejandro Mejía qui lui a donné la solution. Le même Alejandro qui se trouvait avec lui environ un an plus tôt, quand ils m'avaient emmenée à l'hôpital. Et que je retrouverai par la suite, puisqu'il était le compagnon de Lupita, l'une des sœurs d'Israel. Voilà une chose que je ne comprends pas, tiens : Lupita, encore après ma sortie de prison, nie avoir eu cette relation avec Mejía. Pourtant, je les ai bien vus ensemble !

En tout cas, Alejandro Mejía propose de jouer les intermédiaires entre Israel et les frères José Fernando et Marco Antonio Rueda Cacho, qui peuvent lui prêter l'argent. Les deux frères acceptent, à condition qu'il leur laisse sa voiture en gage. Les policiers en ont la confirmation par le père des deux hommes, Marco Antonio Rueda Valencia : « Mon fils est prêteur sur gages. Il a prêté 108 000 pesos à un certain Alejandro Mejía Guevara, qui lui a laissé sa voiture en gage. » Cette même Volvo S40, immatriculée 534 TCS, qui appartenait en réalité à Israel. Encore une fois, elle figure parmi les photos de mon dossier. Les policiers précisent la date : c'était bien en novembre 2005.

Israel ne peut donc pas être au volant de cette Volvo le 4 décembre, quand Valeria revient auprès des agents de l'AFI et qu'ensemble ils se lancent dans cette invraisemblable recherche au milieu de l'immense trafic urbain. En revanche, quand on lui présente les photos des deux frères, la jeune fille est formelle : « Je les identifie pleinement comme des amis nommés Marco Antonio et José Fernando Rueda Cacho. Je les connais par l'intermédiaire d'un ami qui se nomme Salvador Rueda, qui est venu avec eux environ un mois avant mon kidnapping à la fête qu'avait organisée ma mère pour mon anniversaire. »

Tout mon dossier d'accusation tient sur cette reconnaissance d'Israel. C'est le point de départ. La base de toute la construction de l'Agence fédérale d'investigation, dirigée par Genaro García Luna. Or, elle est de toute évidence inventée de toutes pièces. Elle fait fi de cette histoire de voiture, que les hommes de García Luna ne connaissaient apparemment pas et qui remet tout leur montage en cause. C'est le premier mensonge, mais pas le dernier.

– 8 –

C'est vrai, j'ai menti. J'ai menti une seule fois, pour ce qui me semblait un détail, mais j'ai menti. Mon premier avocat me l'avait demandé. Pour lui, il était inconcevable que j'explique aux policiers que j'avais passé la nuit précédent notre arrestation au domicile d'Israel. Je ne voyais pas ce qu'il y avait de mal à reconnaître cela : je dormais au ranch depuis mon retour de France. Israel avait été assez gentil pour m'accueillir en attendant que je trouve un logement et un travail. Nous n'étions plus ensemble depuis plusieurs mois, mais il était la personne que je connaissais le mieux à Mexico. Et il était suffisamment intelligent et généreux pour que nous puissions cohabiter tranquillement, sans équivoque.

Nous ne nous croisions d'ailleurs pas beaucoup. Il partait tôt le matin pour son travail, tandis que je rentrais tard de l'hôtel Fiesta Americana. La vie se passait ainsi.

Mais Me Ochoa trouvait qu'avouer cela était dangereux. On pouvait supposer que notre relation se poursuivait, et que même si je démentais, la police, les juges et surtout l'opinion publique auraient du mal à me croire. Laisser penser que j'étais encore la maîtresse de celui que toute la presse présentait comme un dangereux ravisseur causerait ma perte, selon lui. À l'époque, personne ne doutait de la culpabilité d'Israel. Pas plus que de la mienne.

Peu de temps après mon arrestation, j'étais perdue, encore seule et tellement paniquée que j'ai suivi l'avis de Jorge Ochoa. Il a inventé cette histoire de taxi qui m'aurait amenée tôt le matin au croisement de Topilejo, sur la route de Cuernavaca. Ce croisement de routes n'est qu'à quelques centaines de mètres du ranch. C'est un endroit assez chaleureux et coloré, où plusieurs boutiques de bois et de tôles ont été montées il y a bien longtemps. Les commerçants y vendent des fruits, des légumes, de la viande, des produits de première nécessité, ou des tapas, comme Alma.

Alma est une dame truculente qui tient sa boutique comme elle vit : avec générosité et bonne humeur. Angel, son mari, travaille pour plusieurs personnes. Il est homme à tout faire. Chez Israel, il était chargé de l'entretien de la bâtisse et du jardin. Il avait donc la clé du ranch. Beaucoup de journalistes l'ont vu ou même filmé, la petite clé en main, expliquant qu'il allait au ranch quand bon lui chantait : « Est-ce qu'on confie à quelqu'un les clés d'une maison où l'on séquestre des gens ? », demandait-il, plein de bon sens. Et, chaque fois, il concluait de la même manière : « Je n'ai jamais rien vu d'anormal dans cette maison, ni autour… »

En tout cas, Me Ochoa a voulu que nous racontions la version suivante : ce matin-là, le taxi m'avait déposée chez Alma, où j'avais bu un café, en attendant qu'Israel passe me prendre. Je n'ai jamais vraiment su si c'était crédible, mais j'ai vécu avec ce mensonge en travers de la gorge pendant sept ans. J'en ai souvent eu des insomnies. D'abord parce que je n'aime pas mentir, mais aussi parce que j'étais terrorisée à l'idée des conséquences que ce mensonge pourrait avoir s'il était découvert.

Je n'avais aucune raison de mentir, puisque je suis innocente. C'est la première chose que j'ai confié à Jorge Ochoa : « Ils vont bien s'apercevoir de leur erreur. Ils vont bien reconnaître que je n'ai rien à voir avec tout ça. » Cela le faisait rire. Jusqu'à ce qu'il élève la voix, et qu'il m'impose cette version, celle avec laquelle j'avais une chance de convaincre les juges. C'était la première fois que j'avais affaire à un avocat. Je le suivais les yeux fermés. Ensuite, quand j'en ai connu d'autres, j'ai mesuré mon erreur. Aujourd'hui, c'est un immense soulagement de me débarrasser de ce mensonge, même si mes avocats m'ont souvent dit qu'il était dérisoire.

Je passe donc bien la nuit du 7 au 8 décembre au ranch. Le jeudi 8 est un jour particulier : le jour de mon emménagement dans l'appartement. Je suis gonflée d'enthousiasme. Je suis d'ailleurs bien plus en forme qu'Israel. Ce matin-là, quand nous démarrons la camionnette prêtée par son frère, mon canapé, mon frigo et quelques bricoles à l'arrière, je vois bien qu'il a le cœur gros. Il ne dit rien, moi non plus. Chacun de nous sait parfaitement ce que pense et ressent l'autre, mais il n'y a guère de mots à mettre là-dessus.

Nous passons devant le carrefour de Topilejo, suivons la route de Cuernavaca vers le centre de Mexico, environ vingt-cinq kilomètres devant nous. Il fait beau. Pas très chaud, mais c'est un joli matin de décembre. La route devient sinueuse, au flanc de ces collines boisées, et nous sortons d'un long virage quand la circulation est arrêtée.

J'ai raconté des centaines de fois cet instant où ma vie bascule. Les hommes en gilet orange, comme ceux qui travaillent sur les routes, qui s'approchent de la camionnette, du côté d'Israel, et lui demandent d'abord ce qu'il transporte et qui je suis. Je ne les entends même pas dire qu'ils sont de la police, mais c'est bien un contrôle d'identité. Et rapidement, tout dérape. Israel est emmené brutalement, je ne le vois déjà plus, et des hommes me dirigent vers un autre véhicule, sans ménagement, sans explication. J'ai tellement peur. C'est le moment où je perds le contrôle de ma vie. Le moment précis où l'on me vole ma liberté.

Je ne sais pas ce qu'il advient d'Israel après notre arrestation. De mon côté, après une petite heure sur le siège avant d'une camionnette qui roule à une allure complètement folle, tremblante de peur et totalement perdue, je me retrouve d'abord devant une femme policier qui tient à me rassurer. Je ne suis pas leur cible, je ne serai entendue que comme témoin, selon elle. Ce qui ne me rassure qu'à moitié, d'autant qu'elle m'explique que ses collègues surveillent Israel depuis des semaines parce qu'il est impliqué dans une affaire d'enlèvements. Une histoire complètement irréelle. Mais il est bientôt midi, je dois être à l'hôtel à 15 heures pour commencer ma journée, et tout ce que je veux savoir, c'est si on me laissera y aller. « Tu iras travailler », me dit-elle. Ces mots-là résonnent encore en moi.

Dans la folie de cette mascarade, je ne comprends rien de ce que je fais là, bien sûr. Personne ne m'a expliqué.

J'ai passé la nuit dans la malle de la camionnette, frigorifiée et sursautant au moindre bruit et, au petit matin, elle démarre de nouveau en trombe, au son des jurons des deux hommes qui se tiennent à l'avant. De leurs menaces, aussi : « Il va t'enculer, Margolis ! » Que vient faire Margolis là-dedans ? Je n'en saurai jamais rien. Quand le véhicule s'arrête, nous sommes dans le jardin du ranch, il y a un monde fou, des policiers surtout, et la mise en scène qui doit être jouée à 7 heures devant les caméras de télévision se met en place. La cabane du fond du jardin a été complètement aménagée, il y a même une télé – ma télé. Je n'y comprends rien. En tout cas, c'est là qu'on m'enferme, à côté d'Israel dont la tête me fait peur, quand je le revois dans la pénombre du petit matin. Il a été battu, c'est évident, il a le visage boursouflé et il est à demi conscient. J'ai aussi le temps de voir que des photos de moi ont été étalées un peu partout, ainsi que des cartes de visite comme j'en utilisais lorsque je travaillais pour Sébastien. Il n'existe qu'un endroit où les policiers ont pu les trouver : chez moi. Tout cela était encore dans mon appartement l'avant-veille au soir, quand j'en ai fermé la porte, au moment où Israel m'a convaincue de revenir dormir une dernière fois au ranch. En même temps que mon téléphone et mes papiers, lors de notre arrestation, les policiers m'avaient pris mes clés : ils sont donc passés chez moi et ont saisi ce qui pouvait les aider dans leur mise en scène. C'était donc vrai : quelqu'un nous suivait, comme le sentait Israel, et c'est ainsi qu'ils ont eu ma nouvelle adresse.

Là encore, je suis tombée des nues quand j'ai lu le récit de notre arrestation par la police. D'abord, le dossier d'instruction dit qu'un policier en surveillance devant le ranch prévient ses collègues qu'Israel sort le 9 décembre à 5 h 30 du matin « en compagnie d'une femme ».

Or, nous avons bien été arrêtés le 8 décembre. Ensuite, le rapport fait état d'un geste qu'aurait eu Israel dans la camionnette, « pour se saisir d'une arme de gros calibre ». Il n'y avait aucune arme dans ce véhicule, mais le document officiel mentionne que c'est pour cette raison que j'ai également été emmenée. « Parce que la détention d'arme de guerre est un délit. » Oui : une arme de guerre ! Enfin, ce rapport totalement erroné mentionne qu'après un kilomètre en voiture avec ses gardes, Israel leur dit qu'il doit retourner au ranch, faute de quoi ses complices « vont tuer trois personnes qui y sont retenues ». Évidemment, les forces spéciales s'exécutent, en même temps que leurs chefs demandent du renfort. Tout le monde se retrouve devant la grille du ranch, qu'Israel ouvre, selon le procès-verbal, à 7 h 15. C'est totalement incohérent : l'écran du téléviseur indique qu'il est 6 h 46 quand les agents de l'AFI pénètrent dans le ranch – sans Israel, évidemment, puisqu'il est à ce moment-là menotté à l'intérieur du cabanon. Mais ce scénario entièrement inventé ne doit pas inquiéter les hommes de García Luna, à l'époque. Ils en ont l'habitude et ils parient sur le fait que personne n'ira fouiller dans leur procédure.

La journaliste Yuli García, qui travaille pour l'émission « Punto de partida » de Denise Maerker, a pu voir un peu plus tard les images tournées ce matin-là dans la cour du ranch. Même celles qui n'ont pas été diffusées. « Ce qui est étonnant, c'est qu'on voit les policiers se mettre en place, devant la grille fermée du ranch, les uns derrière les autres, et attendre qu'on leur donne le signal. Mais ce n'est pas un policier qui le fait. » En réalité, le journaliste qui est en plateau donne des résultats sportifs puis, pendant la diffusion d'un reportage, il appelle son collègue reporter et lui dit d'attendre encore quelques instants… pour les écrans de publicité. Ce n'est qu'après que les policiers se mettent en route, au signal du journaliste ! Ils ouvrent la grille, et Yuli García dit aussi : « C'est même drôle parce que, dans un premier temps, les hommes se trompent et partent dans la mauvaise direction. Il faut que quelqu'un leur montre le cabanon pour qu'ils se dirigent vers celui-ci… » Sur l'écran, une horloge indique qu'il est 6 h 46.

Ensuite, arrive la fameuse scène où policiers et journalistes entrent ensemble, totalement invraisemblable pour tous ceux qui l'ont revue ensuite, mais qui s'est néanmoins imprimée dans l'esprit de la population mexicaine. On m'y voit échevelée, paniquée, les mains attachées dans le dos, répondre aux questions d'un journaliste, alors que les policiers sont censés libérer trois personnes séquestrées par une dangereuse bande de ravisseurs. J'ai souhaité des milliers de fois, pendant toutes ces années en prison, que les téléspectateurs de ce matin-là se mettent un instant à ma place. Qu'ils imaginent cette même scène de mon point de vue.

On m'a enfermée là, une couverture sur la tête, en m'ordonnant de ne pas bouger du canapé où je suis assise. Israel est à côté de moi, à même le sol, et tout ce que je sais, c'est que nous avons ordre de nous taire.

Et d'un seul coup, c'est comme une explosion. Le bruit d'une cavalcade, d'une fureur qu'on ne sentait pas arriver. Une dizaine d'hommes se ruent d'abord sur Israel, le rouent de coups à nouveau – il est déjà défiguré par tous ceux qu'il a reçus depuis notre arrestation – et quand on enlève la couverture de ma tête, la première chose que je vois, c'est cette caméra pointée sur moi et le micro du journaliste qui me demande si je suis l'épouse d'Israel, si je suis au courant qu'il y a ici des gens séquestrés, et je répète : « Non ! Non, je ne suis pas son épouse. Non, je ne savais pas. Je ne savais pas… »

À ce moment-là je découvre qu'il y a effectivement trois personnes derrière un panneau de bois qui a été apporté là pour la mise en scène. Un type avec un bandeau sur la tête, dont j'avais furtivement croisé le regard avant qu'on me cache sous la couverture, et une dame qui serre contre elle son fils âgé d'une dizaine d'années. Mais que font-ils là ? Mais que veut dire tout ça ? Je suis paumée, moi, voilà ce que je vis alors que tout le pays me regarde à la télévision – ce dont je n'ai évidemment pas encore conscience.

Le plus stupéfiant est peut-être à venir. Au micro, le cou enserré entre les doigts d'un policier en civil qui presse pour lui faire mal chaque fois qu'il semble hésiter, Israel se livre à une confession terrifiante. Je l'entends dire qu'il est bien celui qu'on appelle « El Cancer », le chef de la bande Los Zodiacos et que depuis longtemps il enlève des gens pour de l'argent. C'est le journaliste qui l'interroge :

« Comment avez-vous organisé ces enlèvements ?

– Je ne suis pas l'organisateur. J'ai juste prêté ma maison contre de l'argent. »

Le policier serre sa nuque. Israel a une grimace de douleur. Pablo Reinah continue ses questions :

« C'est vous qui déteniez ces personnes ?

– Oui, j'étais payé pour ça.

– Combien ?

– Je ne sais pas ce qu'ils devaient me donner.

– Qui sont les personnes enlevées ?

– Je ne les connais pas… Aïe ! »

Encore une grimace, plus marquée, celle-là. C'est le policier qui demande alors :

« Vous avez mal quelque part ?

– Oui, répond Israel. Vous m'avez frappé… Aïe !

– Où avez-vous mal ?

– Nulle part.

– Qui vous a frappé ?

– Personne. »

Je suis stupéfaite, évidemment. Il existe une photo qui a été prise quelques instants plus tard, alors qu'Israel et moi sommes appuyés contre une camionnette de l'AFI, une couverture sur les épaules, pour un court instant de pause. Sur cette photo, j'observe Israel du coin de l'œil, d'un regard à la fois interrogateur et terrifié qui traduit ce que je ressens à cet instant. Je ne sais plus ce que je dois croire et j'ai tellement peur ! Évidemment, je ne sais pas qu'Israel a fait d'autres aveux, pendant la nuit, et encore moins que ces aveux ont été recueillis sous la torture. C'est une expertise médicale validée par la Commission des droits de l'homme qui l'établira quelques semaines plus tard. Son avocat a réussi à le faire reconnaître devant le tribunal.

En tout cas, ces quelques minutes de télévision ont fait de moi *la Secuestradora*. Genaro García Luna a eu ce qu'il voulait. Il a même prévu une communication officielle un peu chaotique : en même temps que Cristina Ríos Valladares répète qu'elle ne nous connaît pas, que nous ne sommes pour rien dans son enlèvement – sur la vidéo, on l'entend crier : « Laissez-les ! Ce n'est pas eux, ils n'y sont pour rien ! » –, Javier Garza, l'un des responsables des opérations spéciales de l'AFI, indique à la presse que les victimes nous désignent unanimement. Et particulièrement moi : « C'est elle qui les surveillait, qui leur donnait à manger. »

Parmi les téléspectateurs, ce matin-là, Yuli García n'est pas la plus convaincue. C'est son métier de suivre les opérations de la police spéciale, et elle sait qu'il faut se méfier de ce qu'elle montre au public et aux journalistes. Le 9 décembre, elle trouve immédiatement qu'il y a là quelque chose de « bizarre, faux et trop mécanique ». Elle a le sentiment que tout est joué d'avance, elle soupçonne un nouveau montage.

Elle ne sera pas la seule. Un jour de mars 2009, Anabel Hernández visionne toutes ces images en compagnie d'Agustin Acosta. Ce jour-là, chez Me Acosta, elle regarde les images, fait repasser la scène plusieurs fois, puis stoppe la vidéo au moment où s'ouvre la porte du cabanon. Une image furtive, mais elle est énorme pour la jeune femme : on y voit un homme en civil, déjà à l'intérieur du cabanon, qui ouvre la porte et s'efface devant les policiers et les journalistes qui les suivent pas à pas. Cet homme, le même qui se tient ensuite à côté d'Israel devant les caméras, qui lui serre la nuque pour obtenir les aveux qu'il souhaite entendre, c'est Luis Cárdenas Palomino, l'homme de main de García Luna.

L'Agence fédérale d'investigation est donc à l'origine et à la réalisation de tout ce montage, mais il faudra des mois avant que ses dirigeants le reconnaissent.

García Luna est pourtant obligé de faire une première concession du bout des lèvres, lorsque je l'interpelle en direct dans l'émission de Denise Maerker. Je suis alors emprisonnée à l'Arraigo[1], dans une sorte de garde à vue qui durera trois mois, quand cette émission est diffusée à la télévision. Je le sais, parce que Yuli García m'a fait

---

1. Un centre de détention provisoire (qui équivaut à la garde à vue en France) où les prisonniers sont gardés entre 30 et 60 jours.

passer un message, quelques jours plus tôt, par l'intermédiaire de mon avocat, me demandant de l'appeler. Au téléphone, elle m'a expliqué qu'elle préparait cette émission, et m'a demandé de raconter ce qui s'était passé et qui j'étais. Ma version l'intéressait mais ne la surprenait pas complètement. Elle savait que les policiers mexicains étaient capables de fabriquer de fausses preuves et s'est alors penchée un peu plus sur mon histoire. Elle a demandé à rencontrer García Luna, qui l'a reçue en compagnie de quelques-uns de ses hommes et s'est agacé de toutes ses questions et des contradictions qu'elle mettait en exergue. Elle raconte : « Ensuite, il est sorti et je suis restée avec ses hommes dont le ton est devenu nettement plus agressif. Ils ne m'ont pas menacée, et encore moins frappée, mais ils m'ont vivement conseillé de ne pas continuer cette enquête. Ce qu'ils me disaient, c'est que cela n'amènerait rien de bon. Ni pour moi, ni pour le Mexique[1]. »

Yuli ne pouvait pas encore savoir à quel point ces paroles étaient justes. Pour moi, en revanche, l'avancée était formidable. J'étais enfermée depuis deux mois, je criais mon innocence dans le vide et, pour la première fois, quelqu'un s'intéressait à moi, m'écoutait, me croyait.

Je suis évidemment devant un poste de télévision, à la prison, quand l'émission de Denise Maerker commence. Je vois García Luna dire à nouveau que nous avons été arrêtés le 9 décembre à l'aube, que ç'a été un coup de filet exemplaire du travail de sa police, en même

1. Entretien qu'elle a accordé pour le documentaire *Florence Cassez, l'ultime recours*, de Patrice du Tertre et Othello Khanh.

temps qu'un coup sérieux porté contre l'industrie du crime. J'ai encore sur moi le numéro du téléphone de la journaliste. Alors, je fais ce que mon instinct me dicte, sans réfléchir. Spontanément, comme à mon habitude. Sûre de moi et de mon bon droit, puisque je suis innocente. J'appelle et Denise Marker me prend en direct. « Je suis désolée de vous contredire, monsieur, dis-je à Garcia Luna, mais je n'ai pas été arrêtée le 9 décembre. J'ai été arrêtée le 8 décembre à 10 h 30 du matin, on m'a gardée dans une camionnette toute la journée et toute la nuit qui ont suivi, avant de me ramener au ranch, pour me forcer à jouer cette comédie... » Je suis prise d'une excitation incontrôlable, c'est la première fois que je peux dire ma vérité devant tout le monde, et je suis inarrêtable.

Je suis tout de même arrêtée. Le temps que les gardiens et la direction de cette prison comprennent ce qui se passe, une dizaine d'hommes sont autour de moi et le téléphone est raccroché. Le directeur de la prison est tellement bluffé par ce que j'ai fait qu'il ne me punit même pas. En revanche, il me fait comprendre que nous aurons tous les deux des ennuis.

Je ne saurai jamais ce qu'il en a été pour lui, mais combien de fois me répétera-t-on que cette intervention est sans doute à l'origine de ma si longue détention !

Sur les images de l'émission, on voit nettement les signes de nervosité de García Luna. Je ne sais pas s'il pense déjà à me faire payer mon culot, mais quelques tics trahissent son malaise et Denise Maerker ne le ménage pas. Elle reprend la parole et, alors, il est bien obligé de lâcher du lest : « C'est vrai, nous avons reconstitué cette arrestation. C'était à la demande des journalistes, qui voulaient des images. Nous avons seulement reconstitué, pas inventé. C'est une manière d'expliquer notre travail aux citoyens de ce pays. »

Une pirouette improvisée. Un mensonge de plus, mais une première faille dans le piège qui s'est refermé sur moi. Deux jours plus tard, García Luna est obligé de donner une conférence de presse avec un représentant du parquet, mais les questions pressantes de quelques journalistes scrupuleux ne le déstabilisent pas : il a ficelé une nouvelle version autour de son improvisation sur le plateau de télévision et il s'y tient.

Il faudra attendre plus de quatre ans pour que le parquet reconnaisse officiellement avoir menti sur l'épisode de l'arrestation. Le 18 avril 2010, ma situation est alors totalement bloquée, mes avocats cherchent désespérément le moyen juridique le plus approprié de me sortir de là, j'ai l'impression d'être oubliée, même si deux mois plus tôt la sortie en France de mon premier livre, *À l'ombre de ma vie*, a été plutôt bien accueillie. À Mexico, les autorités l'ont sans doute lu, ils savent qu'il doit être traduit et publié chez eux. C'est peut-être pour cela qu'ils organisent une conférence de presse, afin d'évacuer l'un des points les plus invraisemblables de cette affaire.

Pour les deux chaînes de télévision, c'est encore pire. Aucune ne fera amende honorable. Pablo Reinah, le journaliste qui a couvert cette mascarade pour Televisa, doit quitter la chaîne après avoir expliqué s'être fait gruger par les autorités. Plusieurs mois après son départ, il expliquera que personne, à sa connaissance, n'a demandé un tel montage, mais que c'est bien un policier avec lequel il était en contact qui l'a joint par téléphone au milieu de la nuit pour lui demander s'il voulait assister à une arrestation en direct. Il a évidemment fait son travail, même s'il aurait pu remarquer l'invraisemblance de la scène. C'est en tout cas ce qu'a reconnu le journaliste qui était alors en studio, dans une intervention pleine de regrets diffusée… la veille de ma sortie de prison, en janvier 2013.

– 9 –

Je n'ai aucun regret lorsque j'évoque aujourd'hui ce coup de téléphone intempestif. C'était un cri du cœur. Un cri d'innocence que je poussais bien fort, persuadée qu'il allait permettre à tous ces gens d'y voir clair. Parce que je croyais encore dur comme fer que tout cela résultait d'une erreur. Pas un instant, je n'aurais pu imaginer que les plus hautes autorités policières de ce pays avaient fabriqué de faux coupables ! Je ne savais pas que Genaro García Luna et ses hommes étaient appelés « les metteurs en scène » au sein de la police, et que l'Agence fédérale d'investigation était ironiquement surnommée « l'Agence des films inventés »...

À cette époque, l'AFI et son chef étaient déjà extrêmement controversés. Dans tout le pays circulait une vidéo qui faisait scandale. On y voyait un groupe de policiers cagoulés, vêtus d'uniformes portant le sigle de l'agence d'élite, qui paradaient autour de quelques prisonniers et de leur butin. Les prisonniers étaient à genoux, les policiers passaient près d'eux et leur assénaient de violents coups de poing ou de crosse, et une voix expliquait que, parmi les malfaiteurs, trafiquants de drogue en l'occurrence, figuraient quelques policiers véreux, et que ceux-ci devaient être châtiés de la plus sévère manière. Et sans prévenir, le policier le plus à droite de l'écran mettait une balle dans la tête du prisonnier qui se tenait à genoux devant lui.

Cette exécution sauvage avait choqué tout le pays. L'AFI avait été créée pour combattre la violence des gangs, pas pour rivaliser avec eux dans ce domaine, et la presse – notamment la presse écrite – avait largement commenté cette séquence, qui avait mis à mal la crédibilité de García Luna et de ses hommes.

Il était donc en pleine opération de réhabilitation, avec son coup d'éclat du 9 décembre à l'aube. Les deux principales chaînes de télévision, TV Azteca et Televisa, avaient joué le jeu sans poser trop de questions et l'affaire était dans le sac.

Mais il est venu aux oreilles de Denise Maerker et Yuli García que quelqu'un protestait. Que tout cela n'était pas si net, et c'est pourquoi la journaliste a pris contact avec moi. Denise Maerker a toujours été claire, là-dessus : sa volonté n'était pas d'enquêter sur un éventuel « gang du Zodiaque », mais plutôt sur les méthodes de l'AFI. Elle l'a dit plusieurs fois publiquement : « Je ne sais pas si Florence Cassez et Israel Vallarta sont innocents ou coupables, je n'ai pas d'éléments pour en juger. Mon propos était de décrypter les méthodes d'une police qu'on disait à la pointe du combat contre les trafiquants et les ravisseurs. Ici, nous voulions savoir si l'arrestation qu'on nous avait présentée en direct était réelle ou pas. » Elle a fini par le savoir.

J'ai passé trois mois à l'Arraigo. Quatre-vingt-huit jours, précisément. C'était un ancien hôtel reconverti en centre de détention provisoire de l'AFI. Les prisonniers y étaient vêtus de tee-shirts de couleurs différentes, suivant ce qu'on leur reprochait. Verts pour ceux qui étaient accusés de blanchiment d'argent, jaunes pour les narcotrafiquants, et rouges pour les auteurs d'enlèvements. Comme j'avais honte de cette couleur ! De cette accusation infâme. Évidemment, ce coup d'éclat au téléphone a changé le regard que portaient sur moi les autres détenus, ainsi que les gardiens. C'était étonnant, mais on me respectait beaucoup plus. Fini le menaces et les humiliations, les sorties dans la cour où il fallait que je prenne garde à ce qui se passait à droite, à gauche et, pire, derrière moi. Je ne saurai jamais si c'est parce qu'on me trouvait du courage ou parce qu'on prenait peut-être conscience de mon innocence. Ou tout bêtement parce que j'étais encore plus connue dans le pays, après mon deuxième passage à la télévision. En tout cas, on me faisait quelques sourires, des détenus m'offraient même à l'occasion une cigarette ou un café. J'étais privée de liberté depuis deux mois, c'étaient les premiers gestes un peu humains à mon égard, je me détendais enfin un peu. Juste un peu. J'étais loin de m'imaginer que cela ne faisait que commencer. J'étais loin de m'imaginer tout ce dont étaient capables les chefs de la police mexicaine. Non seulement ils avaient monté de toutes pièces une fausse arrestation, m'utilisant comme tant d'autres au mépris de mes droits les plus élémentaires, mais puisqu'ils étaient maintenant en difficulté, par ma faute, ils allaient réagir immédiatement. Et de manière aussi violente que malhonnête, une nouvelle fois.

À la page 322 de mon dossier figure la déclaration de Cristina Ríos Valladares, que j'ai vue pour la première fois dans le cabanon le jour de la mise en scène de notre fausse arrestation. Dans une longue déclaration, elle est extrêmement claire : « Le jour de notre libération, autour des véhicules de l'AFI, il y avait deux personnes, un homme et une femme blonde. Je pense qu'ils n'ont eu aucun rôle dans ma séquestration. Après les avoir observés, je déclare ne pas connaître ces personnes et que c'était la première fois que je les voyais. Je n'ai pas non plus reconnu leurs voix : celles de mes gardiens étaient plus graves. »

Son fils est tout aussi formel à mon sujet : « Je ne la reconnais ni physiquement, ni par la voix. » Mais ce garçonnet de onze ans raconte une autre scène, assez violente pour un gamin de son âge : « Un jour, Hilario, qui était le chef de la bande, a fait sortir ma mère de la chambre, et une fois seul avec moi il m'a fait une prise de sang au bras gauche. Puis il m'a appliqué un coton sur l'oreille gauche et a versé du liquide. Il disait que c'était parce que mon papa voulait qu'on lui envoie quelque chose de moi. J'ai eu très peur, j'ai cru qu'il allait me faire du mal. » Dieu merci, quand on le voit le 9 décembre, dans les bras de sa mère au fond du cabanon, cet enfant a toujours ses deux oreilles.

Seul l'homme au bandeau, Ezequiel Elizalde Flores, me reconnaît « pleinement et sans hésitation ». À la page 328 de mon dossier, figure cette déclaration de lui : « C'est la fille qui m'amenait des sandwichs. Elle m'a emmené dans une pièce à part, me disant qu'on allait envoyer un cadeau à mon père. Elle m'a demandé si je préférais un doigt ou une oreille. » Tout de suite, il a exhibé son doigt, affirmant que je l'aurais piqué là, afin de l'anesthésier. Comme si je savais faire une chose pareille ! En tout cas, on ne peut lui reprocher d'être inconstant : jusqu'au bout, chaque fois qu'on lui a demandé, il a montré ce doigt, toujours au même endroit, y compris lors de mon procès. Mais ce jour-là, mon avocat a eu le réflexe de demander une expertise, ce qu'a accordé la juge. Et l'expert a été formel : cette marque que montre avec tant d'insistance Ezequiel, c'est une tache de naissance. Rien à voir avec une quelconque piqûre. Ezequiel est un menteur. Un menteur obstiné : deux jours avant ma sortie de prison, quand les associations de victimes acharnées à ma perte jetaient leurs dernières forces dans une bataille qui s'annonçait perdue pour eux, c'est encore à lui qu'elles ont fait appel. Et dans un geste pathétique, il a encore levé ce doigt devant les objectifs des journalistes, qui savaient tous, alors, ce qu'il en était.

Voilà donc la seule personne qui m'accusait, le lendemain de mon arrestation. Autant dire que, deux mois plus tard, à l'Arraigo, je croyais dur comme fer que cette accusation ne pèserait pas bien lourd face au regard d'un juge.

Mais quelques jours à peine après mon intervention au téléphone dans l'émission de Denise Maerker, survient un coup de théâtre. La réponse cinglante de García

Luna au sale moment que je lui ai fait passer dans « Punto de partida ». Le matin du 15 février, toute la presse fait état de nouveaux témoignages de Cristina Ríos Valladares et de son fils. Des révélations spectaculaires faites par vidéo, parce que les membres de cette famille viennent de partir pour les États-Unis, où ils sont cachés par les autorités, à cause de menaces de mort qu'ils auraient reçues. Soudain, ces gens sont donc en danger (mais quel danger ?) et la mémoire, comme pour Valeria, leur revient alors.

Les modifications dans leurs témoignages sont spectaculaires. Le jeune Cristian, d'abord : « Je me suis souvenu que le jour où on m'a fait une prise de sang, la main que j'ai sentie était très délicate, douce, à la peau blanche. Une voix de femme m'a dit d'appuyer sur le coton, elle avait un accent étranger, elle prononçait mal les "r" et n'avait pas les intonations d'une Mexicaine. »

Puis sa mère, le même jour, soit une semaine et demie après l'émission de Denise Maerker : « Avec le temps, des choses me sont revenues en mémoire. D'abord, la personne qui a fait une prise de sang à mon fils n'était pas un homme mais une femme qui s'exprimait avec un accent bizarre et n'arrivait pas à prononcer le "r" de *aprieta*[1]. Ensuite, dans la première maison où nous avons été séquestrés, j'ai entendu une voix de femme étrangère. Cette voix, maintenant que je l'ai entendue à la télévision, je peux dire sans crainte de me tromper que c'est celle de la personne qui se nomme Florence Cassez. »

1. « Appuie », en espagnol.

Là encore, des changements radicaux, qui rentrent beaucoup mieux dans les clous de l'accusation et semblent tout à fait cohérents. Parfois même au mot près.

Mais à y regarder de plus près, des journalistes trouveront une chose très curieuse. Le 10 février, le registre d'entrée de la Siedo fait état de plusieurs visites de ces deux témoins miracles. Cristina Ríos Valladares y est venue en compagnie de son époux Raúl Ramírez de 11 heures à 12 h 15, et leur fils Cristian y est signalé de 11 h 28 à 16 h 39, puis plus tard encore, dans la soirée. Or, il n'existe aucun procès-verbal faisant mention de ces visites. Il semble qu'à cette date la famille vivait encore en toute quiétude à Mexico. Cinq jours plus tard, la police produit les nouveaux témoignages, enregistrés le 14 février depuis les États-Unis, où le couple et son fils se cachent. Tous les journalistes qui se sont penchés sur ces documents ainsi que mes avocats sont d'accord avec moi : les passages à la Siedo ont servi à bâtir une nouvelle version destinée à renforcer une accusation bien fragile. À partir de ce moment, c'est clair : pour Genaro García Luna, le cas de Florence Cassez est devenu une affaire personnelle.

– 10 –

La juge Olga Sánchez Contreras a décidé, au début du mois de mars 2006, de nous inculper, Israel et moi, pour séquestration en bande organisée et détention d'armes. Le 7 mars, en pleine nuit, j'ai quitté l'Arraigo, où j'ai passé quatre-vingt-huit jours, pour gagner le pénitencier pour femmes de Santa Martha Acatitla, au sud de Mexico. Quatre-vingt-huit jours seule car j'avais interdit à mes parents et à ma famille de mettre les pieds dans ce lieu : souvent les proches qui venaient en visiteur se retrouvaient le lendemain détenus à leur tour.

Je n'ai rien connu de plus effrayant que ce pénitencier. Étant arrivée dans un fourgon au beau milieu de la nuit, je ne l'ai pas vu de l'extérieur, mais tous ceux qui y sont allés m'ont dit que sa masse énorme de béton et de barbelés, ses terrasses immenses bombardées de soleil et les files de pauvres gens venus voir une mère, une sœur, une fille, qui n'en finissent pas, en font un lieu terrifiant dès son approche. Surtout qu'il est bâti près du quartier d'Iztapalapa, celui de la famille d'Israel, qu'il faut déjà oser traverser pour s'y rendre.

Les plus grandes criminelles d'Amérique latine sont passées ici. De ce point de vue, je peux dire que j'ai été servie. Le jour même de mon arrivée, j'ai cru mourir de peur. Une gardienne – il était impératif de les appeler « chef » – me guidait jusqu'à ma cellule dans une obscurité angoissante, en m'expliquant que la seule manière de sauver sa peau, ici, était de se tenir tranquille. Nous longions des cellules fermées d'une simple grille ajourée – on est toujours à la vue des gardiennes comme des autres détenues – mais la plupart des filles dormaient. À chaque instant, je pensais que quelqu'un pouvait surgir, me sauter dessus et que c'en serait terminé. L'odeur infecte, le froid pénétrant et cette sensation de cruauté brute me tournaient la tête. J'ai alors entendu la gardienne qui me précédait dire sans ralentir son pas : « Elle, elle a bien compris : elle se tient tranquille. » En me retournant, j'ai cru mourir de peur. Deux yeux perçants me fixaient dans le noir, au milieu d'un visage dur, qu'on aurait juré masculin. Ce regard, cette attitude exprimaient tant de brutalité que, malgré la grille fermée, j'étais paniquée. Je l'ai d'ailleurs reconnue immédiatement : c'était la Mataviejitas. La « tueuse de petites vieilles ». Elle avait été arrêtée un mois plus tôt, et les télévisions parlaient encore d'elle chaque jour. Je l'avais vue, depuis ma cellule, à l'Arraigo. Elle avait étranglé au moins une quinzaine de vieilles dames, à travers toute la capitale, et la police était encore à la recherche d'indices dans de nombreuses autres affaires de meurtres de femmes âgées. On ne savait donc pas combien de fois elle avait tué, mais la police avait été à ses trousses pendant des mois, persuadée qu'il s'agissait d'un homme, tant sa carrure était imposante et tant ses crimes requéraient de la force.

Elle était là, à deux mètres de moi, celle qui avait épouvanté tout le pays – ce que je comprenais mieux encore à la voir là, immobile, me fixant durement, sans me lâcher, vu la terreur qu'elle m'inspirait. On m'a attribué une cellule mitoyenne à la sienne. Je n'ai pas osé m'allonger. Je suis restée tout le reste de la nuit assise sur une paillasse glacée, mes bras entourant mes genoux repliés contre moi, essayant de ne pas mourir de froid ou de peur.

Ce fut ma première nuit dans ce pénitencier. Et aujourd'hui encore, je sens cette peur, une peur incontrôlable qui fait perdre tous ses moyens, qui monte en moi dès que j'évoque cet endroit hors du monde des humains. J'ai cru que j'allais mourir, là-bas. Je serais peut-être morte, d'ailleurs, s'il n'y avait eu Tony.

À mon retour en France, dans la folie de cette pre mière conférence de presse et ignorant totalement que des gens décortiqueraient toutes mes paroles – comme si j'étais en état de parler sereinement ! –, j'ai dit que Nicolas Sarkozy m'avait sauvé la vie. Une manière de parler, même si je dirais toujours la même chose aujourd'hui ; j'y reviendrai. Mais quand je parle de Tony, ce n'est pas une image. Sans elle, je ne serais probablement jamais rentrée vivante chez moi.

Je l'ai rencontrée à l'Arraigo, peu de temps avant d'être transférée au pénitencier, quatre jours après mon intervention dans l'émission de Denise Maerker. Il régnait autour de moi une espèce d'euphorie qui m'avait atteinte jusque dans mes convictions. Les autres détenus étaient très agités parce que j'avais mis à mal García Luna, l'incarnation de la répression dans ce pays. Et moi, je m'étais laissé gagner par cette excitation, au point de croire que j'allais sortir. Je pensais que tout était clair, que tout le monde avait compris, qu'on allait me rendre ma liberté. Que ce n'était plus qu'une question de jours – d'heures, peut-être. Mais les autres, s'ils étaient bien contents du tour que je venais de jouer aux autorités, avaient saisi bien mieux que moi quelles seraient les conséquences de ce coup de téléphone. Israel le premier.

Il était deux étages au-dessous de moi, à l'Arraigo. Moi au troisième, lui au premier. Je n'ai jamais vu cet étage, mais apparemment il était disposé comme le mien. Des cellules fermées par des grilles ajourées, où l'on se tenait à deux ou trois, et les couloirs étaient mixtes. On pouvait discuter d'une cellule à l'autre très facilement. Des histoires d'amour sont même nées de cette manière. En tout cas, Tony est arrivée dans la cellule qui faisait face à celle d'Israel. Et c'est ainsi qu'il s'est adressé à elle. Elle me l'a raconté plus tard : « Écoute-moi, je sais qui tu es, lui a-t-il dit. On te voit beaucoup à la télévision, ces jours-ci. Tu es une trafiquante chevronnée et tu connais la prison. Tu connais Santa Martha… »

Évidemment, elle connaissait ! Elle y avait passé plusieurs mois avant d'être transférée à Tepepan – prison dont je n'avais encore jamais entendu parler. Ce n'était pas la justice mexicaine qui la poursuivait, mais les États-Unis. Il y avait contre elle un mandat d'arrêt international, et un accord de coopération entre les deux pays avait permis qu'elle soit arrêtée. Elle était en instance d'extradition. Une grande victoire pour la police mexicaine d'avoir réussi à arrêter une trafiquante internationale très connue. Mais ses avocats avaient réussi à gagner un amparo[1] alors qu'elle était détenue à Tepepan depuis trois ans. Pour des raisons de procédure, il n'était pas possible de l'extrader, c'était ce qu'avait déclaré la justice mexicaine. Alors, un jour de février 2006, Tony est sortie libre de Tepepan et… les agents de l'AFI l'ont immédiatement arrêtée à nouveau, juste devant la prison, pour l'emmener de nouveau à la Siedo, puis à l'Arraigo. Voilà comment elle était arrivée là. Ses avocats avaient hurlé que tout cela était parfaitement illégal, que la police violait la décision d'amparo, mais rien n'y avait fait. Tony était à nouveau incarcérée, et tout le monde – Israel comme les autres – savait qu'elle retournerait à Santa Martha.

Il lui a donc demandé de m'aider : « Elle n'est pas préparée à ce qu'elle va vivre là-bas. Je la connais : sa culture, son éducation sont très loin de tout ça, elle ne sait même pas qu'un endroit comme Santa Martha existe. Elle va se faire bouffer. Il faut que tu l'aides, s'il te plaît… »

Elle était réticente. Toujours cette aversion particulière qu'ont les Mexicains – même les trafiquants de drogue ! – à l'égard des kidnappeurs. Là-bas, l'enlève-

1. L'amparo est un mécanisme juridique qui permet un recours au contrôle de constitutionnalité pour les citoyens. Il est surtout présent dans le système du droit du monde hispanophone.

ment est le pire des crimes. La première réaction de Tony a été de répondre à Israel : « Je n'aide pas les séquestreurs ! » C'est ainsi qu'on dit, au Mexique, *« secuestradores »*. Mais il lui a expliqué que je n'avais rien fait, et il a réussi à la convaincre.

Un jour de visite, elle est venue directement vers moi. J'étais assise à une table, elle s'est accroupie et m'a parlé. C'était formellement interdit : les détenus ne pouvaient pas parler entre eux à cet endroit-là. Mais Tony pouvait se le permettre, moi je n'en savais rien. J'étais morte de trouille. Je ne voulais pas la regarder, pas même l'entendre. Je ne souhaitais qu'une chose : qu'elle s'éloigne, qu'elle me fiche la paix, je ne voulais pas d'ennuis avec les surveillants. C'était un stress total. J'ai vaguement entendu qu'elle me disait de demander quelqu'un, en arrivant à Santa Martha, de me présenter de sa part et d'attendre son arrivée auprès de cette personne, mais je n'ai pas retenu grand-chose. J'avais trop peur.

Et puis, pourquoi me parlait-elle de Santa Martha, d'abord ? J'allais sortir, moi, je ne voulais pas entendre parler de Santa Martha. Les journaux et les émissions de télévision propageaient encore mon coup d'éclat face à García Luna, j'étais persuadée que je serais bientôt libre !

J'ai été transférée dans la nuit du 7 au 8 mars. D'autres filles m'avaient expliqué comment ça se passait. Des gardes venaient nous chercher, le plus souvent sans prévenir, parfois au beau milieu de la nuit. Il fallait être habillée de beige. On racontait d'ailleurs des horreurs à ce propos : si vous n'étiez pas en beige, on vous déshabillait plutôt que de vous laisser dans une autre couleur. Vous restiez nue. Je n'ai jamais su si c'était vrai, mais cette simple pensée me terrifiait. J'avais donc dit au consul, lors d'une visite, que je voulais des vêtements de couleur beige. « Mes parents vous feront un virement, mais j'en ai absolument besoin, je vous en supplie. » Il m'avait apporté un pantalon de jogging et deux pulls. Des fringues à 10 pesos, mais qu'importe, je me sentais rassurée.

Des images de ce transfèrement sont d'ailleurs souvent passées sur les chaînes de télévision mexicaines et françaises : une vidéo qui existe toujours sur Internet, où l'on me voit sortir d'une voiture de police entourée de plusieurs gardes, au moment de mon arrivée à Santa Martha. Ces images me troublent encore aujourd'hui. Je sais exactement dans quel état de panique je me trouvais, parce qu'on m'emmenait dans une prison – peut-on penser qu'on ira un jour de sa vie en prison ? –, dont mes codétenues m'avaient décrit la violence, les vols, les harcèlements, les viols, et je me vois pourtant marcher la tête haute, le buste droit, comme si j'étais fière de moi. C'est incroyable de me voir comme cela ! Je sais d'ailleurs que cette allure m'a valu beaucoup de critiques. Des gens ont pris cette posture pour de l'arrogance. Et si j'étais arrogante, j'étais forcément coupable.

Pourtant, j'étais anéantie, cette nuit-là. Et les deux jours qui ont suivi ont peut-être été les plus terrifiants de ma vie. J'avais oublié tout ce que m'avait dit Tony, bien sûr. J'avais oublié jusqu'à Tony elle-même. Quand les gardes ont refermé la grille de la cellule jouxtant celle de la Mataviejitas, j'ai pensé qu'il ne me restait plus qu'à mourir. J'ai pensé cela pendant deux jours. Parce que la violence dont on m'avait parlé n'était pas exagérée. Cet endroit, c'est la jungle. La loi du plus fort. Même auprès des gardes, on ne sait jamais ce qui peut arriver. Même auprès du personnel de direction. La corruption et le huis clos font de cette prison une zone de non-droit. Quant aux autres détenues, qui savaient qui j'étais, évidemment, elles m'ont immédiatement prise pour cible.

Le lendemain de mon arrivée à Santa Martha, on m'a emmenée au tribunal, pour le début de mon procès. Ce fut ma première confrontation aux vraies violences. Dans le fourgon, d'abord. Nous étions serrées les unes contre les autres, debout, ballottées par les soubresauts du véhicule et totalement abandonnées par les gardes. J'ai pris des coups de tous les côtés. J'ai tenté de résister, de me défendre, mais c'était trop.

Arrivées au Juzgado Quinto où avait lieu le procès, il fallait entrer par la prison pour hommes, le Varonil Oriente, et traverser un couloir infect sous le regard et à la portée des détenus. Un long boyau de béton souterrain, où une odeur âcre se mêle à celle de la peur et vous met au bord de l'écœurement. Les femmes sous le regard et la menace des hommes, comme des mouches et des rats. Des toilettes sans porte qui n'ont jamais été nettoyées. Des murs suintants. Une atmosphère irrespirable, où l'air épais avale toute dignité pour recracher l'humiliation et la négation de votre condition d'être humain. Jamais je n'aurais pu imaginer qu'un jour on me jetterait dans un tel piège ; jamais je n'aurais pu imaginer m'en sortir sans hurler de panique et perdre totalement le contrôle. Mais si j'ai perdu parfois le contrôle de moi-même, je crois avoir réussi à ne pas le montrer complètement.

Ce jour-là, je ne suis allée au tribunal que pour faire ma première déclaration. Un interrogatoire de première comparution, en quelque sorte. Puis nous sommes rentrées au pénitencier comme nous en étions venues. Alors, de nouveau dans ma cellule, je me suis assise, les bras autour de mes jambes repliées, la tête enfouie et incapable de retenir mes larmes. Enfermée dans cet endroit abject, vide et glacé, je n'avais plus rien. Plus d'espoir et pas même un mouchoir. J'étais au fond du désespoir.

C'est là que j'ai cru mourir. L'idée m'avait pénétrée, sournoisement, profondément, et je n'avais plus la force de lutter. Je ne pouvais pas dormir, pas me nourrir. Je ne pouvais même plus penser. Petit à petit, je me sentais lâcher le fil de ma vie, partir, ne plus être vraiment là. Les filles qui passaient devant ma cellule me crachaient dessus, me lançaient leur café brûlant ; j'étais paralysée de froid, mon ventre tordu de douleur et de faim, mais plus rien de tout cela ne m'importait. Une sensation étrange, irrépressible, comme si une force inconnue et souveraine venait chercher en moi ce qui faisait que j'étais en vie et qu'il ne resterait sur le sol répugnant de la cellule que mon corps inerte et vide. Ma fin. En quelque sorte, j'étais déjà morte.

Cela a duré quarante-huit heures. Et d'un coup, en plein milieu de ce cauchemar, Tony est arrivée devant ma cellule. Elle venait d'être transférée à son tour, deux jours après moi. Je me souviens avoir trouvé son visage familier. Je ne l'avais pourtant croisée que deux ou trois fois à l'Arraigo. C'était le premier visage ici qui ne me crachait pas sa haine et sa violence – c'était même tout le contraire. Oh, elle n'était pas tout sourires, elle ne m'a certainement pas prise dans ses bras, mais son apparition dans cette jungle hostile avait quelque chose d'un miracle.

En deux mots, elle a dit aux gardes d'ouvrir la grille et ils se sont exécutés. Elle était habillée de beige et portait un carton qu'elle a posé à côté de moi. On aurait juré qu'elle revenait du supermarché. Il y avait là des produits pour le nettoyage, du savon et des choses que je trouvais totalement invraisemblables ici. Des gants, par exemple. Des gants ménagers ! Elle m'a intimé de nettoyer cette cellule infecte et je me suis exécutée. J'aurais même accepté volontiers qu'elle m'engueule, tant j'étais contente qu'elle soit là. Je ne la connaissais pas, mais elle n'était pas hostile et je sentais que son arrivée, la manière qu'elle avait de me prendre en considération me rendaient enfin un peu de force. Juste assez pour me lever et cesser de mourir. J'ai nettoyé le sol de ma cellule. Puis les toilettes. Puis la douche. Tony avait apporté des tongs, dans son carton : « Tu ne prendras jamais une douche sans ces tongs, tu ne marcheras jamais pieds nus dans cette cellule, sinon tu seras bouffée par les champignons. » Cette femme venait de me sauver la vie.

Elle avait également apporté du papier opaque qu'elle a collé sur les grilles de ma cellule, comme un rideau qui me cachait à la vue de ceux qui passaient dans le couloir. Et quand enfin j'ai eu retrouvé un peu d'intimité, elle a sorti une rose qu'elle a mise dans une bouteille avec un fond d'eau. De l'eau ! Il y avait de l'eau et Tony y mettait une rose. Alors, elle a dit bien haut que tout cela était fini, qu'à partir de maintenant la première qui me toucherait ou me manquerait de respect aurait affaire à elle. Bien haut, pour que tout le monde l'entende, et je crois bien que tout le monde l'a entendue. Tout a changé, pour moi. On ne m'a plus craché dessus, on ne m'a plus agressée. Au moins, je n'avais plus peur.

J'ai pris ce jour-là l'une des douches les plus merveilleuses de ma vie. Avec du savon. Et une serviette pour m'essuyer. Un luxe ! Puis Tony a voulu que nous sortions sur le palier, au bord d'un escalier. C'était interdit, évidemment. Mais pas pour Tony. Elle payait pour ces bribes de liberté, elle « achetait » les gardes qui avaient autorité, puisque c'est ainsi que fonctionne le quotidien de ces prisons.

Tremblante et soudain en proie à une nouvelle inquiétude, j'ai voulu la prévenir : « Je ne sais pas ce que tu veux, mais je n'ai rien à te donner. Je ne peux rien faire pour toi et je ne veux pas faire partie d'un clan. Je ne connais personne ici, je suis perdue et je ne sais pas pourquoi tu m'aides. Mais je te le répète : je n'ai rien à t'offrir... » Je pleurais. De nouveau, mes larmes m'échappaient et le désespoir enflait dans mon esprit. Je craquais devant elle, mais cela ne l'a guère émue : « Tais-toi, on va parler de ton dossier. Si tu es innocente, je vais t'aider. » Elle m'a alors expliqué la démarche d'Israel. Mais elle ne le croyait pas sur parole, bien sûr. Il a fallu que je lui raconte mon histoire, et la raconter me faisait du bien. Je lui ai tout dit. Tout. Même des choses que je croyais avoir oubliées et qui me revenaient à mesure que je parlais, que je répétais, que je précisais encore et encore le déroulement des derniers mois de ma vie, qui m'avait cette fois totalement échappée.

Pas un instant elle n'a lâché mon regard. Elle était assise face à moi et m'écoutait, me jaugeait peut-être, et elle ne perdait pas une miette de ce que je lui disais. Je découvrais ce visage si particulier auquel je trouvais déjà un charisme inouï. Un personnage, Tony ! Une gueule. Je ne sais pas s'il faut dire qu'elle est jolie, mais elle a quelque chose dans l'attitude, dans l'expression qui capte le regard et séduit d'emblée. Elle n'est pas très grande, mais on ne voit qu'elle. Ses longs cheveux bruns, ses grands yeux qui vous clouent au mur, et l'instant d'après ce sourire éclatant, si typiquement mexicain. Les Mexicains, il y a de la dent, quand ils sourient ! On ne se pose même pas la question de savoir si elle est jolie, Tony, on admire son allure, sa carrure – elle avait fait pas mal de sport, durant les trois années qu'elle avait passées à Tepepan. Elle avait quarante-quatre ans, mais elle était très en forme et cela sautait aux yeux. En elle, on ne sentait pas de fragilité. En ce sens, elle avait peut-être quelque chose de masculin. En tout cas, ce quelque chose m'a immédiatement rassurée. Je me suis confiée à elle. Dans tous les sens du terme.

Quand elle en a su assez, elle m'a interrompue : « Alors, tu es innocente ? » De toutes mes forces, j'ai juste répondu : « Oui ! » J'étais de nouveau vivante.

Tony était détenue plus loin, dans une autre aile de la prison, mais elle est vite revenue me voir. Cette fois, elle avait apporté des vêtements, de couleur beige, bien sûr. Il y avait plusieurs pantalons, pulls, qu'elle me disait d'essayer : « Fais ton choix et dis-moi ce que tu gardes, je rendrai le reste. » Elle avait monté son business ici comme ailleurs, elle avait tout ce qu'elle voulait. À l'aide de pots-de-vin, elle avait les gardes à sa botte et, de l'intérieur de la prison, elle continuait à gérer ses affaires au-dehors. Mais je ne voulais pas penser à tout ça. Trafiquante internationale ou pas, Tony était mon miracle. Elle m'avait relevée. Je m'étais rattachée à elle du plus profond de mon abîme et, alors, je ne voulais plus voir que son énergie – peu m'importait, dans l'état dans lequel j'étais, à quoi elle la vouait dans sa vie du dehors. Ici, elle était mon exemple. Je voulais devenir comme elle. Pas une trafiquante de drogue, mais une femme debout. Forte et décidée à sortir de là.

J'ai eu d'autres passages à vide terribles, pendant mes sept années de détention. D'autres moments où j'ai cru ne jamais sortir. Où je sentais la main du gouvernement me broyer de sa force et de sa rage – cette main au bout du bras de García Luna, l'homme de tous mes malheurs. Mais chaque fois que je me suis crue perdue, quelque chose est venu pour m'aider à relever la tête. Et chaque fois, la miraculeuse énergie de Tony, parmi d'autres soutiens, m'a poussée à me battre à nouveau.

Un jour cependant, à Santa Martha, elle est venue me dire doucement qu'il faudrait que je me passe d'elle : « Je sais que tu vas avoir de la peine, mais il faut que je parte parce que je dois aussi penser à mes affaires. » Tout était compliqué, ici, pour elle : « Je suis trop surveillée, je ne peux pas continuer comme cela. » Elle avait payé, une nouvelle fois, pour être transférée à Tepepan. En trois ans, elle avait eu le temps de prendre la mesure de cette prison à visage plus humain. Elle y avait ses repères, elle savait comment y installer son business. S'agissant de moi, elle a été très claire : « Il m'est difficile de m'occuper de toi, en plus. Tu es une petite fille, il faut toujours être là… »

OK. J'avais compris. Tony partie, tout s'écroulerait. Je n'étais pas encore prête, je savais que j'allais plonger à nouveau. Et puis Santa Martha, c'était décidément trop dur. Je me suis dit que je n'allais pas souffrir longtemps. Pour tirer la force que je sentais en elle, j'avais encore besoin d'elle. Si elle n'était plus là, c'était foutu. D'ailleurs, on m'a vite fait comprendre que les choses allaient changer.

Dès son départ on m'a mise au trou, sous prétexte d'une tentative d'évasion. Mais je n'ai jamais tenté de m'évader ! C'était fini de me respecter ; je me retrouvais à nouveau sous les menaces, les injures et les coups des autres détenues. La directrice détestait Tony. Évidemment, elle n'acceptait pas qu'elle ait payé pour être transférée à Tepepan. Tony ne m'a pas oubliée. Régulièrement elle m'envoyait son chauffeur, Beto, qui m'apportait de la nourriture et d'autres choses. Il venait surtout prendre de mes nouvelles. Je lui disais que je ne voulais plus me battre, que je n'étais pas assez forte. Chaque fois qu'il partait, je me retrouvais seule à pleurer sur mon sort, alors Tony a fait pour moi ce qu'elle avait fait pour elle-même : elle a organisé mon transfert à Tepepan.

Beto m'a expliqué que je devais demander une consultation parce que j'avais très mal au dos. J'ai donc été reçue à l'antenne médicale de Tepepan, et les conclusions du médecin ont été suffisamment explicites pour que je sois transférée dans cette prison où les conditions étaient moins dures. Oui, moins dures. Le Centro femenil de readaptación social de Tepepan, ce n'était pas l'hôtel, mais c'était autre chose que le pénitencier de Santa Martha Acatitla. Ce dernier est connu des États-Unis à l'autre bout de l'Amérique latine, tandis qu'au centre de Mexico on ne sait parfois même pas que l'autre existe. Quand j'y suis arrivée, cent vingt femmes y étaient détenues, alors qu'à Santa Martha nous étions trois mille. Pour le personnel pénitentiaire comme pour les détenues, le mode de vie à Santa Martha ne peut pas correspondre à ce que prévoit la loi. La loi qui se fait d'elle-même à l'intérieur des murs et des miradors, c'est celle du plus fort. Et là-bas on ne parle pas de la force de l'ordre, mais de la brutalité qu'impose cet ordre. Tout fonctionne ainsi : par la brutalité. Celles qui ne s'y font pas ne résistent pas. Gardiennes comme détenues. Des accidents arrivent souvent, à Santa Martha, aux unes comme aux autres, et c'est dans l'ordre des choses. Je n'aurais jamais tenu là-bas. J'aurais été victime d'un accident, moi aussi.

– 11 –

Je sais qu'on a beaucoup dit, quand j'étais à Tepepan, que je bénéficiais de conditions de détention clémentes. Beaucoup de gens voulaient savoir comment j'allais, si je n'étais pas maltraitée, ou ce que pouvait bien être une prison au Mexique. Mes proches et tous ceux qui avaient connu le pénitencier de Santa Martha faisaient alors la comparaison, laissant entendre que mon quotidien était devenu moins effrayant, et les gens en concluaient que j'étais plutôt confortablement installée. Privée de ma liberté, certes, mais pas trop mal lotie, au fond. Combien de fois mes proches ont-ils entendu ou lu cela, essayant de m'en préserver comme ils le faisaient d'autres commentaires, encore plus désagréables ? Car si j'étais en prison, n'est-ce pas, il devait bien y avoir une raison. Plus ou moins franchement, plus ou moins méchamment aussi, ces insinuations répondaient aux paroles de mes parents, de mes amis, des membres de mon comité de soutien ou simplement de ceux qui me connaissaient ou connaissaient mon dossier. Et plus encore les commentaires que l'on trouve sur les sites Internet. Ce sont parfois ceux qui en savent le moins qui parlent le plus fort, et je n'ai jamais été épargnée par la rumeur.

Quand je suis arrivée à Tepepan, j'ai cru rêver. Pas les quinze premiers jours, quand je suis restée, comme c'est l'usage, dans un dortoir commun infect en sous-sol, en attendant une affectation en cellule. Dans cet intervalle, on subit une série d'entretiens avec des psychologues, des criminologues, des travailleurs sociaux. Ce sont les résultats de ces entretiens qui déterminent l'affectation. Au bout de cette nouvelle épreuve, je me suis retrouvée au dortoir 1. Celui de Tony. Je ne sais toujours pas si c'est un hasard ou si c'est également à elle que je dois cela, mais je me souviens parfaitement du premier soir où je suis arrivée dans ce dortoir. Une demi-douzaine de filles m'ont accueillie autour de Tony, et avec le sourire, s'il vous plaît ! J'ai eu droit à un Coca-Cola, puis à un seau d'eau chaude qu'elles avaient préparé afin que je puisse enfin me laver. Chacune d'entre elles était passée par le dortoir du sous-sol, elles savaient dans quel état on en sort.

À Tepepan, j'avais l'impression de revenir parmi les humains. Pas à ma place, puisque ma place était à l'air libre, mais au moins dans une forme de civilisation. Il y avait de la peinture sur les murs, les cellules étaient toutes petites, mais j'étais seule dans la mienne, et surtout il n'y avait que cent vingt détenues. Et on pouvait se parler, échanger à peu près normalement, ne plus se contenter de réflexions ou de gestes systématiquement agressifs. Ce n'était plus la guerre des nerfs, au moins. Oui, nous n'étions pas trop mal loties, vu de France.

Lorsque j'ai eu accès aux médias, à partir du printemps 2008, quand Me Frank Berton est devenu mon avocat, on m'a souvent posé la question des conditions de ma détention. J'étais emprisonnée depuis plus de deux ans, à cette époque. Et je venais d'être condamnée à quatre-vingt-seize ans de prison. Quatre-vingt-seize ans, toute une vie ! Je ne savais même pas que c'était possible. Mon obsession était de me sortir de là, et tout ce que je voulais savoir, c'était si quelqu'un avait la moindre idée de la manière dont je pourrais y arriver. Alors, je n'ai jamais dit ce qu'était vraiment le quotidien de Tepepan.

Le personnel pénitentiaire était insuffisant, là-bas. Dans les couloirs, cela laissait un peu plus de liberté à chacune, mais donc aussi à celles qui étaient portées sur la délinquance ou la violence.

À mon arrivée, tout le monde connaissait mon histoire, mais les détenues ne réagissaient pas toutes de la même manière. Dans le dortoir 1, pas de problème. Les filles se parlaient entre elles et j'avais avec moi mon dossier pénal. Je passais des heures à le lire et relire, à relever toutes les invraisemblances et les preuves des mensonges de la police. De cette manière, j'ai fini par convaincre mes codétenues de mon innocence. Mais en dehors de notre dortoir, quand je descendais pour me rendre en salle de visite, aux activités diverses, aux convocations de l'administration, il fallait faire attention dans toutes les directions. Un coin isolé de couloir ou un endroit à l'écart dans la cour, et le guet-apens devenait possible. Il fallait prendre garde à ne pas se faire racketter sur la droite, prendre un coup sur la gauche ou se faire agresser par l'arrière. Voilà le quotidien, vingt-quatre heures sur vingt-quatre.

La nuit, je ne dormais que d'un œil : on a connu plus d'une expédition punitive montée discrètement pendant que tout le monde dormait – ou faisait semblant de dormir. Parce que la direction de la prison ne cherchait pas à comprendre. Quand il y avait une bagarre, ou n'importe quelle embrouille, c'étaient les deux qui allaient au trou. Peu importe qui était l'agresseur et qui était la victime : le même traitement était réservé aux deux, sans distinction. Les filles qui ne voulaient pas d'ennuis, comme c'était mon cas, rasaient les murs et baissaient la tête pour ne pas croiser un mauvais regard. C'est peut-être une forme de fuite, on peut estimer que c'est de la lâcheté, mais c'est bien ainsi que je me suis conduite pendant toutes ces années.

La médiatisation de mon histoire me paraissait indispensable pour qu'on ne m'oublie pas à l'extérieur, pour qu'une forme de pression soit exercée sur les autorités mexicaines, mais à l'intérieur de la prison elle se transformait en piège. Pendant longtemps, cette médiatisation a agacé les autres détenues, qui en étaient jalouses ou simplement indignées, parce qu'elles entendaient ce que disaient de moi les télévisions, qui relayaient systématiquement le discours des autorités. Si elles me croyaient coupables, leur rage en était décuplée, et si elles pensaient que j'étais innocente, elles trouvaient injuste qu'on m'accorde toute cette attention, parce que je n'étais pas la seule, loin de là, dans ce cas. Combien de fois ai-je entendu : « Des Florence, il y en a plein nos prisons. Alors, pourquoi elle ? »

Une nuit, bien après que Tony eut quitté Tepepan, une jeune femme est arrivée dans mon dortoir. C'était en 2010. Les conditions de détention s'étaient détériorées, parce que nous étions de plus en plus nombreuses. On nous avait expliqué que des travaux étaient en cours au pénitencier de Santa Martha, et que les détenues devaient être transférées dans les prisons alentour. Au fil du temps, nous sommes passées de cent vingt à près de quatre cents dans la prison. De dix-huit à soixante-dix dans le dortoir 1. Cela changeait tout, parce qu'en plus de la promiscuité et du manque encore plus criant de surveillantes, les filles qui arrivaient étaient souvent des criminelles endurcies, condamnées à des plus longues peines et pour des crimes encore plus graves que celles qui étaient habituellement à Tepepan.

Cette nuit-là, la grille s'est donc ouverte et, comme chaque fois, j'ai cherché à voir discrètement ce qui se passait. Sans trop bouger d'abord, comme nous faisions toutes. C'était une jolie fille, un peu ronde avec de longs cheveux bruns et la peau mate des femmes de la campagne mexicaine. Elle s'appelait Lorena mais, rapidement, les autres filles l'ont surnommée sournoisement « La Embajadora del nopal », l'ambassadrice du nopal – c'est un cactus. Lorena était ce que les Mexicains des villes appellent une Indienne. Ce sont en fait les gens d'origine amérindienne, descendants des habitants originels des Amériques. Ils sont considérés par les citadins avec beaucoup de mépris. Il y a un racisme très violent à leur égard, à Mexico notamment.

Lorena est arrivée sans rien, comme j'étais arrivée quelques mois plus tôt. Elle était perdue. Alors, cette nuit-là, je me suis levée et je l'ai accompagnée à sa cellule. Je lui ai apporté du savon, des sous-vêtements, juste l'essentiel. Je lui ai indiqué ma cellule, aussi, en l'invitant à y venir si elle avait besoin de quelque chose. Somme toute, j'ai essayé de l'accueillir comme je l'avais été. Je l'ai fait pour d'autres, qui ont accepté ma main tendue, et pour d'autres encore, qui l'ont refusée. Je me souviens de quelques visages qui se sont illuminés devant moi, comme autant de retours dans un monde humain.

Lorena ne disait rien. Elle était très réservée, je crois qu'elle souffrait beaucoup. Au bout d'un moment, j'ai compris pourquoi les autres ne voulaient pas lui parler : elle était là parce qu'elle avait tué ses deux enfants. On disait qu'elle les avait empoisonnés. Moi, je pensais qu'elle était peut-être innocente, que ce n'était pas elle, mais les autres filles me répondaient toujours qu'il ne pouvait y avoir de doutes, que cette histoire était dans tous les journaux, et aussi à la télévision. C'était elle, c'était sûr. Mais moi aussi, c'était sûr, quand je suis arrivée ! Moi aussi, j'étais dans les journaux, et à la télévision. Je voyais cette fille qui pleurait tout le temps, comme moi. Qu'on disait forcément coupable, comme moi. Je ne lui posais pas trop de questions, mais à l'occasion je passais quelques moments avec elle. J'étais la seule.

Au fil du temps, je me suis fait deux amies. Elles étaient étrangères, comme moi, un peu rejetées par les autres aussi. J'ai tissé des liens précieux avec Luz Mery et Soraya, toutes deux colombiennes. Elles m'ont été tellement chères. Elles sont toutes les deux sorties avant moi, mais je n'oublierai jamais le temps que nous avons passé ensemble à Tepepan.

Soraya était la douceur même. Une femme apaisante et généreuse. Tony était généreuse également, mais elle montrait moins de patience. Elle avait un caractère très fort et ne se gênait pas pour l'affirmer. Combien de fois l'ai-je vue donner 50 pesos à une fille qui faisait la manche, dans les couloirs de la prison, avant de la prévenir : « Je te file ça, mais maintenant tu me fiches la paix ! Je ne veux plus te voir avant la fin du mois. » J'étais stupéfaite qu'elle leur parle ainsi. Je n'aurais jamais osé. Soraya, c'était autre chose. Elle était tout en compassion. « Il faut pardonner », voilà ce qu'elle disait le plus souvent. Elle avait tant d'amour ! Tant de choses à donner. Je la regardais, je l'écoutais et je me disais que j'aurais voulu pouvoir donner seulement le dixième de cet amour.

Quand Tony a été extradée aux États-Unis, en 2007, j'ai une nouvelle fois plongé dans une forme de dépression. C'est Soraya qui m'en a sortie. Chaque jour de visite, elle venait me chercher pour m'installer à sa table, avec ses visiteurs. Je ne mangeais plus, ne me lavais plus, mais Soraya et sa mère venaient me chercher. Elles me poussaient à faire ma toilette, à m'habiller, puis elles m'emmenaient avec elles, dans la grande salle des visites. Dire qu'elles m'ont supportée dans cet état à leur table !

Soraya était profondément chrétienne et avec elle j'ai compris ce que cela signifiait. Pourtant, j'étais allée au catéchisme avec ma grand-mère, il m'était même arrivé d'aller à la messe, pour lui faire plaisir. Mais, alors, rien ne rentrait. Avec Soraya, j'ai découvert ce qu'était avoir la foi. J'ai vu la bonté. Elle était admirable. Le soir, il nous arrivait de rester dans ma cellule et de jouer aux cartes, toutes les deux. On jouait au Rummikub. On buvait du café, on fumait des cigarettes, et c'étaient des moments où j'étais bien.

Quand elle a été libérée et qu'elle est rentrée en Colombie, en 2009, Soraya a demandé à son ami Téré de me rendre visite. Jusque-là, Téré venait la voir à la prison. Mais elle lui a dit : « Si tu m'aimes, si tu es mon amie, alors je veux que tu ne laisses par tomber Florence. Elle est souvent seule, ici, elle a besoin de présence. » Alors Téré est venue. Cela devait être un sacré défi, pour elle. Elle devait se demander : « Qu'est-ce que je vais bien pouvoir lui raconter, à cette fille ? » Mais elle est venue, parce que Soraya le lui avait demandé. Elle était d'ailleurs un peu comme elle. Toujours positive. Elle m'a confié un jour qu'elle aussi avait fait de la prison. Soraya ne me l'avait jamais dit. Son mari l'avait accusée du vol de sa voiture, elle avait fait trois mois. Elle me disait : « Toi aussi, tu sortiras. » Combien de fois m'a-t-elle prise dans ses bras, tandis que je pleurais…

C'est à peu près à la même époque que j'ai connu Luz Mery. Je venais d'être transférée à nouveau à Santa Martha, en pleine nuit. Un enfer ! C'était en pleine période de troubles, après la visite de Nicolas Sarkozy au mois de mars 2009. Les relations entre la France et le Mexique étaient déjà sérieusement tendues, et une commission mixte avait été mise sur pied pour tenter de sauver la face. Il était clair qu'elle n'avait aucune chance de parvenir à un accord, puisque les Mexicains ne le voulaient pas, et c'est un peu ce que j'avais laissé entendre, dans une interview que j'avais donnée à une radio mexicaine. Alors, pour me punir, on m'avait transférée sans prévenir, en pleine nuit. Et pour bien me faire comprendre dans quelle estime on me tenait, j'avais été installée dans la cellule de « La Reina del Pacífico », la Reine du Pacifique. Un personnage, celle-là ! Elle s'appelle Sandra Ávila Beltrán, et c'est une dirigeante d'un des plus importants cartels d'Amérique latine. Elle avait réussi à se faire une place dans ce milieu machiste grâce à son pouvoir de séduction, et à son culot, aussi. Mariée puis maîtresse de plusieurs narcotrafiquants de premier plan, elle a été arrêtée en 2007 et elle est toujours à Santa Martha aujourd'hui. Elle y est retournée en juillet 2013, après avoir été extradée aux États-Unis, où elle était également recherchée et condamnée à six ans de prison. La détention ne l'a pas vraiment changée, paraît-il : elle s'y fait faire des injections de Botox et continue de porter des talons hauts. Le jour de son arrestation, elle avait demandé aux policiers l'autorisation de monter se maquiller avant de les suivre !

Elle m'a accueillie quand je suis arrivée, littéralement effondrée, au beau milieu de la nuit. Elle m'a montré un lit et m'a dit : « C'est celui de Luz Mery. Tu peux t'y coucher, c'est une fille propre. Et elle ne reviendra sans doute pas : elle vient de faire le trajet inverse du tien, vers Tepepan. » Trois jours plus tard, quand j'ai été ramenée à mon tour à Tepepan, après intervention de l'ambassade de France, j'ai trouvé Luz Mery dans mon dortoir. Je lui ai dit que j'avais dormi dans son lit et nous avons parlé de la Reine du Pacifique. C'était une période difficile, pour elle : elle était soignée pour un cancer. Elle partait en chimiothérapie et, lorsqu'elle revenait, elle était très mal. Mais elle a fini par prendre le dessus et, quand elle a pu recommencer à faire un peu de sport, elle m'a entraînée avec elle. Une période de relâche, pour moi. Je faisais du sport et je profitais de tout ce que Luz Mery faisait entrer dans la prison. Quand elle a repris du poil de la bête, on ne pouvait plus l'arrêter. J'ai découvert qu'elle était un peu comme Tony : une trafiquante de drogue. Et pas une petite trafiquante. Alors, comme Tony, elle faisait entrer ce qu'elle voulait, à grands coups de bakchich. Un jour, c'étaient de pizzas, le lendemain, c'était autre chose, et toujours des bouteilles. Soraya était contre ça, évidemment, mais ça me faisait un peu de bien de me laisser aller.

Ces quelques complicités ne plaisaient pas à la petite Lorena. Elle ne parlait toujours pas beaucoup, mais je la trouvais parfois un peu agressive. Je croyais que c'était sa souffrance qui sortait ainsi, qu'elle était torturée par le remords, ou la douleur d'être là sans le mériter. Je ne savais pas au juste, mais j'essayais de comprendre. On m'avait dit qu'elle avait été hospitalisée en psychiatrie, qu'elle était malade, mais je n'y faisais pas trop attention. J'en connaissais d'autres qui étaient malades également, et avec lesquelles on arrivait à vivre, pour peu qu'on sache s'adapter. Pourtant, l'expression de son agressivité se retournait de plus en plus souvent et de plus en plus clairement contre moi. Peu à peu, j'ai essayé de prendre mes distances. Et puis, un soir, elle est arrivée dans ma cellule. Elle était transformée ! La rage et la haine qu'elle exprimait déformaient son joli visage. Elle ne parlait plus, elle sifflait. Elle faisait peur, en fait, et je voyais bien qu'elle avait du mal à contenir toute la colère qui bouillait en elle et à laquelle je ne comprenais rien, sur le coup. Mais j'ai vite pigé : « Tu ne parles plus à ces filles… » Elle a dit cela avec de tels éclairs dans le regard qu'il était évident que sa jalousie avait pris le pas sur toutes ses émotions. Elle était devenue possessive, exclusive. Elle ne supportait plus que je m'adresse à quelqu'un d'autre. J'ai à peine eu le temps de penser que c'était peut-être parce que j'étais la seule à ne pas l'accabler pour le crime qu'on lui reprochait. Mais elle a balayé tous mes doutes : « Tu sais, si j'ai tué mes enfants, je peux tuer tes copines… »

C'était donc vrai. Plus tard, j'ai parlé d'elle avec le médecin de la prison. Il m'a alors raconté son histoire. Son mari l'avait trompée, il voulait la quitter. Et comme sa famille était tout son univers, qu'elle n'avait rien d'autre dans la vie, elle ne se voyait plus d'avenir, se croyait perdue. Elle voulait mourir. Et emporter ses enfants avec elle. Le médecin m'a expliqué qu'elle avait empoisonné son propre repas et le leur à la mort-aux-rats, mais elle avait mis la même dose dans les trois. Une dose qui a été fatale pour les deux enfants, mais qui ne l'a pas été pour elle, parce qu'elle était adulte. Elle a été soignée, puis condamnée. Et elle est devenue folle.

Et dangereuse, aussi. À partir de jour-là, j'ai dû me méfier à chaque instant. Elle me surveillait, continuait de me menacer, c'était du harcèlement. Jour après jour, elle me poursuivait, poussait de cris de rage et de haine à mon passage ou dans les couloirs, et j'ai fini par avoir très peur d'elle. J'en faisais des cauchemars. Je ne suis pas très forte, face à ce genre de situation. Je suis vite prise de panique et toute ma vie s'emplit de cette angoisse-là. La nuit, je rêvais qu'elle venait me poignarder dans ma cellule.

Le médecin, que j'avais fini par aller voir chaque jour, m'a donné la solution pour me sortir de là : « Évite de la regarder dans les yeux, m'a-t-il dit. Elle cherche à capter ton attention, il faut donc que tu ne la voies pas, et elle finira par chercher ailleurs. » J'ai appliqué ses conseils à la lettre. J'ai baissé les yeux, je n'ai plus répondu quand elle criait, et je suis restée le plus souvent possible enfermée dans ma cellule. Les autres venaient me voir, car je n'osais plus sortir. Je me suis tenue complètement en retrait. Elle a fini par chercher de l'attention ailleurs, mais cela ne s'est pas fait en quelques jours. Il a fallu plusieurs mois de ce régime pour qu'elle me fiche enfin la paix, petit à petit. Elle est allée vers d'autres, s'est créé un entourage, de filles pas très équilibrées non plus. Elle a fini par m'ignorer totalement, mais, que j'avais eu peur ! La folie fait vraiment peur.

J'ai vécu une autre histoire de ce genre. Avec une fille qui s'appelait Brenda. Elle avait été condamnée à quarante-sept ans de prison et elle était détenue depuis dix-sept ans déjà. Une fille qui n'avait plus rien à perdre. Socialement, ces filles n'ont plus rien. Même pas la volonté de se battre. Moi, je me battais, j'étais soutenue, j'avais mes proches, mes avocats, un comité de soutien, et surtout ma rage de faire reconnaître mon innocence. Je me battais pour sortir de là. Mais pas Brenda. Sa vie était à l'intérieur et, chez elle aussi, la haine avait pris le dessus. Les gens qui n'y ont jamais mis les pieds doivent savoir que c'est aussi cela, la prison.

Elle avait pris quarante-sept ans, moi, quatre-vingt-seize, alors c'était l'affrontement. De plus, on m'avait dit qu'elle était jalouse de moi parce que avant mon arrivée elle était la pin-up de la prison. C'était une réputation qu'elle avait pris soin d'entretenir, et moi j'arrivais, avec mon type européen et ma volonté de ne jamais me laisser aller, de me maquiller, de m'entretenir… Je crois qu'elle m'a choisie comme bouc émissaire pour toutes ces raisons.

Elle m'a poussée à bout. Elle m'agressait dans les toilettes, sous les douches, dans tous les endroits dénués de caméras. Lui échapper, ne surtout jamais la rencontrer était devenu mon obsession. Brenda avait une liaison avec la commandante des gardes. Elle était un peu protégée, à ce titre. En tout cas, elle affichait un sentiment d'impunité qui me dépassait totalement. J'ai eu des idées de suicide, à cette époque. Je ne pouvais pas me battre contre tout un pays, faire bonne figure devant les journalistes, et en même temps avoir des yeux partout dès que je me déplaçais dans la prison. Elle me rendait folle. J'ai même eu des envies de meurtre ! Je me voyais prendre sa tête, quand elle m'agressait, et la claquer contre le lavabo, la claquer encore… C'est épouvantable d'en arriver là. Et pourtant, c'était ce qui m'arrivait. Tout le Mexique attendait que je fasse ou que je dise une bêtise, et moi, j'étais au bord du gouffre.

Une nuit, je me suis souvenue d'un conseil de Tony. Elle m'avait dit : « Ta meilleure arme, c'est ton stylo. » J'ai pris un stylo et j'ai écrit une longue lettre dans laquelle je rendais la prison de Tepepan responsable de tout ce qui pourrait m'arriver. J'ai nommé la commandante, Cecilia, et la directrice, Consuelo, que j'avais maintes fois averties. Cela faisait des mois que je les prévenais. La directrice nous avait même convoquées toutes les deux, Brenda et moi, dans son bureau. Nous étions assises côte à côte, sur des chaises. Je disais que je n'en pouvais plus, j'étais en larmes, à bout de nerfs, j'expliquais que je ne pouvais pas me battre sur le plan juridique, me concentrer sur mon dossier, et subir le harcèlement et les agressions de Brenda. J'avais complètement craqué, dans ce bureau. Et elle était restée froide, implacable, feignant de ne pas comprendre ce que je disais : « Mais non, je ne vois pas de quoi elle parle. Il n'y a aucun problème : j'aime beaucoup Florence. »

J'avais compris que je n'étais pas à la hauteur. Que je ne pouvais pas gagner contre elle. Elle était trop forte, trop froide, trop calculatrice pour moi. Cet enfer a duré des mois. Je me faisais taper dessus et je ne disais rien. Je n'avais pas envie d'en parler, c'était trop douloureux. Il y a des tas d'exemples de victimes qui sont tellement sous la coupe de leur agresseur qu'elles ne peuvent même pas le dénoncer. C'était exactement ce que je vivais. Je me suis découverte la pomme des pommes, dans ces situations. Ces comportements dépassaient ma logique. Je crois que je ne suis pas trop bête pour appréhender certaines choses, mais là, je ne comprenais pas ce que je devais faire. Cela me rappelait mon prof de maths, quand j'étais au collège. Un jour, lasse d'entendre mes parents me dire que je n'avais aucune logique, j'étais allée lui demander son avis. Il avait éclaté de rire : « Ma pauvre Florence, tu as certainement la logique qu'il faut pour beaucoup de choses, mais certainement pas pour les maths ! » Certainement pas pour le harcèlement non plus.

Je n'étais pas armée, en fait. Arriver en prison avec l'éducation qui était la mienne, c'est un handicap. L'éducation ne sert à rien, là-bas ! Ah si : je savais m'exprimer et faire bonne figure dans le bureau de la directrice ou lors des conseils de discipline. Mais dans les couloirs, entre détenues, les autres se moquaient de moi. J'étais trop polie, trop droite. Une cible toute trouvée. Quand j'ai compris cela, je n'ai plus tenté de rivaliser. Je voulais juste sauver ma peau.

Ce coup-là, la seule manière que j'avais trouvée, c'était cette lettre. Pourtant, avant de l'écrire, j'avais encore essayé de parler à Brenda. Je l'avais suppliée. En larmes, cette fois encore, je lui avais dit : « Arrête cette torture, arrête, arrête ! Nous sommes en prison toutes les deux… » Je ne l'ai pas atteinte. Tout juste confortée dans sa méchanceté : « Ah, je t'embête ? Mais tu n'as encore rien vu ! Tu vas voir de quoi je suis capable… »

Je savais qu'il lui était arrivé de donner de l'argent à d'autres filles, des toxicomanes qui auraient fait n'importe quoi pour pouvoir se payer une dose, pour qu'elles m'agressent. Parmi elles, il y en avait une qui voulait repartir à Santa Martha, parce que sa petite amie y était. Brenda lui avait donné ce conseil : « Tu casses la gueule à Florence et tu verras : tu seras transférée là-bas. Elle est protégée par son pays, tu sais... »

C'est aussi pour cela que je m'étais décidée. C'est un peu elle qui m'en avait donné l'idée. Ou en tout cas, elle m'y avait poussée.

J'ai confié ma lettre à une jeune femme que je connaissais bien, qui me rendait visite régulièrement. Puis je suis allée expliquer à la directrice que cette lettre serait communiquée à la Commission des droits de l'homme, à mes avocats et à la presse. J'avais cité les textes que j'avais lus, des extraits des lois définissant les droits des détenus.

Il ne s'est pas passé une heure avant qu'un homme costumé – je n'ai jamais su qui il était exactement – vienne me voir. Je l'ai supplié de m'aider. Je lui ai expliqué mon calvaire, toute mon histoire et la situation dans laquelle j'étais, et il m'a dit : « Ne t'inquiète pas. Tout cela ne sera bientôt qu'un mauvais souvenir. Dans quarante-huit heures, tout sera réglé. » Immédiatement, il a mis des gardes du corps qui m'accompagnaient partout. Brenda a alors compris qu'elle avait perdu. Que pour elle, ce serait le transfert.

Le jour où elle est partie, j'ai pleuré : Santa Martha, on ne le souhaite pas à son pire ennemi. Je m'étais débarrassée d'un poids énorme, mais je ne pouvais pas m'en réjouir.

Bien plus tard, une semaine environ avant ma sortie, en janvier 2013, une jeune fille est venue me voir : elle arrivait de Santa Martha. Elle m'a transmis un message de Brenda, qui me promettait plein de bonnes choses, me disait que j'allais sortir, cette fois, et que je devais profiter de la vie… Je ne pouvais pas y croire ! Mais cette fille était formelle : c'était bien Brenda qui lui avait confié ce message. Et elle était sincère. Je n'en revenais pas. J'avais fini par penser que je la tuerais ! Cela me fait encore peur aujourd'hui. J'étais comme une grenade dégoupillée, je pouvais exploser à tout moment. À cette époque, je comprenais les gens qui passaient à l'acte. C'est terrible, mais j'envisageais cela comme un cas de force majeure. Je suis allée très loin, tout de même.

– 12 –

J'ai pleuré souvent, seule dans ma cellule, en pensant à l'angoisse de mes parents. Je sais bien qu'ils ont passé des nuits blanches, qu'ils ont tremblé pour moi, qu'ils se sont fait un sang d'encre et qu'ils ont maintes fois redouté le pire. Redouté de perdre leur enfant. Nous ne nous sommes jamais fait de déclarations, nous sommes de ces familles où l'amour va de soi mais ne se dit pas facilement, mais je sais parfaitement quelles ont été leurs peurs et quelle énergie ils ont puisée jusqu'au plus profond d'eux-mêmes pour que jamais on ne m'oublie dans ma prison. Pour que jamais on ne se résigne à me laisser croupir.

Quand ma mère venait passer quelques jours au Mexique pour me rendre visite quotidiennement à Tepepan, je voyais l'angoisse creuser son visage et y graver les années de prison qui passaient. Quant à mon père, je scrutais son regard et y trouvais parfois toute l'impuissance d'un homme perdu dans un monde qui lui était étranger, mais j'y lisais aussi les mots que je rêvais d'entendre de sa part : « Ma fille, je finirai par te sortir de là. »

Chaque fois qu'ils quittaient la salle des visites, je les voyais s'éloigner, passer la première grille, puis la deuxième, un claquement sec de la serrure et ils tournaient, là-bas, tout au fond du long couloir, et chaque fois je m'empressais de monter dans ma cellule. Je ne pleurais pas devant eux, mais mes larmes étaient autant pour eux, pour toute leur détresse et leur douleur, que pour moi.

Je les appelais chaque jour. C'était la première chose que je faisais le matin. Ma journée commençait par ces quelques échanges, parfois banals mais indispensables, qui m'ont certainement aidée à tenir jusqu'au bout. Mes parents ne m'ont pas quittée un seul instant. Ils sont mon soutien le plus sûr, le plus puissant, le plus indestructible, et cela amplifiait aussi mon terrible chagrin de les voir souffrir pour moi, et même s'étioler, par moments.

Ils ont pourtant tout fait pour me cacher leurs tourments. Dans un réflexe naturel de parents. Je n'étais pas dupe, évidemment, mais j'ai pris de plein fouet le récit de tout ce qu'ils ont enduré. C'est ma mère qui avait couché par écrit toute cette histoire, telle qu'elle la vivait. À lire ces lignes, on voit bien que chaque moment est gravé en elle, que tous les détails sont inscrits dans sa mémoire, parce qu'elle les a vécus intensément.

Surtout quand ils ont eu des conséquences importantes.

De ses mots tout simples, elle raconte par exemple ce jour de juillet 2007, où Me Horacio García, mon deuxième avocat, avait évoqué pour la première fois la nécessité de trouver un appui politique en France. J'avais évidemment relayé l'information, par téléphone, à ma mère vraisemblablement dubitative : à qui pourrions-nous bien nous adresser ? Mes parents avaient pris les devants, mais leur députée, dans la région de Béthune, n'avait pas donné de nouvelles.

« Nous avions reçu trois semaines auparavant une invitation envoyée par des amis au mariage de leur fille », écrit ma mère. La suite m'a noué la gorge : « Nous ne sortions plus, depuis l'arrestation de Flo, et n'avions aucune envie de participer aux fêtes et anniversaires des gens de notre entourage. Nous avions donc décliné cette invitation et Bernard avait expliqué à nos amis que nous ne nous sentions pas encore prêts à partager leur bonheur. » La vie de mes parents entre parenthèses. Comme un retrait de la vie sociale, de peur de ne pas savoir faire bonne figure. Par peur du regard des autres, aussi. J'imagine un mélange d'affliction et de honte qui me tord le ventre encore aujourd'hui. Parce que c'était moi, c'était ma situation qui en était la cause. Mes parents sont passés par tant d'épreuves…

Pourtant, le destin est parfois malicieux. Cette fois-là, il a même été formidable. Benoît, l'ami de mes parents, s'est permis d'insister, en rappelant à la maison : « Il me réitère cette invitation, raconte ma mère, en m'assurant que Danièle et lui seraient franchement heureux de nous voir. » Cet homme a dû penser que ses amis avaient besoin de sortir, de voir d'autres gens, de vivre d'autres choses que les ennuis dans lesquels ils étaient plongés depuis un an et demi. « Je n'ai pas su refuser devant tant de gentillesse », écrit maman, et elle en est aujourd'hui encore tout émue : « Pour quelle raison a-t-il rappelé ce soir-là ? Pour quelle raison ai-je accepté cette sortie ? Aujourd'hui encore, je me le demande. Un hasard ? Je ne crois pas au hasard. »

Alors, c'est le destin. Celui qui a mis sur notre route l'homme qui allait répondre au vœu de Me Horacio García, alors qu'il venait seulement d'être formulé, pour la première fois. À la sortie de la messe du mariage, mes parents ont retrouvé Marie-Paule, une amie de longue date qui m'a connue toute petite. Elle était accompagnée de Pierre, son mari, qu'ils ne connaissaient pas. Ils ont parlé de moi, évidemment, timidement d'abord, ne sachant pas jusqu'où se confier devant cet homme qu'ils n'avaient jamais vu et qui restait discrètement en dehors de la conversation. Peut-être n'était-il au courant de rien, après tout. Mais alors, il a vite compris. Quand ma mère a raconté à Marie-Paule notre conversation du matin même et exposé la requête de Me García, Pierre a pris la parole : « Je vais parler de vous à mon fils. Il est député, il ne vous laissera pas tomber. Je le connais : s'il peut vous aider, il le fera. »

Mes parents n'ont même pas eu le temps de se demander s'il était sincère, s'il tiendrait sa promesse. Le lundi matin, Marie-Paule les a appelés : ils avaient rendez-vous dès le mercredi à Phalempin, à dix kilomètres de Lille, avec le fils de Pierre. Le député-maire Thierry Lazaro. Je ne sais pas très bien ce qu'il faut penser du hasard ou du destin, mais je sais depuis longtemps, en revanche, ce que je dois à cet homme. « Le député Thierry Lazaro est un homme de cœur et de convictions, écrit ma mère. Il est tenace et il a réputation solide de ne pas lâcher un dossier quand il a décidé de s'en occuper. » Elle dit aussi qu'elle était inquiète, au moment de lui raconter mon histoire : pourquoi cet homme qui n'est pas notre député se mêlerait-il de l'histoire d'une jeune femme qu'il ne connaît pas, partie à l'autre bout du monde se fourrer dans une situation qui n'a pas l'air si claire ?

« Parce que j'ai une fille. » Voilà ce que Thierry Lazaro a dit ce jour-là à mes parents. Ce qu'il m'a répété plus d'une fois ensuite : « S'il arrivait quelque chose de ce genre à ma fille, j'aimerais qu'elle trouve quelqu'un qui puisse l'aider. »

Pierre a raconté plus tard que son fils lui a dit ce jour-là : « Je ne sais pas où nous allons, mais nous y allons ! » Voilà. Il avait décidé, cet homme de cœur et de convictions, que ma situation méritait qu'on s'y arrête, qu'on y consacre du temps et de l'énergie, et il ne nous a plus jamais lâchés. Il ne s'est fait une idée de mon innocence qu'au fil du temps, bien sûr, mais déjà avant cela, il m'avait tendu la main.

Entre autres promesses, entre autres encouragements, il avait proposé de demander rendez-vous à Nicolas Sarkozy, qu'il connaissait depuis longtemps. Il a tenu parole au-delà de tout ce qu'Horacio García aurait jamais osé imaginer. Mes parents et mon avocat ont rencontré le président de la République une dizaine de fois !

Dans ma détresse, j'ai cru quelque temps avoir provoqué moi-même l'intervention de Nicolas Sarkozy. Je me souviens qu'au soir de la signification de ma première sentence, le 25 avril 2008, j'avais appelé Jacques-Yves

Tapon. Jacques-Yves était à l'époque le seul journaliste français s'intéressant à mon cas, puisque mes avocats m'avaient jusque-là recommandé de fuir les médias. Il avait entendu parler de moi lors d'un voyage à Mexico et avait été alerté par le fait que j'étais nordiste, comme lui. Lorsque j'avais appris ma condamnation à quatre-vingt-seize ans de prison, c'est donc lui que j'avais appelé, comme on appelle au secours. Dans cette interview spontanée, dans ma profonde détresse, j'avais demandé de l'aide, et jusqu'à celle du président de la République.

Mais il y avait déjà un bon moment que mes parents me parlaient de Thierry Lazaro. Ils m'en parlaient même tous les jours, ils avaient beaucoup d'espoir, je le sentais bien, et cet espoir avait fini par m'atteindre. Quand je l'ai enfin eu au téléphone, et même si je ne le connaissais pas, je lui ai dit qu'il était un ange tombé du ciel. Tombé du ciel ! Il m'a ensuite promis que Nicolas Sarkozy allait s'occuper de moi et je l'ai cru immédiatement. Il fait partie de ces bulldozers, que j'ai eu beaucoup de chance d'avoir à mes côtés : Thierry Lazaro, Frank Berton et Nicolas Sarkozy. Des hommes dont on sent la volonté, la force, qui vous disent exactement comment les choses vont se passer et qui ne vous laissent pas vous décourager. J'avais exactement besoin de cela, perdue au fond de ma prison sale pour quatre-vingt-seize ans de calvaire promis.

Avec Thierry Lazaro, on était dans l'humain, il était chaleureux, protecteur. Il me disait : « On va te sortir de là. » Et moi, j'entendais : « La France est avec toi, tu n'es plus toute seule… » Il s'est levé pour moi, à l'Assemblée nationale, pour qu'on ne m'oublie pas, qu'on me soutienne encore et toujours. On m'avait envoyé le CD-Rom d'une de ses interventions, lors des séances de questions au gouvernement, avec la réponse de Rama Yade, qui était alors secrétaire d'État aux Droits de l'homme. Pendant plusieurs semaines, je l'ai écouté tous les matins dans ma cellule. J'en avais besoin. Cet homme qui parlait de moi à l'Assemblée nationale et en plus me faisait applaudir !

Il est allé plus loin que cela, encore. Un jour, il a proposé à Frédéric Cuvillier, le maire de Boulogne-sur-Mer, qui n'était pas encore ministre, de l'aider à défendre ma cause. Et celui-ci a accepté. Ensemble, ils ont donné de leur temps, de leur personne et de leur influence pour que ma voix soit toujours entendue. Leur association dépassait les clivages politiques. Peu importait que mes parents ou moi votions pour tel ou tel parti, ils avaient décidé de nous aider et je leur en serai reconnaissante toute ma vie. Frédéric Cuvillier aussi s'est levé pour moi dans l'hémicycle. Et il était là, ce jour de février 2011, en plein tourbillon diplomatique entre la France et le Mexique, quand une centaine de députés ont posé pour moi, autour de Frank Berton et mes parents. Cette photo me bouleversera longtemps. Toujours, peut-être. Il faut me comprendre : j'étais perdue, blottie au fond de ma cellule à me demander où allait s'arrêter cet affrontement entre deux chefs d'État qui faisaient les unes de toute la presse dans les deux pays, et je voyais cette image comme un message, comme un miracle. Comme si on voulait me dire qu'il restait la vie, qu'il fallait que j'y croie encore, que mon pays était avec moi. Autour de mes parents, des hommes et des femmes que je ne connaissais pas, mais qui représentaient la nation. Que chacun d'eux sache que je n'oublierai jamais leur geste. Même ceux du fond, qu'on ne voit pas très bien mais qui font la force du nombre. Et ceux du premier rang, à côté de mes parents. Bernard Accoyer, le président de l'Assemblée nationale, Marc-Philippe Daubresse et Jean-Marc Ayrault, qui n'était pas encore Premier ministre. Et aux extrémités de cette première rangée prestigieuse et plurielle, mes deux protecteurs, qui avaient mobilisé ce groupe-là sans se soucier d'équilibre politique : Frédéric Cuvillier et Thierry Lazaro.

J'ai dit maintes fois comment Nicolas Sarkozy, et peut-être plus que tout autre, transcendait mes émotions. Dès la première fois, le premier coup de téléphone en mars 2009. Je me souviens, j'avais dû composer un numéro mexicain qu'un représentant de l'ambassade m'avait donné. Le Président et son épouse venaient d'arriver au Mexique pour une visite qu'on annonçait capitale pour ma libération – on croyait encore que c'était possible. Il m'avait dit ces mots qui sont restés en moi chaque jour de ma détention : « Florence, il va falloir me faire confiance. C'est comme si vous étiez de la famille. Nous allons vous sortir de là… »

J'étais dans un état incroyable. Je me sentais immunisée contre tout. Je marchais dans le couloir, toute légère, j'étais comme enveloppée d'un voile blanc. Il m'avait parlé. Il m'avait promis ! Je venais d'avoir le Président !

En même temps, c'était un peu troublant, parce qu'on m'avait dit qu'il fallait que ce coup de téléphone reste secret. Je ne pouvais pas en parler. Pas même à Soraya. Mais cette frustration a été de courte durée. Ce coup de téléphone n'est pas resté secret, évidemment. La direction de la prison l'a vite su et il y a eu des fuites. Cela m'a un peu gâché mon plaisir, mais au fond j'étais fière.

Les fois suivantes, quand je devais téléphoner à l'Élysée, mes parents me prévenaient quarante-huit heures à l'avance. Ils me faisaient rire : chaque fois, ils me donnaient le numéro, alors qu'il figurait en divers endroits dans mon agenda. J'ai même fini par le connaître par cœur. Et chaque fois mes doigts tremblaient et les pulsations de mon cœur s'accordaient au rythme de la musique d'attente. Je m'attendais à tout, quand j'appelais le Président. À faire le plein d'énergie et d'espoir, évidemment, mais aussi à ce qu'il m'annonce une bonne nouvelle. Pour moi, la bonne nouvelle viendrait forcément de lui.

Sa voix était toujours chaleureuse, et en même temps pleine de force. Je m'y étais attachée. Tous les deux ou trois mois, il demandait que je l'appelle. Notamment quand il avait reçu mes parents. Il lui est même arrivé de me reprocher de ne jamais lui téléphoner. Un jour, il m'a dit : « J'en ai assez, Florence. C'est toujours moi qui vous appelle. Mais ce n'est pas toujours à moi d'y penser ! » Bien sûr que j'aurais voulu l'appeler. J'en avais toujours envie : chaque fois, il me donnait tellement la pêche. Il avait de l'humour et surtout il m'insufflait beaucoup d'espoir. C'était bon de l'entendre. Mais même s'il m'avait dit de ne pas hésiter, je ne pouvais m'y résoudre. Appeler le Président, ce n'est pas dans mon éducation.

Parfois, des gens qui me rendaient visite critiquaient Sarkozy. Il n'avait pas été adroit, il aurait dû faire comme ci, peut-être comme ça… Il m'est arrivé de taper du poing sur la table : « À cette table, qui est ma table, on ne dit pas de mal de Nicolas Sarkozy ! Tes opinions, tu les gardes. Et s'il faut, tu sors avec. » Et je ne plaisantais pas.

On m'a critiquée, aussi, parce que j'ai dit à mon retour en France qu'il m'avait sauvé la vie. Mais c'est un peu vrai. J'étais au plus bas lorsque nous nous sommes connus, je venais d'être condamnée à quatre-vingt-seize ans alors que mon avocat m'avait assuré que je sortirais. Il avait même conseillé à mon frère de prendre les billets d'avion, c'est dire si on y croyait ! Au lieu de cela, on m'a annoncé que je devrais moisir à petit feu pour le reste de ma vie dans un cachot du genre de ceux de Santa Martha. J'ai plongé ! Je suis tombée malade. L'état dans lequel j'étais, c'était une petite mort…

– 13 –

Bien sûr, c'était émouvant d'être reçue à l'Élysée, dès mon retour en France. Mais quand, deux jours plus tard, je suis allée déjeuner chez Nicolas Sarkozy, j'étais encore bien plus nerveuse. J'attendais cette rencontre depuis des années. Nicolas Sarkozy, c'était un mythe, il vivait dans ma tête, dans mon esprit depuis longtemps et j'allais le rencontrer.

Ce fut un déjeuner, d'abord. Avec mes parents et Frank Berton, juste entourés d'un collaborateur et de Carla Bruni-Sarkozy. Et il était comme je l'avais imaginé : drôle, chaleureux, charismatique. Il me semblait que nous nous connaissions depuis longtemps. J'étais assise à sa droite, son épouse en face de moi, et j'avais l'impression d'une complicité.

Je vivais cela comme un moment historique de ma vie, aussi. J'avais un peu de mal à répondre à Carla Bruni-Sarkozy qui me demandait comment j'avais tenu tout ce temps, sur quoi je m'étais appuyée. Les mots me manquaient, et c'est lui, le Président, qui a trouvé la formule qui convenait le mieux : « Florence, il n'y a pas d'hommes courageux d'emblée. Le courage vient de la peur. On se découvre dans l'épreuve. » Voilà, c'était cela. Des mots comme je les cherchais depuis des années, tout simples mais qui collaient exactement à ce que j'avais vécu. Je m'étais adaptée à l'épreuve qui m'avait été imposée, et pas un instant, dans ma vie d'avant, je n'aurais pu imaginer m'en sortir comme je l'ai fait. C'est une leçon de vie, ça.

Je me sentais empruntée, à côté de lui. Un de ses collaborateurs était assis à ma droite. Un homme très gentil, qui a vite compris mon désarroi. Je vivais exactement la scène que joue Julia Roberts dans *Pretty Woman*. Elle est à table, c'est un repas d'affaires entre gens du même monde, et elle n'en maîtrise pas les codes. Un détail tout bête : les couverts. Autour de mon assiette, il y en avait cinq ou six ! En dehors du fait que je n'avais peut-être jamais vu cela, il faut que je rappelle que j'étais sortie de Tepepan seulement quatre jours auparavant. De Tepepan, où j'avais mangé avec une fourchette en plastique, voire avec les mains, pendant sept ans ! Et là : cinq couverts. Cet homme très humain, très détendu, à ma droite, a peut-être vu *Pretty Woman*. En tout cas, il a agi exactement de la même manière, complice et généreuse à la fois. Dès qu'un plat arrivait, il posait la main sur le couvert à utiliser, avec juste un sourire. Et voilà. Je m'en suis sortie comme ça.

Je crois que je n'avais pas imaginé ce repas. Pourtant, j'ai échafaudé des plans plus fous les uns que les autres, quand j'étais seule, dans ma cellule. Mais jamais un déjeuner, j'avais d'autres rêves bien plus pragmatiques. J'attendais de lui qu'il me tire de là. Je ne savais pas toujours exactement comment il fallait procéder, mais je voulais m'en sortir et j'ai longtemps considéré que c'était lui, le président de la République, qui avait les clés. Pour m'expliquer sa démarche, il a accepté de nous recevoir une deuxième fois, quelques semaines plus tard. J'avais besoin de comprendre, au-delà de la rencontre humaine autour d'un repas, pourquoi et comment cet homme puissant, engagé dans les problèmes les plus graves du monde, avait fait preuve de tant de patience et consacré tant de temps à une femme qu'il ne connaissait pas.

Tranquillement installé dans un fauteuil, à l'écart de la table, il avait cette fois un ton plus solennel. Comme investi de la mission qu'il avait menée pendant cinq années. Il en faisait une question de principe : « Je savais que vous étiez française, Florence. Pour moi, c'est tout ce qui comptait. Je n'allais pas vous laisser dans un pays qui n'est pas connu pour avoir la meilleure police et la meilleure justice du monde… »

Ce jour-là, il nous a parlé des infirmières bulgares, qu'il a fait sortir de Libye, d'Ingrid Betancourt – « Je ne voulais pas la laisser mourir dans la forêt » – et du soldat franco-israélien Gilad Shalit, pour lesquels il s'est beaucoup battu. Et aussi des deux jeunes filles qui avaient été emprisonnées à Saint-Domingue à la fin de l'année 2009, pour une histoire de trafic de drogue : « Capables ou pas, peut-on laisser deux jeunes filles de notre pays pendant huit années dans une prison de l'autre bout du monde ? À leur âge ? C'est notre devoir de les aider. »

Je l'écoutais parler, raconter cette histoire, mon histoire, à propos de laquelle il avait des souvenirs précis, tranchés, et je me rendais compte, stupéfaite, qu'il n'avait pas fait de mon innocence une priorité : « Je pensais instinctivement que vous étiez innocente, mais ce n'était pas le problème. D'abord, on vous ramenait, et ensuite on s'expliquait. » Sous-entendu : la grâce présidentielle prévue par la convention de Strasbourg ne coulait pas de source. Il aurait fallu d'abord le convaincre. Ç'aurait été le travail de Frank Berton.

Car il avait bien été question de l'appliquer, cette convention signée par un grand nombre de pays. Elle prévoit qu'un détenu étranger puisse être rapatrié dans son pays pour y purger sa peine. Certains pays – dont la France – y ont fait ajouter la possibilité d'une grâce exceptionnelle, au retour. Le Président m'en avait parlé, au téléphone, dès nos premières conversations. Mais je ne voulais pas d'une grâce : je voulais qu'on reconnaisse mon innocence ! Nicolas Sarkozy était au-dessus de cela : « Lors de mon voyage au Mexique, l'ambiance était très violente. Le président Calderón nous avait envoyé un courrier dans lequel il laissait entendre qu'il vous accorderait ce transfèrement. Je l'avais dit à vos parents : s'ils se comportent honnêtement, nous nous comporterons honnêtement. Il n'était pas question de se moquer de l'état de droit au Mexique. Mais je ne voulais à aucun prix vous laisser croupir là-bas. C'était ça le deal. En partant, j'étais assez optimiste : en plus de ce courrier, il avait donné une interview dans *Le Monde*, où il disait ne pas être contre le transfèrement.

Or, j'ai vite compris que Calderón était tenu par son ministre… »

García Luna. L'homme qui avait mis sa police spéciale à nos trousses pour faire croire à l'arrestation d'un gang international, et dont j'avais cassé le jouet en direct à la télévision. Il était devenu ministre et, manifestement, il imposait ses vues au Président. Nicolas Sarkozy en était donc conscient, lui aussi. « Si j'avais eu un ressortissant mexicain dans nos prisons, je l'aurais rendu, moi. Mais manifestement, avec cet homme-là, c'était impossible. » Après maintes discussions, lors de ce voyage sous haute tension, avait été décidée la création d'une commission binationale chargée de trouver une solution. « Mais pour eux, c'était du vent. Ils n'avaient aucune volonté d'aboutir. Nous avons pourtant examiné toutes les stratégies possibles. Damien a fait sept ou huit voyages vers le Mexique ! » Damien Loras. L'un de ses conseillers les plus proches, l'homme que j'avais vu arriver un jour à Tepepan tel un mirage, et qui avait travaillé dans l'ombre, pendant toutes ces années, contre vents et marée. Contre le gouvernement mexicain, surtout. « Grâce à l'action de Damien, l'opinion mexicaine a fini petit à petit par se retourner », a ajouté le Président. C'est vrai qu'il y est sans doute pour quelque chose.

C'est drôle mais, ce jour-là, j'ai eu l'impression d'avoir été, à mon corps défendant, une cause nationale. Au moins pour l'appareil d'État. Le Président avait fait de mon retour en France une question de principe : « Si on ne défendait que des gens innocents… »

Mais je suis innocente ! « Oui, j'ai fini par le comprendre. Grâce à votre avocat, qui nous a décortiqué le dossier, et en écoutant votre père, aussi. » Le Président a beaucoup apprécié mes parents : « J'ai eu avec votre père les mêmes relations qu'avec le père de Gilad Shalit. Deux hommes formidables. »

Il me reste de tout cela une impression bizarre. Comme si, bien au-dessus de moi, deux États s'étaient affrontés. Je veux parler de deux appareils, avec leurs hommes de l'ombre, auxquels tous les coups étaient permis. « Je savais bien que toutes nos conversations téléphoniques étaient écoutées par Calderón. Je m'en moquais. Au contraire, j'en profitais pour faire passer des messages. » Pour montrer que la France ne se laissait pas impressionner. Comme lors de ce fameux voyage de mars 2009, quand il a cueilli à froid le Sénat mexicain, devant lequel on lui avait demandé de ne pas évoquer mon cas : « Eh bien, puisqu'on m'a demandé de ne pas en parler, je vais commencer par ça... » Son comportement avait déclenché une tempête médiatique. Le lendemain, tous les journaux avaient fustigé son arrogance, dénoncé une provocation. « Mais j'ai dit les choses telles qu'elles étaient. C'est dans l'intérêt de tout le monde de regarder la vérité en face. » Exactement l'attitude que j'espérais d'un soutien. Ce que j'aurais voulu faire sans jamais l'oser. Je ne le pouvais pas, depuis ma prison. Personne ne m'aurait entendue, ou alors je l'aurais payé trop cher.

À la fin de notre entrevue, un peu pensif, Nicolas Sarkozy a eu cette phrase : « On ne saura jamais ce qu'on a bien fait et ce qu'on n'a pas bien fait... » Mais je crois qu'il a tout bien fait ! J'ai regardé récemment la vidéo d'une conférence de presse à l'Élysée, mes parents à ses côtés. C'était au début de l'année 2011, quand il a annoncé que l'année du Mexique en France était maintenue, mais qu'il demandait aux organisateurs de me dédier leurs manifestations. Comme il a été critiqué, cette fois-là aussi ! Et pourtant les gens se sont trompés car ce genre de paroles, de positions m'ont aidée à ne pas sombrer. Reprocher à Nicolas Sarkozy son attitude devant le Sénat ou au moment de l'année du Mexique, c'est comme me reprocher le coup de téléphone à Denise Maerker face à García Luna !

Il y avait une vérité, que je n'osais pas regarder en face à cette époque parce qu'elle faisait trop mal : je ne sortirais jamais de prison tant que Calderón et García Luna seraient au pouvoir. M. Sarkozy et son entourage le savaient bien. Il s'agissait donc de maintenir la pression sur le gouvernement mexicain, de les empêcher d'aggraver ma situation. Chaque fois que le président français prenait position, cela rappelait que j'étais importante pour lui, donc pour mon pays.

Le meilleur exemple, c'est sans doute ce transfèrement qu'on m'a infligé en pleine nuit vers Santa Martha, au plus fort de la tension entre les deux pays. Il a suffi que l'ambassade de France proteste pour que, trois jours plus tard, je sois rapatriée à Tepepan.

Nicolas Sarkozy a sans doute été à l'origine d'un mouvement de soutien qui a eu une importance énorme. Décisive, peut-être. Comme preuve qu'il ne manquait pas une occasion de me venir en aide, voici ce qui n'aurait pu être qu'une anecdote : la phrase qu'il a glissée à mon sujet au pape Benoît XVI, lors de sa visite au

Vatican. J'étais curieuse de l'entendre raconter cette scène tellement cruciale pour moi : « Nous avons eu un entretien d'une heure, environ, dans son bureau. À la fin de cet entretien, je lui ai dit : "J'ai un service à vous demander, Saint-Père. J'ai une protégée, au Mexique, qui a été condamnée à soixante ans de prison[1]." Tout de suite, il a été touché : "Oh, la malheureuse ! Que puis-je faire pour vous aider ?" Il n'était pas du tout dans le jugement. C'était une leçon de tolérance et de compréhension extraordinaire. »

Je savais que cet épisode était longtemps resté secret, mais j'étais bouleversée en l'écoutant raconter ce court moment d'intimité entre deux des hommes les plus importants au monde. Un moment qu'ils me consacraient et qui allait entraîner tellement de choses. « Je voulais expliquer votre situation, mais il m'a coupé, avec cette certitude : "Personne ne mérite soixante ans de prison." J'ai tout de même ajouté : "Si elle a fait une bêtise, c'est une bêtise que l'Église peut comprendre. Elle a aimé la mauvaise personne au mauvais moment. L'amour n'est pas un péché…" Il a souri avec beaucoup de bienveillance et je sais qu'il a ensuite téléphoné au nonce apostolique, à Mexico. »

Mes parents aussi avaient pris contact avec le nonce. Comme Damien Loras l'avait glissé au Président, afin de lui suggérer cette intervention, l'Église est très impor-

1. Le 4 mars 2009, à l'issue de son procès en appel, Florence Cassez obtient en appel une réduction de sa peine de 96 à 60 ans d'emprisonnement.

tante, au Mexique. Et en l'occurrence elle a pris mon cas très au sérieux.

C'est à Pedro Arellano qu'a été confiée la mission d'enquêter sur mon histoire. Cet homme affable aux yeux rieurs, au physique rond qui respire la bienveillance, est un laïc qui travaille depuis près de trente ans pour la pastorale sociale et pénitentiaire de l'Église mexicaine. Il est infatigable. Courageux, aussi : plus d'une fois il a été menacé, plus d'une fois il s'est senti suivi, et même visé. Las que son appartement soit régulièrement mis à sac, il a fini par se résoudre à vivre dans les locaux spartiates de la pastorale, pas très loin des arènes de Mexico. A-t-il peur ? « Évidemment, dit-il. Comme tout le monde aurait peur à ma place ! Mais ce que je fais est important. Et la joie de libérer un innocent est plus forte que la peur. »

Quand on le rencontre, il cherche d'abord à savoir qui vous êtes, ce que vous voulez vraiment. Il faut gagner sa confiance. Et si c'est le cas, il se livre. De sa voix tranquille, sans jamais se départir de ce rictus qui lui donne un air engageant, il affirme avoir vu en trois décennies près de dix-huit mille personnes sortir des prisons mexicaines totalement blanchies. Souvent, elles n'y avaient passé que quelques jours, mais parfois beaucoup plus. Jusqu'à… seize ou dix-neuf ans. Il donne volontiers des exemples des abus d'autorité de la police. « Je me souviens qu'en 2010 un homme avait été abattu devant un distributeur de billets, alors qu'il venait de retirer de l'argent. C'était un enseignant, quelqu'un de connu, et ce crime a suscité beaucoup d'émotion dans la population. La police a donc fait en sorte de montrer au public qu'elle pouvait résoudre une affaire comme celle-là en peu de temps. Elle a arrêté trois hommes, au hasard, alors qu'ils parlaient dans un parc public. Parmi ces trois hommes, il y avait un prêtre, dont la famille est venue demander notre aide. Nous n'avons pas eu de mal à prouver son innocence, avec des témoignages solides prouvant qu'il ne pouvait pas être sur le lieu du crime ce jour-là. Il a donc été libéré mais, quelques jours plus tard, il a de nouveau été arrêté. Pour vol, cette fois. Je suis allé avec lui chez le juge, pour une confrontation avec sa victime supposée. Quand celle-ci est arrivée, elle a demandé aux policiers qui elle devait désigner… »

Pedro Arellano a des dizaines d'histoires comme celles-là à raconter. La mienne ne l'a donc pas étonné. D'ailleurs, il la connaissait avant l'intervention du pape, car mes parents l'avaient appelé. À l'injonction des autorités de l'Église catholique, il a demandé à vingt-sept des enquêteurs qui travaillent avec lui de se pencher sur mon histoire. « Des gens qui sont juges, policiers, avocats ou fonctionnaires dans le civil. » Mais qui adhèrent à la mission de la pastorale sociale et pénitentiaire : « Venir en aide aux détenus qui le demandent et à leurs familles. » Ils ont travaillé six mois, dans trois directions différentes, ont entendu des tas de témoins et d'acteurs de cette affaire. Certains sur l'aspect juridique de l'enquête (la forme), d'autres sur ma personnalité, et d'autres sur les faits eux-mêmes. Et Pedro a livré son verdict avec son éternel sourire : « Les trois équipes sont arrivées à la même conclusion. Elle n'a pas seulement eu un procès inéquitable : sur l'aspect criminel, nous avons aussi les preuves de son innocence complète. »

Des preuves ? Frank Berton en a fait des bonds. « Ce rapport-là, il me le faut ! », a-t-il dit, conscient que personne n'avait jamais mis tant de moyens pour enquêter sur l'affaire. Lors d'une de ses visites à Mexico, en février 2012, il est allé rendre visite à Pedro, mais celui-ci s'est montré catégorique : « Ce rapport est secret parce que certains témoignages, de policiers notamment, ont été reçus sous le sceau de la confession. Ces gens-là nous ont dit qu'ils ne nous délivreraient certainement pas du secret de la confession tant que le ministre Genaro García Luna et son bras droit Luis Cárdenas Palomino resteraient proches du pouvoir. Plus tard, nous serons peut-être autorisés à le rendre public. »

En plus, comme pour confirmer la tension qui existait autour de cette histoire, Pedro Arellano a reçu un coup de fil de son évêque une heure après le départ de Me Berton pour lui demander des explications. Question discrétion, c'était raté. Deux jours plus tard, l'avocat est retourné à la charge, porteur cette fois de la copie d'une lettre de Nicolas Sarkozy à Benoît XVI, dans laquelle le Président demandait au pape la protection de Pedro Arellano et… la teneur du rapport. « Ce jour-là, dit l'homme d'Église, mon garde du corps a repéré des hommes en surveillance, dans l'immeuble d'en face. » Mais le rapport est toujours resté secret. Pedro disait que si le pape lui en donnait l'ordre, peut-être…

La période était extrêmement tendue, parce que nous savions que la décision de la Cour suprême ne tarderait plus. Chacun peut comprendre que j'aurais donné n'importe quoi pour accéder à ce rapport. Quand mon avocat venait me voir à Tepepan, je ne tenais plus en place. Lui non plus, d'ailleurs : « La Cour suprême peut rendre sa décision d'un jour à l'autre. Imaginez qu'il y ait véritablement des preuves là-dedans… D'ailleurs, au bluff, j'ai tenté de dire à Pedro que je doutais de ça. Qu'à mon avis il n'avait rien. Droit dans les yeux, il m'a répondu : "Maître, je vous jure que nous avons des preuves." »

Quand on disait à Pedro qu'il était inouï de penser que j'étais en prison depuis plus de six ans alors que tant de gens me croyaient innocente, il continuait de sourire : « C'est courant, ici. Dans certaines prisons que je visite, on dit que la moitié des détenus est innocente. Je me suis même trouvé en compagnie d'hommes qui me disaient : "Tu vois, ce détenu ? Il est innocent. Le crime dont on l'accuse, c'est moi qui l'ai commis…" »

Sur mon histoire, il a fait son boulot, et puis il est passé à une autre. « La demande du Vatican était de permettre à l'Église de prendre position. C'est ce que nous avons fait. » Son avis a donc été transmis à la Cour suprême, vraisemblablement à la fin de l'année 2010 ou début 2011. Dans le plus grand secret. Il a sans aucun doute pesé dans le jugement de la plus haute instance judiciaire, car trois jours – trois jours seulement ! – après que mes avocats eurent déposé le recours, ils acceptaient de l'étudier et de rendre un avis. C'était énorme. La Cour suprême est l'instance la plus respectée du Mexique. Celle qui est réputée être la plus indépendante du pouvoir politique. Bien peu de gens croyaient que ce recours serait seulement accepté.

En tout cas, cet avis a valu bien des ennuis à Pedro, mais il répétait toujours : « Le cas de Florence Cassez est extrêmement intéressant, parce qu'il est devenu emblématique. Obtenir la reconnaissance de son innocence et sa libération, c'est espérer celles de centaines d'hommes et de femmes victimes de la même justice. »

– 14 –

Dans la foulée de l'Église, d'autres ont suivi. Des personnalités mexicaines attachées à l'état de droit. Des consciences de ce pays, écoutées et respectées parce qu'elles luttent pour rétablir le bon fonctionnement des institutions. Des gens alertés par la presse, qui commençait à prendre plus largement parti contre García Luna, et aussi contre le président Felipe Calderón.

L'un des premiers a été Ignacio Morales Lechuga. Notaire de profession, ancien ministre de la Justice, entre 1991 et 1993, puis ambassadeur du Mexique en France pendant les deux années qui ont suivi, M. Morales Lechuga est une personnalité de tout premier plan. Pour moi, cet homme était une institution. Le genre à vous coller sur place par le seul pouvoir de sa voix grave, profonde, une voix qui marque son autorité et fait réfléchir plusieurs fois avant de le contredire. Au téléphone, il avait d'emblée été clair avec moi : « Je ne viendrai jamais vous voir en prison, mademoiselle. Mais je vais étudier votre cas. »

En novembre 2010, alors que les gens bien informés, comme lui, savaient que l'Église était sur le point de rendre un rapport qui me serait favorable, il a également envoyé une analyse aux juges et donné plusieurs interviews où il détaillait les raisons pour lesquelles il avait acquis la certitude que j'étais innocente. Discrètement, il avait lui aussi missionné une équipe d'enquêteurs, et s'est appuyé sur le résultat de leur travail jusqu'après ma libération.

Ce rapport, c'était considérable de la part d'un homme aussi important. Il s'agit d'une démarche plus courante au Mexique que chez nous, qu'on appelle Amicus curiae. Littéralement, on traduit cela par « ami de la cour », et c'est effectivement une personnalité ou une institution, reconnue légitime, qui propose un éclairage aux juges.

Me Morales Lechuga n'y était pas allé de main morte ! « En 2005, comme tous les Mexicains, j'étais persuadé que Florence Cassez était coupable, disait-il. J'avais vu les images à la télé, on nous présentait un flagrant délit, et le flagrant délit, c'est irréfutable. Mais dès le procès, nous avons eu la conviction que cette affaire était viciée. » Il détaillait admirablement les invraisemblances de mon dossier – les faux témoignages de Cristina Ríos Valladares et de son fils, l'accusation fantaisiste du jeune Ezequiel, qui montrait encore le doigt où j'étais censée l'avoir piqué alors qu'un médecin avait établi qu'il s'agissait d'une tache de naissance –, et il concluait ainsi : « L'étude de ces éléments amène à penser que la culpabilité de cette jeune femme a été montée de toutes pièces et non pas établie par une enquête. » De la part d'un ancien ministre de la Justice, d'un homme extrêmement respecté dans les milieux judiciaires, cette assurance a troublé beaucoup de Mexicains.

Il confirmait également que la situation de Pedro Arellano n'était pas une première : « J'ai connu un cas extraordinaire, alors que j'étais ministre de la Justice. C'était un prêtre installé dans l'un des quartiers les plus pauvres de Mexico qui m'avait appelé pour me dire que des éléments permettaient de penser qu'on avait mis un innocent en prison. Un homme condamné pour l'enlèvement d'un enfant. Ce prêtre me disait qu'il était tenu par le secret de la confession, mais que cela pesait sur sa conscience. Je lui ai alors demandé de me donner un indice, et il m'a indiqué que la personne que nous avions emprisonnée se trouvait à Chicago au moment des faits. J'ai envoyé des enquêteurs qui sont revenus avec trois cents témoignages attestant de la présence de cet homme à Chicago la veille, le jour et le lendemain du rapt de cet enfant. J'ai écrit au procureur concerné et cette histoire s'est terminée par une reconnaissance d'innocence. »

Son autorité naturelle faisait merveille. Il insistait sur le fait que je n'avais pas eu un procès équitable, que mes droits n'avaient pas été respectés, et il était l'un des rares personnages à pouvoir critiquer les responsables d'associations de victimes qui me traînaient dans la boue depuis des années : « L'opinion est influencée par des icônes, plutôt favorables au travail de la police. Des gens très populaires au Mexique, parce qu'ils se présentent comme victimes ou parents de victimes des gangs de ravisseurs. Leurs prises de position sont rarement étayées, parce qu'ils ne connaissent pas les dossiers dont ils parlent, le plus souvent, mais elles ont un grand retentissement dans l'opinion. » Et pan sur le bec d'Isabel Miranda de

Wallace, principale égérie de ces associations de victimes, qui tenait le rôle d'accusatrice publique depuis les premiers jours de mon arrestation.

Cette femme s'est acharnée à me nuire, comme si elle avait juré ma perte. Au départ, elle était une mère de famille comme les autres, mais l'enlèvement de son garçon, au milieu des années 2000, avait bouleversé sa vie. Sa douleur de mère est forcément profonde. Mais elle en fait de mauvaises choses. Cette douleur s'est transformée en haine, au point qu'elle est entrée dans le jeu des policiers qui lui demandaient de désigner des inconnus comme coupables. C'est ce qu'elle a fait pour moi, au début. Elle disait : « Je les reconnais, les coupables, moi qui ai souffert. Cela se voit : elle est coupable ! » Souvent elle a avancé des choses qui montraient clairement qu'elle ne connaissait pas mon dossier. Plus d'une fois elle a été prise en flagrant délit de mensonge ou de méconnaissance, mais les journalistes ne la contredisaient pas, parce qu'elle était très populaire dans tout le pays.

Elle avait pris la tête d'une association de défense de victimes et donnait beaucoup de conférences de presse. À tout propos. Parfois de manière intempestive. Son coup favori était de remettre Ezequiel Elizalde Flores et Cristina Ríos Valladares devant les caméras à l'approche des échéances judiciaires de mon dossier. Elle l'a fait à nouveau juste avant la première audience de la Cour suprême. Elle a même demandé qu'ils soient reçus par le juge Zaldívar, qui était rapporteur. Dans l'ascenseur qui les menait au bureau du juge, le jour de ce rendez-vous, elle a conseillé à Cristina et Ezequiel de pleurer. C'est un secrétaire de la Cour suprême, qui se trouvait dans ce même ascenseur, qui l'a raconté plus tard. Et qu'avait-elle à dire, pour qu'on l'écoute si souvent ? Toujours les mêmes choses : le témoignage de Cristina Ríos qui n'avait aucune valeur et le doigt d'Ezequiel, dont un expert avait établi depuis longtemps le manque de crédibilité. Mais Isabel Miranda de Wallace est ainsi : elle insiste. À la demande des policiers, et même des politiques. En 2012, elle a été investie par le PAN[1], lors des élections municipales. Elle était candidate à Mexico, mais il ne s'est pas trouvé grand monde pour la suivre. Les gens qui avaient eu de la compassion pour elle avaient fini par comprendre qu'elle s'était perdue dans une bataille qui n'était plus aussi digne.

M. Morales Lechuga lui en voulait beaucoup, je crois. Ainsi qu'à tous ceux qui l'avaient suivie dans les anathèmes qu'elle lançait à tout-va. Il a encore aujourd'hui une très jolie manière d'expliquer cela : « Au Mexique, nous n'avons pas la même culture anticorruption et antimensonge qu'en France. C'est d'ailleurs pour cela que mes enfants sont allés au lycée français. » Et il insiste sur les ravages de tous ces mensonges repris en cascade : « Les médias français ont souvent eu le tort de reprendre les médias mexicains. Le résultat est que Florence Cassez est victime au Mexique d'une injustice et en France de suspicion. »

1. *Partido Acción Nacional*, le Parti action nationale est l'un des plus grands partis politiques du Mexique. C'est un parti chrétien social. Il a le contrôle de 8 des 31 États et compte 207 députés sur 500 à la Chambre des députés.

Un autre qui connaît bien ces associations, c'est Eduardo Gallo. Cet homme m'a bouleversée. Je l'avais vu à la télévision, depuis ma cellule. Il parlait de moi, défendait mon cas, alors j'ai obtenu ses coordonnées et je l'ai appelé. Au début, lui non plus ne voulait pas venir me rendre visite à la prison. J'ai su pourquoi plus tard. Eduardo est un colosse. Un type qu'on n'abat pas si facilement. Pourtant, il a connu le pire d'une vie d'homme. C'était en 2000. Ancien expert-comptable, il était devenu directeur général d'une grande chaîne d'hôtels quand sa vie a basculé. Sa fille de vingt-cinq ans a été enlevée. C'était à Cuernavaca, au sud de Mexico. Au bout d'une semaine de contacts téléphoniques et de rendez-vous divers, il a payé la rançon. Deux heures plus tard, il a retrouvé sa fille morte. « La police n'a pas fait d'enquête. Ma fille allait devenir un numéro de dossier perdu au milieu des statistiques, cela m'était insupportable. » Alors, Eduardo Gallo a démissionné, s'est procuré un permis de port d'arme et a acheté un calibre. Puisque les autorités n'arrêteraient pas les ravisseurs de sa fille, il le ferait lui-même. « Cela m'a pris deux ans et demi. Trois des ravisseurs avaient été tués par leurs complices, parce qu'ils n'étaient pas d'accord sur la répartition de la rançon. En partant de la maison où j'avais retrouvé ma fille, je suis remonté jusqu'aux six autres, que j'ai livrés à la police. » Il faut l'entendre raconter le jour où il a retrouvé, onze mois plus tard, le type qui avait assassiné sa fille. « Il était dans la maison, j'étais dehors. Je savais qu'il était seul, j'ai appelé la police. » Alors, il y a une question qu'on n'ose pas lui poser… « Si j'ai eu le désir de la venger ? Évidemment… » C'est peut-être le seul moment où sa large carcasse s'affaisse un peu. « Mais je faisais tout cela comme une preuve d'amour à ma fille. C'est ce qui m'a fait résister. »

Je me souviens de la première fois qu'il est venu à Tepepan. Je l'attendais à l'entrée de la salle de visites et, quand il a passé la dernière grille, il m'a prise dans ses bras. Nous ne nous étions jamais vus, mais cela paraissait naturel. Nous avons pleuré. Beaucoup pleuré. Sur nos souffrances, puisque chacun de nous connaissait bien l'histoire de l'autre. Nous sommes restés comme ça, dans le couloir qui longe la salle des visiteurs, puis nous nous sommes assis et, en reniflant, nous avons partagé nos douleurs. Les gens qui ont beaucoup souffert se reconnaissent entre eux, je crois. Instinctivement.

Aujourd'hui, le visage rond, la grosse voix et les cheveux plaqués en arrière d'Eduardo sont bien connus des Mexicains. Il a fondé et longtemps animé Mexique uni contre la délinquance, une association qui vient en aide aux victimes et à leur famille. Il en a même été le président, en 2009 et 2010. Et s'il reste pudique sur le sujet, c'est bien après m'avoir soutenue qu'il a démissionné. Son association connaissait des difficultés de trésorerie et un émissaire du gouvernement lui a fait comprendre qu'on lui donnerait volontiers un coup de main, et même qu'on épurerait purement et simplement le passif… à condition qu'il cesse de parler de moi. Évidemment, il a refusé.

Il ne faut pas parler des autres associations de victimes à Eduardo Gallo. Sa voix se fait encore plus tranchante et son torse se gonfle davantage. Pour moi, il était le seul à pouvoir contrer Isabel Miranda de Wallace. Le seul à la hauteur : « Isabel Miranda de Wallace et María Elena Morera, leurs deux principales animatrices, sont liées directement à García Luna. La première a tellement bien rempli son rôle de soutien aveugle au gouvernement qu'ils l'ont investie candidate aux municipales à Mexico de 2012. Elle est complètement décrédibilisée. »

Avant de venir me voir en prison, il avait également mené sa propre enquête sur mon histoire. Et pour répondre aux offensives médiatiques de Mme Wallace, il a organisé une conférence de presse réunissant sept des plus fameux juristes et chercheurs en droit du pays. C'était au début du mois de mars 2012, la première audience devant la Cour suprême était imminente. Le juge Zaldívar avait déjà fait savoir qu'il demanderait ma « libération immédiate et absolue », et le Mexique était en ébullition. Les convictions s'affrontaient avec une telle violence que j'étais clouée dans ma cellule, incapable de sortir, et me disant une nouvelle fois que tout pouvait m'arriver. Le meilleur comme la pire catastrophe. Il y avait là Ana Laura Magaloni, juriste très connue au Mexique, qui a fait un long exposé sur les lacunes de la justice de son pays et la corruption qui y sévit. Elle a conclu : « Florence Cassez ne fait que nous montrer dans un miroir ce qui se passe dans notre système judiciaire. » Ignacio Morales y était également, bien sûr, comme Miguel Carbonell et Luis de la Barreda Solórzano. Je les connaissais bien aussi, ces deux-là.

Le premier, je l'avais également découvert à la télévision environ un an plus tôt. Je l'avais trouvé brillant et je voulais savoir qui il était. Un juriste tellement abordable, qui expliquait les histoires les plus compliquées de manière si limpide ! Je voulais absolument le rencontrer. Sébastien, mon frère, avait trouvé ses coordonnées et je m'étais payé le culot de l'appeler. Quand son assistante avait décroché, qu'elle m'avait demandé à quel sujet j'appelais, j'avais été prise au dépourvu, alors j'avais répondu spontanément : « C'est personnel ! » On me l'avait passé quand même. Je lui avais dit que j'avais besoin de lui, besoin qu'il m'aide, mais il s'était montré très distant, d'abord : « Je crois que je ne peux pas vous aider. » Sa réponse était professionnelle, tout à fait légitime, et il m'avait répondu de la même manière plus tard, quand je lui avais demandé d'écrire la préface de mon premier livre, qui venait d'être traduit au Mexique. Il me dirait par la suite que lui aussi me croyait alors coupable. Les images télévisées avaient fait tellement de dégâts !

Mais un jour de 2011, il s'est adressé à l'ambassade de France à Mexico, et il est enfin venu me rendre visite à la prison. J'ai cru vivre un rêve. Je l'avais rallié à ma cause, lui aussi.

Ce sont des gens de l'ambassade qui m'avaient parlé de Luis de la Barreda. Il était convaincu de mon innocence avant même que je le rencontre, je n'en revenais pas ! Docteur en droit, professeur de droit pénal à l'université de Mexico, Luis de la Barreda a été membre de la Commission nationale des droits de l'homme de 1991 à 1993, avant de fonder la Commission des droits de l'homme du district fédéral, qu'il a présidée jusqu'en 2001. Me Agustin Acosta me répétait : « Il est l'un des juristes les plus prestigieux et les plus respectés du pays. » Et il avait pris ouvertement parti pour moi !

Lui aussi avait vu les images du 9 décembre : « Une arrestation en flagrant délit, avec la libération des otages en même temps, on n'avait jamais vu ça ! C'était d'autant plus touchant que l'enlèvement, ici, est considéré comme un crime répugnant, qui blesse au plus profond le tissu social. Je me demandais ce qu'une jeune Française venait faire là-dedans, à ruiner sa vie, puisqu'elle prendrait une lourde peine de prison. Mais comme nous avions vu cela en direct, personne ne songeait à remettre en cause ce qu'on nous présentait. »

Et puis, son expérience l'a alerté, à un moment très précis : « Quand nous avons su qu'elle avait en fait été arrêtée la veille. Que le patron de l'AFI, la police spéciale, avait menti. Par mon expérience de président de la Commission des droits de l'homme, je sais qu'il existe beaucoup de dossiers où la police construit de fausses preuves. Ce cas-là m'a rappelé celui d'une jeune femme, Paola Duarte, condamnée pour meurtre. Elle a finalement été blanchie au bout d'un an et demi : le procureur avait menti ! Alors, si un procureur ment, le chef de la police… »

Cet homme est calme, pondéré, un papy comme on les aime, avec des cheveux blancs et un collier de barbe. Il n'est pas très grand, pas très impressionnant physiquement, mais ses yeux noirs révèlent une grande intelligence et une profonde détermination. La première fois qu'il est venu me voir, c'était un samedi matin. Il m'avait apporté un cadeau de la part de sa femme. Un bracelet, c'était adorable. Il est ensuite revenu me voir chaque samedi. Il m'a beaucoup écoutée. Il avait l'habitude de cela, ayant été l'un des premiers visiteurs de prison, à la Commission des droits de l'homme. Il m'a dit : « Des prisonniers, j'en ai vu ! Mais des comme toi, avec ta force, c'est épatant ! » Et moi, j'ai été heureuse d'entendre cela de la bouche d'un homme comme lui. Je ne rêvais de rien de plus beau. Il m'a répété : « Oui, tu es innocente, je le sais. Pas parce que tu me le dis, mais parce que j'ai étudié ton dossier. »

Il prenait le temps de recevoir des journalistes pour leur expliquer le travail qu'il avait fourni sur mon dossier et l'analyse qu'il en avait tirée. Ses conclusions étaient prises en compte parce qu'on connaissait son expérience, son engagement, et qu'il avait la réputation d'être un homme intègre. Chaque interview qu'il donnait était pour moi un vrai bonheur. Il parlait simplement, mais ses mots faisaient mouche : « Un juge qui aurait bien étudié ce dossier aurait été obligé d'acquitter Florence Cassez. Si on prend les éléments d'accusation, un à un, qu'on écarte ceux qui ne tiennent pas, on s'aperçoit au bout du compte qu'il n'en reste plus un seul. Mais beaucoup de juges ne travaillent pas leurs dossiers, au Mexique. Ils sont dépassés par trop de travail. »

Frank Berton, qui est devenu mon avocat en 2008, avait entendu exactement la même analyse de la part d'une magistrate de haut rang qui avait accepté de le recevoir discrètement. Elle était aussi une juriste reconnue et respectée, engagée dans la profonde réforme pénale que des juges à bout de souffle réclamaient. Elle connaissait personnellement la juge qui m'avait condamnée à quatre-vingt-seize ans de prison, et elle était alors stupéfaite, à la vue de mon dossier, que je n'aie pas été relâchée. Comme M. de la Barreda quatre ans plus tard, elle avait eu cette explication : « Les juges prononcent parfois des condamnations sans avoir lu le dossier, ni vu l'accusé. Ils se reposent sur leurs assistants, parce qu'ils ont trop de dossiers à traiter. » De fait, cette juge m'avait condamnée alors qu'elle ne m'avait vue qu'une seule fois au cours de mon procès qui avait duré presque deux ans.

En France, où la justice n'est pourtant pas riche, il est impossible d'imaginer une telle légèreté. Pour la magistrate qui avait longuement renseigné Frank Berton, et qui fut à l'origine de sa rencontre avec Agustin Acosta, une réforme pénale devrait pouvoir aider ses collègues. Mais M. de la Barreda était un peu plus sévère avec le corps judiciaire : « Ce n'est pas une question de réformes de nos lois, c'est un problème de professionnalisme. Il faut que les juges se prononcent en connaissant bien leurs dossiers. Aujourd'hui, il suffit que la police, poussée par le pouvoir, présente un suspect avec des preuves grossièrement fabriquées pour qu'il soit condamné. Les juges n'écoutent pas suffisamment les avocats. Une question de courage est peut-être en jeu aussi. Or, l'homme juste n'est pas celui qui tremble pour ce qui peut lui arriver, c'est celui qui tremble à l'idée de participer à une injustice. »

J'ai été soutenue par des gens formidables, tout de même.

– 15 –

Au printemps 2011, Me Agustin Acosta est venu me rendre visite et nous nous sommes retrouvés dans la pièce réservée aux avocats, à l'écart des autres détenues et du personnel pénitentiaire. C'était toujours important, pour moi, les visites de mes avocats. J'avais chaque fois l'impression que quelque chose pouvait m'arriver. J'étais forcément fébrile, incapable de savoir si je devais me préparer à me réjouir ou à endurer un nouveau coup dur.

Ce jour-là, je sentais Me Acosta un peu ennuyé. Ne sachant pas lui-même ce qu'il devait penser de la nouvelle qu'il allait m'annoncer. S'il s'était déplacé, c'était évidemment pour une affaire d'importance, mais il ignorait manifestement de quelle manière l'aborder.

Il me parle alors de *Nexos*, une revue prestigieuse, très cotée dans les milieux universitaires, politiques et économiques. Une revue assez peu distribuée dans les couches populaires et plutôt vouée à l'analyse. Je comprends donc qu'il s'agit d'un mensuel influent, que lisent beaucoup d'avocats et de magistrats, et je ne vois pas très bien ce qui embête Me Acosta, jusqu'à ce qu'il me parle du journaliste qui a pris contact avec lui. « C'est Héctor de Mauleón, un journaliste très réputé, qui fera son travail en toute neutralité. Il ira donc voir les autorités et refuse de se pencher sur le dossier que j'ai dans mon bureau. » Là, je comprends. García Luna est capable d'inventer de nouvelles charges. De faire appel à de nouveaux faux témoins ou de sortir des éléments fabriqués. Agustin Acosta réfléchit en même temps qu'il me parle : « Le ministre en a assez des prises de position qui se succèdent et vous soutiennent, il est très agacé et sent bien que le vent tourne chez une certaine partie de l'opinion. Alors, il tentera peut-être de tromper Héctor de Mauleón, lui aussi très écouté dans les milieux cultivés, pour inverser cette tendance. » Mon avocat redoute un piège, ni plus ni moins. Je ne connais pas ce journaliste, mais j'ai vite fait de comprendre qu'il est expérimenté, qu'il en a vu d'autres, et qu'il a en tête ce qu'a raconté à la télévision mon pire ennemi, celui qui a bâti toute l'histoire qui pourrit ma vie.

Quand je pense à García Luna, si puissant, si acharné, parfois la rage monte en moi, et j'en pleure. Sur tous les terrains, il semble contrôler la situation.

Dans les milieux plus populaires du pays, l'immense majorité de Mexicains ne lit pas la presse écrite et demeure convaincu que les images qu'elle a vues en boucle depuis le 9 décembre 2005 sont authentiques. La plupart des Mexicains ne s'informent en effet que par la télévision, et bien sûr ni Televisa ni TV Azteca, les deux chaînes présentes lors de la fausse arrestation mise en scène au ranch, n'ont reconnu la supercherie. Seul Pablo Reinah, le reporter de Televisa, s'est désolidarisé de ses supérieurs et a quitté la télévision, mais il ne s'est jamais exprimé publiquement. Il a sans aucun doute subi d'énormes pressions de la part de la police, et l'un de ses anciens confrères dira plus tard qu'il a traversé des moments difficiles après cette histoire. Une dépression de trois ans qui a beaucoup affecté sa vie privée, semble-t-il. On comprend qu'il n'ait pas pris le risque d'en faire trop.

C'est donc dans les milieux plus instruits que l'opinion évoluait en ma faveur. Chez ceux qui lisaient la presse écrite, et notamment l'hebdomadaire *Proceso*, critique quant aux méthodes du gouvernement et très bien documenté sur mon histoire, et le site en ligne *Reporte Indigo*, où travaillait Anabel Hernández. Quelques quotidiens, comme *Excélsior*, *La Jornada* ou *Reforma*, suivaient également mon affaire et donnaient régulièrement la parole à mes avocats ou à ceux qui clamaient mon innocence. Puisque *Nexos* était si réputée, si respectée, la teneur de son article pouvait être déterminante.

J'ai rapidement décidé de recevoir Héctor de Mauleón. Après tout, que risquais-je ? Si je ne lui répondais pas, il écrirait son article quand même, et je n'avais aucune raison d'avoir peur de lui. Puisqu'il était honnête, comme le disait Agustin Acosta, je pouvais parfaitement faire face à ses questions. Je connais mon dossier par cœur et, s'il m'écoutait, s'il se penchait attentivement sur ce que je lui montrerais, il ne pourrait que m'entendre et me comprendre. « Très bien, dit Me Acosta. Il sera là demain matin à 10 heures. »

J'avais donné beaucoup d'interviews, quelques semaines plus tôt, quand nous avions déposé le recours devant la Cour suprême qui avait fait couler tant d'encre et de salive. Mon dernier recours. Une tentative presque désespérée, puisqu'on nous avait prédit son rejet par la Cour suprême. Mais celle-ci avait fait savoir que notre démarche était recevable, qu'elle se saisissait de mon dossier et qu'elle rendrait une décision. Un coup de tonnerre qui avait sans doute provoqué la fureur du Président et de son sulfureux ministre.

La visite de M. de Mauleón ne tombait pas par hasard, je le comprenais bien.

Avant son arrivée, j'ai eu Anne Vigna au téléphone. Elle aussi a fait un sacré bout de chemin avec moi. Je n'ai pas toujours eu des relations très faciles avec cette jeune journaliste française établie à Mexico, mais la vérité est qu'elle s'est immédiatement intéressée à mon cas, et qu'elle m'a crue d'emblée. Elle a fait son travail d'enquête avec un acharnement qui a parfois heurté mes proches, mais elle l'a fait avec beaucoup de courage et d'abnégation. En 2009, elle a publié un livre, avec un autre journaliste, qui reprenait toutes les incohérences et les mensonges de mon dossier. Les vérités, aussi : elle l'avait lu en entier, ce dossier que mes avocats et moi tenions à la disposition des journalistes qui auraient le courage de s'y pencher. Ce livre, *Peines mexicaines*[1], avait également l'immense mérite de situer mon histoire dans le contexte policier et judiciaire du Mexique, racontant en parallèle d'autres affaires dans lesquelles la police avait fabriqué de faux coupables. Son travail était ainsi

1. Alain Devalpo et Anne Vigna, *Peines mexicaines*, Éditions Générales First, 2009.

crédibilisé et ressemblait bien à cette jeune femme têtue, qui avance sans tapage mais gagne à être connue : il allait au bout des choses. Elle prenait des risques, au nom de ses convictions.

Anne a toujours eu une forme d'instinct, à mon égard. Quand elle a commencé à venir me voir régulièrement à la prison, au début de mon incarcération, elle a compris que le fait qu'elle soit journaliste me posait un problème. Que je ne me confierais pas facilement à elle. Spontanément, elle m'a alors proposé de parler de moi à quelques-uns de ses amis, à Mexico, qui viendraient me rendre visite, me parler ou m'écouter. Bref, elle me proposait de partager ses amitiés, ce que j'ai toujours trouvé d'une belle générosité.

Ce jour-là, elle m'a mise en garde concernant un détail qui aurait pu me perturber. Elle y avait immédiatement songé. Au téléphone, elle m'a dit : « Ne sois pas surprise, ce de Mauleón, c'est le portrait craché de García Luna. Physiquement, il lui ressemble. »

Anne a bien fait de me prévenir. Elle n'avait pas exagéré, j'ai cru voir arriver le diable en personne quand il s'est approché, à 10 heures du matin. Heureusement que j'avais été prévenue, d'autant plus que, en outre cette ressemblance physique, cet homme froid et distant a refusé de me serrer la main, et même de s'approcher de moi. Il ne me cachait pas sa conviction : pour lui, j'étais une *secuestradora*, il n'y avait pas à en douter. Je lui ai proposé un verre d'eau, une tasse de café, et même une cigarette, il a tout refusé avec un mépris ostentatoire. Il avait peur que je l'empoisonne ! Mais je ne me suis pas laissé impressionner. J'étais prête à me battre.

Avec mes armes : j'ai sorti tout mon dossier, dont je gardais toujours une copie dans ma cellule, et chaque fois que je le voyais douter, à mesure que je racontais mon histoire, je sortais la pièce appuyant ce que je disais. J'en ai sorti des dizaines, de la sorte, et j'ai très nettement vu évoluer l'écoute de cet homme qui faisait en fait son métier devant moi. Il écoutait, il apprenait, il confrontait ce qu'il savait à une version contradictoire. J'avais capté son attention quand, au bout d'une heure au moins, il a accepté une première cigarette.

Je lui faisais face, c'était une situation à laquelle j'avais fini par m'habituer, à force. Je défendais ma peau, voilà tout. Quand il est parti, en emportant toutes les copies de mon dossier qu'il souhaitait – je n'allais pas lui refuser cela –, je me souviens avoir pensé que celui-ci aussi avait un peu de ma vie entre ses mains. Mais qu'il n'était pas tout à fait comme les autres : des gens très influents allaient se jeter sur son article. Un bon point pour moi, tout de même : au moment de me quitter, il m'a serré la main.

J'ai tout de suite téléphoné pour raconter cela à Agustin Acosta. Il fallait que je le lui dise, j'étais tellement contente ! Mais mon avocat a modéré mon enthousiasme : « Attendez, Florence. Attendez de lire ce qu'il écrira, on ne sait pas ce que lui diront les policiers de l'AFI et García Luna à la vue de ce qu'il leur montrera. » Agustin avait raison : je m'étais encore une fois emballée un peu vite. « Le metteur en scène » et « l'Agence des films inventés » n'étaient pas à un mensonge près. Et l'enjeu était de taille pour eux également.

Nous avons donc attendu. Jusqu'au début du mois de juillet. Et cette fois, c'est Agustin qui était aux anges, après avoir lu le dossier de *Nexos*. Il était au-delà de toutes ses espérances. D'abord, il faisait la une. La une de *Nexos* ! Le dossier de l'affaire Florence Cassez décortiqué, analysé par l'un des plus prestigieux journalistes de cette rédaction – et pas suspect pour un sou de nous être spontanément favorable. Il y avait sur la couverture un dessin très émouvant me représentant assise, le dos courbé et la tête basse, dans une position de soumission et de désespoir, et ce titre qui disait tout du cheminement intellectuel de son auteur : « *La verdad secuestrada*[1] ».

Il y avait treize pages. De Mauleón avait étudié les milliers de feuillets composant les treize tomes énormes censés prouver que j'étais un monstre, et ce n'était pas du tout la conclusion qu'il en tirait !

Chronologiquement, en commençant par le rapt de la jeune Valeria, il reconstituait le fil de mon histoire, jusqu'au jour de notre fausse arrestation, en s'arrêtant longuement au passage sur le problème de la famille Rueda Cacho. Ces deux frères qui avaient prêté de l'argent à Israel, en 2005, en échange de sa Volvo. Ceux-là, tout les désigne comme les principaux suspects des enlèvements cités dans ce dossier. Un enfant le comprendrait. Héctor de Mauleón n'est plus un enfant depuis longtemps : il a extrait les éléments les plus probants de leur comportement et montré de manière

1. « La vérité séquestrée ».

implacable que les policiers étaient complices de cette famille. La lecture de ce récit est un délice, il est bâti comme un vrai polar, au milieu duquel l'auteur raconte un entretien avec García Luna :

« Un matin de février, tandis que je marche à son côté dans l'immeuble de la police fédérale, Genaro García Luna expose à nouveau ses arguments. Sur le montage, il dit : "Nous n'avons pas trompé les reporters. Ils ont demandé des images de la façon dont l'assaut avait été mené dans le ranch. La preuve qu'ils savaient que c'était une reconstitution, c'est qu'avant l'entrée des policiers un titre est apparu à l'écran, disant 'L'AFI libère trois séquestrés'. Cela veut dire que le reporter avait déjà envoyé toutes les indications au studio. La chaîne savait que la libération avait déjà eu lieu." Sur Cassez, il affirme : "Tous les témoins l'ont reconnue, y compris le gamin. Le téléphone du ranch où les otages ont été libérés était à son nom. Dans la voiture où elle a été arrêtée, il y avait une arme. Voilà les preuves. Elle ne peut dire qu'elle était étrangère à tout cela, elle ne peut dire qu'elle n'était au courant de rien." »

Puis le journaliste démonte ces arguments, notamment le témoignage du jeune Cristian que García Luna appelle « le gamin ». Ce gamin qui affirme plusieurs fois n'avoir jamais vu ni entendu de femme lors de sa détention. Qui affirme au contraire avoir reconnu la voix de son cousin Hector... lui-même cousin des Rueda Cacho. De Mauleón revient sur la présence des armes, non pas dans la voiture mais dans le cabanon – là où Angel, le jardinier, dit n'avoir jamais rien vu de tel, quand il allait y entreposer ses outils.

Il ne dit rien, en revanche, de la fameuse ligne de téléphone qui était à mon nom, au ranch d'Israel. Elle a pourtant fait parler, cette ligne de téléphone, et pas qu'au Mexique. En France, elle a beaucoup servi à ceux qui se croyaient plus malins que les autres, et pour qui ce genre de détail suffisait à se faire une conviction. Un jour, à la radio française, dans une émission de Laurent Ruquier, Christine Bravo a cru bon de mentionner cette histoire de téléphone comme une preuve que je « n'étais pas si claire », que je n'avais pas à me plaindre. À des millions d'auditeurs, Christine Bravo a voulu me livrer en pâture, au nom de je ne sais quel désir de paraître. Insensible apparemment à la gravité de son comportement, elle étalait tout bonnement son ignorance : au Mexique, les abonnements de Telmex sont très longs à obtenir et le dossier d'Israel était toujours en attente quand je prévoyais de rentrer en France, à l'été 2005. Il m'a donc demandé d'accepter de transférer la ligne de mon appartement du centre de Mexico, que j'avais partagé avec Guadalupe, vers le ranch. Il a suffi d'une attestation que je lui ai signée, et les techniciens de Telmex ont pu rapidement lui installer la ligne. C'est avec celle-là qu'il a pu obtenir Internet et que nous avons eu un échange de mails avant mon retour, il n'y a rien de plus facile à vérifier.

Héctor de Mauleón, que nous considérerons comme un peu plus crédible que Christine Bravo, a vérifié tout ce que je lui avais dit. Tout ce que contenait le dossier, également. Jusqu'aux déclarations des policiers, dont il existe deux versions contradictoires à la suite. « Après l'entretien de García Luna avec Denise Maerker, l'AFI tente de réparer les dégâts », explique-t-il. Il démonte les contradictions et révèle le fruit d'une nouvelle enquête auprès de certains de ces policiers. Ceux qu'il a rencontrés ont donné une troisième et nouvelle version. Il mettra alors une nouvelle fois García Luna devant ces contradictions et celui-ci aura pour toute réponse : « Si on écoute ce que disent les criminels, ils sont tous innocents… »

« En France, on ne mesure pas à quel point le long article dans *Nexos* a été déterminant », dit encore aujourd'hui Agustin Acosta. Non seulement il sortait à un moment important de la procédure – la Cour suprême venait de se saisir de mon dossier –, mais il émanait d'un organe de presse et d'un journaliste à la crédibilité incontestable. Il a poussé beaucoup d'intellectuels à se pencher sur mon histoire : « Il reste l'article le plus lu du site Internet de *Nexos*, poursuit mon avocat. Il a d'ailleurs été énormément « cliqué » le jour de l'audience à la Cour suprême. » Beaucoup de gens ont ainsi mieux compris les enjeux des deux audiences. J'avais eu raison de croire en la poignée de main d'Héctor de Mauleón, à la prison. C'était encore une bataille de gagnée.

– 16 –

Un comité de soutien. Quelle idée ! Je n'aurais jamais imaginé des centaines et des centaines de gens regroupés derrière mon nom.

Dans ma cellule étroite, je passais des heures à ouvrir des lettres de gens que je ne connaissais pas. Ce courrier provenait d'une personne à la fois, parfois deux, un couple ou une famille tout au plus, mais pas un groupe de personnes. Une organisation dévouée à mon soutien, c'était autre chose. Quelque chose d'abstrait. La première fois que j'ai entendu parler de ce comité, c'était par mes parents, au téléphone. Ils ont eu cette idée avec Frank Berton. Je me disais que ce serait bien pour eux. Peut-être seraient-ils moins seuls, dans leur combat de tous les jours. J'imaginais que ma famille adhérerait, sûrement quelques amis, et puis il y a toujours des gens généreux, dans ces circonstances, qui seraient sensibilisés par la presse. Frank Berton était devenu mon nouvel avocat, au printemps 2008, juste après ma première condamnation. Il avait promis de médiatiser mon histoire, il se faisait fort de sensibiliser les journalistes les plus en vue dans le monde judiciaire et nous avions tout lieu de penser qu'il réussirait. Il avait fait ses preuves par ailleurs. Alors, pourquoi ne pas espérer un petit élan de solidarité populaire ?

Encore une fois, mes parents se sont mis en quatre. Eux qui n'ont jamais eu le goût de s'exposer, que la pudeur retenait de s'exprimer en public, ils se sont fait violence. Et comment ! Je les connais suffisamment pour savoir ce que leur a coûté cette exposition soudaine et intensive. Ce qu'ils ont dû concéder d'angoisses et de confusion pour s'avancer ainsi, au-devant d'un public qu'ils voulaient simplement sensibiliser à l'épreuve que vivait leur fille. Frank Berton et d'autres les avaient convaincus qu'il fallait le faire, alors ils l'ont fait. Pour moi. Parce que c'était peut-être un moyen de m'aider.

Ils ont commencé par me parler de réunions, dans des petites salles de la région. Puis d'autres réunions, de plus en plus régulièrement, de plus en plus loin de Dunkerque, où ils avaient emménagé à leur retraite. Et la scène se répétait : une assemblée de quelques dizaines de personnes, à qui ils racontaient mon histoire, et qui posaient des questions, ensuite. Toujours les mêmes questions. Des gens dubitatifs, qui en étaient parfois restés à ce que la télévision mexicaine avait diffusé : « Mais les personnes kidnappées étaient bien au fond de son jardin ? Mais peut-elle avoir été la femme d'un chef de gang et ne s'être aperçue de rien ? » Alors, patiemment, mes parents répondaient à ces interrogations somme toute légitimes : « Non, ces gens n'ont jamais été dans cette cabane, c'est aujourd'hui prouvé. Et non, personne ne peut dire qu'Israel Vallarta a été le membre d'un gang. Il n'a toujours pas été jugé. Il a même prouvé que certaines accusations contre lui sont fausses… »

Chaque fois, ma mère me faisait le récit de ces soirées, devant cinquante, cent, parfois deux cents personnes… En tout cas, elle disait que c'était autant de gens convaincus. Elle ne me disait pas, en revanche, les kilomètres en voiture, à deux, la nuit, pour rentrer à Dunkerque. Les panneaux transportés et installés à la hâte pour y accrocher mes peintures, quand ont commencé les expositions. La fatigue et l'émotion. J'étais loin de tout cela, mais je sentais tout de même qu'il se passait quelque chose. Tout à coup, je n'avais qu'à dire qu'il me manquait du shampooing pour qu'un colis m'arrive, quelques jours plus tard, avec du shampooing. Ces choses-là revêtent une importance énorme, en prison. Et les flacons de shampooing peuvent prendre le prénom ou l'image du dessin qui accompagne le colis.

Rapidement, je me suis même aperçue que des courriers arrivaient de partout dans le monde. De Belgique, d'Espagne et même du Canada ! C'est d'ailleurs là-bas que le site a démarré le plus fort. Grâce à David Bertet, un jeune professeur de philosophie qui anime une émission sur Radio-Canada, et aussi une association dédiée aux droits de l'homme. Il a de nombreuses attaches au Mexique, et dès qu'il a eu connaissance de mon histoire, il s'est investi pour la faire connaître, pour me défendre, d'une manière très généreuse. Il est devenu un ami. Il avait adhéré totalement à l'idée d'un comité de soutien et lui donnait tout bonnement une dimension internationale.

Cette idée prenait donc forme. Ce comité me soutenait lors de ces longues journées de détresse, quand je n'avais plus la force de me lever, que je passais des heures à me cacher sous ma couverture. Il me gonflait d'énergie quand j'en manquais et m'épatait complètement, aussi. Je ne savais pas comment remercier tous ces gens que je ne connaissais pas, et c'est une nouvelle fois ma mère qui m'a donné la solution. J'ai écrit une lettre, pour témoigner ma reconnaissance, pour dire à quel point ce lien devenait vital pour moi. Une lettre qui a été longtemps à la une du site Internet créé tout exprès et mis à jour quotidiennement par Bernard Dubuc. Et ça a marché ! Moi qui n'avais connu que les balbutiements d'Internet, j'étais stupéfaite de recevoir autant de réponses à une seule lettre envoyée du fond de ma prison.

Quand je me suis mise à peindre, après que j'ai évoqué cette nouvelle passion, des gens m'ont envoyé des pinceaux, des livres, du matériel. Un homme a peint mes parents marchant sur la plage de Malo-les-Bains. Dans le film-documentaire de Patrice du Tertre et Othello Khanh, un arrêt sur image est effectué sur ce tableau. Ce sont juste deux points blancs sur un fond bleu, mais j'ai tout de suite reconnu mes parents. Qu'est-ce que je l'ai regardé, ce tableau ! C'était une émotion énorme, pour moi.

Quand je concevais des bijoux, je n'ai eu qu'à dire une seule fois ma préférence pour les vieilles perles, celles qui ont une vie, qui ont représenté quelque chose pour leur propriétaire – je n'aimais pas forcément le matériel neuf, c'était surtout pour m'occuper les mains, comme quand je fouillais les vieux tiroirs de ma grand-mère à cinq ans et qu'on m'appelait « miss bout de ficelle » –, pour que les gens m'envoient des breloques anciennes, des perles, de vieux objets. Je les étalais sur mon lit et je passais des heures, parfois des nuits, à imaginer ce que ces vieilles choses pouvaient avoir vécu. J'adorais ça.

Le plus émouvant, peut-être, c'étaient les dessins d'enfants. J'en recevais de la France entière. Ils dessinaient la prison, souvent, et écrivaient : « Florence, je t'aime. » Ils ne sauront jamais à quel point j'ai pleuré devant leurs dessins. Tant de douceur, à côté de ce que je vivais, l'endroit où j'étais. Bien sûr, je suis une femme et je pensais que mon horloge biologique tournait et que je n'étais toujours pas maman… Je faisais des plans, à propos de ce qui pourrait m'arriver, en fonction du temps que je passerais encore dans cette prison…

J'ai même reçu des doudous. C'était incroyable, ça. Je n'en revenais pas ! Qui était cet enfant qui m'envoyait son doudou ? Il m'envoyait son trésor. Je l'imaginais le mettre dans un carton et dire à sa maman : « Je veux que ce soit pour Florence… »

J'espère avoir réussi à faire comprendre à tous ces gens qu'ils m'ont tenue debout. Que cette idée de comité de soutien, que je n'avais pas bien comprise au début, a été une idée de génie. Elle a été merveilleusement portée par un homme d'exception. Un homme comme il y en a peu, je crois, et que je n'ai de cesse de découvrir et d'admirer, encore aujourd'hui. Jean-Luc Romero s'est intéressé à mon histoire parce qu'il est né à Béthune. Aujourd'hui, il est élu en région parisienne, mais il n'a pas oublié ses racines. Il a tout de suite été accessible, profondément humain. Il est l'un des rares à qui je téléphonais de jour comme de nuit, pour pleurer mon désespoir. Chaque fois il m'écoutait, tout le temps qu'il fallait, et chaque fois il trouvait les mots qui me faisaient du bien. C'est un homme physiquement menu, mais quelle personnalité. Quelle force ! C'est l'homme le plus généreux que je connaisse. Une vraie belle personne.

C'est aussi grâce au comité de soutien que j'ai rencontré Fausto. C'était à l'été 2009, au bout d'une longue période de tension entre la France et le Mexique. Solennellement, à la télévision, Felipe Calderón avait annonçé qu'il refusait mon transfert dans une prison française. Je n'oublierai jamais ses paroles : « Elle purgera intégralement sa peine de soixante ans dans les prisons du Mexique. » J'étais évidemment au fond du désespoir. C'est l'une des périodes les plus délicates que j'ai traversées. À Annecy où il habitait, Fausto avait entendu parler du comité de soutien, et par son intermédiaire il a pris contact avec mes parents. « Je suis papa, moi aussi. Une chose comme celle-là peut arriver à ma fille », disait-il. Il est mexicain, il savait de quoi il parlait. À cette époque, il était établi en France depuis dix ans et, cet été-là, ses parents lui avaient demandé de venir fêter son anniversaire à Mexico, pour la première fois depuis son départ. C'est ainsi qu'il est venu me rendre visite à Tepepan. Je lui ai alors demandé de prendre contact avec Jean-Luc Romero, puisqu'il souhaitait m'aider. Il mesurait l'influence des soutiens français sur l'opinion mexicaine : « En France, le comité de soutien a permis de faire connaître qui est vraiment Florence. C'était une sorte de carte de visite. Mais au Mexique, cela ne perturbait personne. Sauf vers la fin, quand des personnes très connues se sont investies. »

J'ai eu cette chance. Sans le vouloir vraiment, parfois. Marion Cotillard, c'était un grand moment ! C'est elle qui a téléphoné à mes parents, leur a laissé son numéro pour que je rappelle. Je me demandais pourquoi elle faisait cela. Que pouvait-elle en retirer ? Mais rien. Elle voulait juste proposer son oreille : « Si tu as besoin de moi, je suis là. » Elle n'avait pas besoin de moi, elle. Elle est connue, elle est riche… Elle proposait juste d'être là. La classe.

Alain Delon, c'était un peu pareil. C'était moi qui l'avais interpellé. Emmanuel Mignot, premier conseiller de l'ambassade de France, était venu me rendre visite. Il avait apporté un gâteau pour mon anniversaire, mais n'avait pas le temps de rester : il devait prendre l'avion pour Acapulco, où Alain Delon rendait visite aux candidates de la prochaine élection de Miss France. J'ai attrapé un pauvre bout de papier et, en quelques mots, j'ai écrit que j'avais besoin d'aide. Une semaine plus tard, Alain Delon a appelé mon père. Qui n'en revenait pas ! Il faut se mettre à sa place : il a soixante-cinq ans, mon père, et un jour, sans prévenir, il reçoit un coup de fil d'Alain Delon. C'est une émotion, tout de même ! Alain Delon, c'était une icône. Et après cela, il aurait pu s'arrêter. Ne plus rien faire. Il avait donné son soutien, mes parents ne risquaient pas de l'oublier. Mais non : il a demandé que je l'appelle et que je l'appelle encore… pendant des mois, je l'appelais tous les jours. C'est lui qui insistait, au début. Je n'aurais jamais osé, moi. Mais il était proche, disponible. Je lui demandais d'aller à Vernaison, dans la campagne lyonnaise, il allait à Vernaison, juste pour parrainer une exposition de mes tableaux. C'était important, pour nous. Ça pesait lourd ! Je suis allée à Vernaison, après ma sortie de prison : Alain Delon n'était plus là, mais il y avait encore du monde. Les gens se souvenaient. Ces choses-là faisaient un bien fou à mes parents, qui se tapaient tous les marchés de Noël, à Strasbourg ou ailleurs, dans le froid et parfois l'indifférence des gens, qu'il fallait apostropher.

De même, je n'avais eu qu'à demander à Alain Delon de dire juste un mot pour moi, à la soirée télévisée de l'élection de Miss France. Au fond, s'il ne le faisait pas, qui se mettrait-il à dos ? Trois personnes, peut-être. Mes parents et moi. Et encore ! En revanche, en le faisant, il risquait de déplaire à bien plus de gens. Mais il l'a fait. Et sans hésiter. Comme il est allé à la vente aux enchères de mes tableaux, organisée par Mélissa Theuriau à Paris. Les autres invités étaient Jamel Debbouze et François Hollande, avec Valérie Trierweiler. Pas vraiment des amis. Mais il est venu, et il était sur cette photo que j'ai vue, depuis ma cellule. Tous ces gens côte à côte, j'en étais bouleversée.

Je le dois à Mélissa. C'était elle qui avait eu cette idée. Cette fille est pleine d'amour. C'est une belle personne, voilà. Ce fut une grande rencontre. Pourtant, je ne l'avais pas particulièrement bien accueillie. C'est Frank Berton, qui était toujours à l'affût de nouveaux soutiens, qui m'avait téléphoné en m'annonçant sa venue : « Je vais venir vous rendre visite, Florence, et il y aura également Mélissa Theuriau, la journaliste de M6. » C'était au début de l'année 2012. On attendait la première audience de la Cour suprême. C'était imminent. J'ai cru à une nouvelle journaliste opportuniste et je me suis mise en colère. Ce n'était vraiment pas le moment ! Et puis, quand elle est arrivée, quelque chose s'est passé. J'étais en admiration. J'ai tout de suite compris que j'avais affaire à quelqu'un de généreux, de foncièrement gentil. La première chose qu'elle m'a dite, c'est que nous avions le même âge, et j'ai senti dans ces mots-là une forme de compassion merveilleuse. Qui m'a fait du bien. Nous avons beaucoup parlé, tout de suite, de manière très complice, et Mélissa m'a dit qu'elle voulait m'aider. Se mettre au service de mon comité de soutien. Organiser des expositions de mes peintures, par exemple.

Dans l'avion pour Mexico, elle avait passé un long moment avec Frank Berton, à qui elle avait demandé de la rejoindre pour lui expliquer mon histoire. Mon avocat avait donc changé de fauteuil dès le début du vol, laissant son compagnon de voyage, et Mélissa est arrivée au Mexique convaincue de mon innocence. Peut-être aurait-elle apporté son soutien moral à une coupable, d'ailleurs. Cette fille n'est pas dans le jugement, elle est au-dessus de cela.

Elle m'a parlé ce jour-là de son fils Léon. Quand elle est rentrée, elle me l'a passé au téléphone et j'ai entendu ce bonhomme de trois ans qui me demandait pourquoi j'étais en prison. Et sa petite voix qui me disait : « Je vais venir te chercher, Florence. J'ai une épée. Je vais tuer tous les méchants… » Qu'est-ce que j'ai pleuré, ce jour-là ! Je pleurais, je pleurais au téléphone, plaquant ma main sur ma bouche pour éviter que cet enfant m'entende. Je l'ai souvent rappelé. Léon est devenu important. Comme sa mère. Quand elle évoquait Jamel Debbouze, c'était son mari, pas l'artiste. La première fois qu'il m'a parlé au téléphone, je m'en souviens bien : « Profite bien du Mexique, Florence ! Tu n'en as plus pour longtemps… » C'est bête, mais ce sont des petites choses qui font du bien. Rire de tout, c'est un talent.

Un soir qu'il donnait un gala à Dunkerque, Jamel a invité mes parents. Et sur scène, à la fin du spectacle, il a eu quelques mots pour moi. Pour eux aussi. Des mots de soutien qui ont compté autant qu'ont compté tous ceux que j'ai reçus de personnes anonymes, qu'ils m'aient écrit ou simplement passé un message par l'intermédiaire d'un ami. Chaque lettre, chaque cadeau, chaque mot a eu son importance. J'ai été critiquée, je le sais. Accusée aussi, par une foule de personnes persuadées d'en savoir suffisamment pour me juger. Mais l'amour qu'on m'a envoyé, la confiance qu'on m'a témoignée ont été plus forts que tout.

– 17 –

Il me revient parfois en mémoire l'étonnante visite que j'ai reçue un jour de 2006, alors que je venais d'être transférée à Tepepan. C'était un homme très distingué que je voyais pour la première fois et que je n'ai jamais revu. Il s'est présenté comme l'assistant d'Andrés Manuel López Obrador, candidat à l'élection présidentielle qui approchait. La campagne électorale était extrêmement violente, mais j'avoue que j'étais loin des préoccupations politiques des Mexicains. C'était pourtant un moment historique pour ce pays, six ans après l'arrivée au pouvoir du PAN, qui avait mis fin en 2000 à soixante-dix ans de règne du PRI[1].

Tous les démocrates que compte le Mexique, ainsi que tous les observateurs étrangers espéraient donc une confirmation que les élections étaient désormais ouvertes, que l'époque des résultats connus d'avance

---

1. Le Parti révolutionnaire institutionnel ou PRI (en espagnol, *Partido Revolucionario Institucional*) est une des principales forces politiques du Mexique.

dans un régime qui frisait la dérive dictatoriale était définitivement révolue. Andrés Manuel López Obrador, que tout le Mexique surnommait AMLO, était le candidat du PRD[1], parti qui avait fait scission avec le PRI, justement à cause de ces dérives. Face à lui, le PAN, dont le précédent candidat Vicente Fox venait d'honorer son mandat de six ans (qui n'est pas renouvelable, au Mexique), présentait Felipe Calderón Hinojosa, dont le programme promettait surtout de s'attaquer à la criminalité organisée qui prospérait de manière spectaculaire.

Mon mystérieux visiteur est arrivé au moment où les sondages donnaient son candidat favori à l'élection de juillet. Il portait un message de confiance. Selon lui, tout le monde, au gouvernement, savait que j'étais innocente, mais que j'étais « fourrée dans un sac de merde », selon ses propres termes. Ce que j'avais compris toute seule. Pour lui, cette histoire était purement politique, et il ne faisait aucun doute que je sortirais après les élections, puisque son parti allait les gagner.

Il disait également que « des têtes » allaient tomber. Des gens importants. Ce qui pouvait être dangereux pour moi, et il se réjouissait que j'aie été transférée à Tepepan, où la prison était petite, alors qu'à Santa Martha « des menaces de mort » pesaient sur moi « tous les jours ». Il m'a conseillé de renvoyer en France ma mère

---

1. Le Parti de la révolution démocratique (en espagnol, *Partido de la Revolución Democrática*) ou PRD est un parti politique mexicain fondé le 5 mai 1989 d'une scission du PRI, avec une idéologie politique de gauche et qui est considéré comme un des trois partis majeurs du Mexique.

qui commençait à venir régulièrement, notamment pour assister aux audiences de mon procès : « Votre mère est suivie. Il n'est pas vraisemblable qu'elle soit arrêtée, mais elle n'est pas à l'abri d'un accident. »

Effectivement, à cette époque, ma mère avait remarqué qu'une voiture aux vitres teintées la suivait parfois, et sans chercher à se cacher. Nous nous disions que c'était un phénomène courant au Mexique et qu'il s'agissait d'une manœuvre d'intimidation. Au tribunal, après les audiences, des journalistes l'interviewaient régulièrement et elle détaillait alors tous les mensonges des témoins et de l'accusation. Ma mère a eu le courage de ne pas tenir compte de ces filatures et de continuer à se déplacer comme elle le faisait habituellement.

Évidemment, cette visite m'a rendue attentive à l'élection du 2 juillet. Mais il a fallu attendre plusieurs jours pour en connaître les résultats – les scores étaient trop serrés, selon la commission électorale – et c'est finalement Felipe Calderón qui a été déclaré vainqueur. Pourtant, de nombreux recours ont été déposés, et l'entourage d'Andrés Manuel López Obrador a longtemps contesté ce résultat. Et même crié à la tricherie. Ce fut un débat aussi violent que ceux qui avaient précédé l'élection. Des politologues affirmaient que ce résultat – M. Calderón l'emportait avec 240 000 voix d'avance sur 42 millions de bulletins – était statistiquement impossible tel qu'il était présenté. Des membres de la commission dénonçaient des chiffres enregistrés qui étaient différents de ceux qu'ils avaient eux-mêmes décomptés au dépouillement, et d'autres relevaient des bureaux, voire des États où l'addition des pourcentages donnait un total de plus de 100 %. Par ailleurs, Vicente Fox, Président en exercice pendant la campagne, avait été pris en flagrant délit de violer les lois électorales en favorisant matériellement le candidat de son parti.

Bref, cette élection était entachée de profonds doutes, à tel point qu'à l'étranger – ce fut le cas de l'Union européenne – des voix se sont élevées pour mettre en garde le Mexique. La démocratie ne se gagne pas en un jour.

Pour moi, ces 0,6 % des voix qui ont fait la différence ont sans doute été déterminants. Si mon mystérieux visiteur avait dit vrai, j'aurais peut-être pu sortir après un an de prison, et on n'aurait plus entendu parler de moi.

Mais c'était le gouvernement de Calderón qui allait diriger le pays à partir de cette fin d'année 2006, et mon « ami » Genaro García Luna y aurait une place de choix.

Sa proximité avec Felipe Calderón, quelles qu'en soient les raisons, faisait également de ce dernier un de mes opposants les plus fermes. J'allais le comprendre.

Au début de l'année 2009, d'abord, au moment de la visite officielle de Nicolas Sarkozy. Nous étions alors dans l'attente de la décision du tribunal d'appel, et des tractations avaient commencé entre les deux pays. Les deux Présidents s'étaient écrit et, comme on l'a déjà vu, M. Calderón avait spontanément évoqué la possibilité d'un transfèrement, même si j'étais condamnée. Ce n'était pas exactement ce que je souhaitais, mais cela révélait un état d'esprit assez ouvert à mon endroit. Il avait même été discrètement suggéré que la décision ne tomberait ni avant, ni pendant la visite du président français, de manière à ne pas altérer l'esprit de celle-ci.

Jean-Claude Marin, procureur de la République de Paris, était l'émissaire du Président auprès des autorités mexicaines, et il se montrait assez confiant. Au terme de sa deuxième visite, quelques jours avant l'arrivée de M. Sarkozy à Mexico, il avait téléphoné à l'Élysée avant de reprendre son avion, afin d'exprimer cette confiance. Quelle ne fut pas sa surprise, en atterrissant à Paris, d'apprendre que le juge d'appel avait rendu sa sentence : soixante ans de prison. En quelques jours, la position de l'État mexicain s'était radicalement durcie. La « ligne » García Luna s'était imposée, sans que l'on comprenne alors pourquoi ni comment.

À toutes fins utiles, je rappelle que ces soixante ans ne représentaient pas une diminution de ma peine, mais une fulgurante aggravation. En première instance, en effet, la peine de quatre-vingt-seize ans résultait de l'addition de six peines : quatre de vingt ans pour enlèvement (dont celui de M. Raúl Ramírez, mari de Cristina et père de Cristian, qui dit lui-même n'avoir jamais été enlevé !) et seize ans pour détention d'armes et appartenance à une organisation criminelle. Mais la confusion de ces peines ayant été prononcée, je n'aurais effectué concrètement que la plus sévère, à savoir vingt ans. Cette fois, la confusion était bel et bien laissée de côté : la peine était de soixante années pleines et entières. Date de ma sortie théorique : 2065. À quatre-vingt-onze ans !

À Paris, on a pris cette nouvelle comme une véritable provocation. J'étais effondrée dans ma cellule, incapable d'entrevoir le moindre espoir, et tout entière tournée vers le président de la République. Il restait ma seule raison d'y croire encore, mais je voyais bien la presse et l'opinion mexicaine qui s'étaient aussi considérablement raidie à mon encontre.

Le fameux voyage de Nicolas Sarkozy avait tout de même laissé des traces. S'il avait manifestement resserré une grande partie de l'opinion dans un réflexe nationaliste qui ne m'était pas favorable, la détermination française faisait tout de même naître quelques doutes ici et là. Probablement une stratégie pour les écraser et pour bien signifier leurs intentions que les autorités mexicaines allaient frapper un nouveau coup le 7 mai, soit deux mois après l'annonce de ma peine en appel et le voyage présidentiel si controversé. J'étais encore assommée par tout cela, quand j'ai appris à la télévision l'arrestation d'un frère d'Israel, René Vallarta, et de deux de leurs neveux, Alejandro et Juan Carlos. Comme beaucoup dans cette famille, ils travaillaient tous les trois dans les petits garages automobiles familiaux, dans le quartier d'Iztapalapa. La télévision en faisait ses titres, et je ne comprenais pas très bien ce que tout cela signifiait. Lupita, une des sœurs d'Israel, a raconté plus tard la violence de cette arrestation. La famille a d'abord cru à un enlèvement, avant d'apprendre que ces trois-là étaient également accusés, comme Israel. L'inénarrable Ezequiel les reconnaissait désormais formellement sur photos. Les mêmes photos qui lui avaient déjà été présentées en 2005 sans qu'il ait identifié qui que ce soit.

Le lendemain, ce fut la deuxième vague de l'offensive. La police a présenté une vidéo montrant un homme qui venait d'être également arrêté. Il s'appelait David Orozco Hernández et on le voyait appuyé contre un mur blanc ; il était manifestement mal en point. Il parlait avec difficulté, mais ce qu'il disait m'a glacé le sang. Il reconnaissait d'abord faire partie de la bande du Zodiaque, et me désignait comme l'égérie implacable, depuis que j'avais rejoint Israel. Sur les images, on voyait bien qu'il hésitait, qu'il souffrait, je l'entends encore dire que j'avais pris la tête de cette bande de ravisseurs, que je planifiais les enlèvements et maltraitais les victimes. Que j'avais finalement semé la zizanie dans ce gang qui fonctionnait très bien avant mon arrivée…

Le même jour, cerise sur le gâteau, Ezequiel Elizalde a donné une nouvelle conférence de presse, en compagnie d'Isabel Miranda de Wallace comme caution morale, répétant les mêmes accusations que devant les caméras, au ranch, et devant le tribunal.

Au printemps 2009, il restait trois ans avant l'élection présidentielle suivante, puis encore six mois avant que le nouveau Président et son gouvernement entrent en fonction. Trois ans et demi, c'était inimaginable pour moi. D'autant qu'il était tout à fait possible que le PAN remporte une nouvelle fois l'élection. On murmurait même à l'époque que Genaro García Luna pourrait être son candidat.

Quelques semaines plus tard, devant le juge, David Orozco a totalement contredit ce qu'on avait entendu à la télévision. Comme on pouvait s'y attendre en le voyant si mal en point, il affirmait avoir été torturé pour me dénoncer, certificat médical à l'appui, et aussi qu'il ne connaissait aucune des personnes dont on lui avait demandé de parler. « J'ai trente-sept ans, je suis commerçant, marié et père de famille. Je n'ai jamais enlevé personne. » Voilà ce qu'il répétera toujours ensuite, mais il sera condamné à soixante ans de prison, lui aussi, en 2011.

Par la suite, d'autres signaux de la même espèce ont été envoyés. À des moments choisis, évidemment. En février 2011, quelques jours après que le tribunal eut rejeté l'amparo qu'avaient déposé mes avocats, l'hebdomadaire *Proceso* écrivait que l'un des plus proches collaborateurs de Felipe Calderón était personnellement intervenu auprès des trois juges. L'amparo est une sorte de pourvoi en cassation déposé après ma condamnation en appel ; son rejet a été prononcé le 10 février 2011. Selon les journalistes, Roberto Gil Zuarth, secrétaire particulier du Président, a déjeuné le jour même avec les juges, afin de bien leur faire comprendre l'enjeu de la décision qu'ils allaient rendre : « Si Cassez est déclarée innocente, c'est la chute de García Luna, et peut-être du Président après lui. Mais cela risque également de réduire à néant la lutte que mène le gouvernement contre le crime organisé. » On ne pouvait être plus clair.

Une autre anecdote m'a été rapportée. Elle illustre également la férocité avec laquelle le ministre de la Sécurité publique me considérait. C'était lors d'une visite qu'il avait organisée, au siège de la police spéciale, afin de présenter les nouveaux équipements techniques et les résultats obtenus. Il y avait là un grand nombre de journalistes, et quelques invités, notamment des professeurs de droit reconnus, dont Miguel Carbonell. Au milieu de la visite, un journaliste s'est payé le culot d'interpeller García Luna : « Dans vos statistiques, vous avez rentré le cas Florence Cassez ? » Le ministre aurait alors blêmi et entamé un long discours acharné à mon sujet, terminé par cette phrase : « Et vous savez pourquoi elle est coupable ? Parce qu'elle est en prison. C'est moi qui ai gagné. » Interpellant ensuite Miguel Carbonell, à qui il reprochait de me défendre, il lui proposa soudain de me soumettre au détecteur de mensonge. Bonne idée, avait pensé Carbonell. Mais je ne pouvais être aussi naïve. C'était un piège, évidemment. J'avais moi-même demandé plusieurs fois, au début de ma détention, à être soumise au détecteur de mensonge. Mais on me l'avait déconseillé : avec le stress généré par la prison et le manque de sommeil, les résultats auraient forcément été faussés. Et si García Luna, soudain, me proposait cela, c'était inévitablement avec une idée derrière la tête ! En même temps, le piège était déjà tendu : si je refusais, il l'aurait évidemment fait savoir et la presse aurait interprété mon refus. C'était bien joué, et Miguel Carbonell, en voulant m'aider, m'avait mise dans une drôle de position. Alors, un peu acculée, j'ai accepté. Mais à mes conditions : « OK. On le fait. Mais avec du matériel étranger, pas le matériel de la police mexicaine. Je n'ai pas confiance. Et je veux que Cristina Ríos Valladares, Ezequiel Elizalde Flores et Luis Cárdenas Palomino soient présents et y soient soumis également. » García Luna a refusé, évidemment. Je m'en suis sortie de cette manière. Mais selon les témoins de la scène, le ton et le teint du ministre quand il parlait de moi trahissait sa rage.

L'acharnement au plus haut sommet de l'État ne se relâcherait jamais. Quelques jours après que le juge Arturo Zaldívar eut annoncé son intention de proposer ma libération, à la Cour suprême, en mars 2012, le gouvernement a lancé une campagne médiatique sur le thème des enlèvements. L'un des slogans étant que la libération de ravisseurs serait un très mauvais message envoyé aux criminels. Puis, à la veille de la première audience de la Cour suprême, Felipe Calderón, qui sentait comme tout le monde que tout pouvait basculer devant cette instance indépendante, était intervenu en personne à la télévision pour exprimer sa volonté que je ne sois pas libérée. Cette fois, il ne s'agissait plus de pressions discrètes, mais d'une violation publique de la Constitution mexicaine qui prévoit, comme dans tous les pays démocratiques, que la justice soit indépendante du pouvoir politique.

Si je n'ai jamais voulu me rendre à l'évidence, d'autres l'avaient fait cependant. Mes deux avocats, notamment, étaient persuadés que je n'avais qu'une chance infime d'échapper à ces gens tant qu'ils seraient au pouvoir. Cette certitude a pesé très lourd au moment de déterminer ce qu'il convenait de faire, au début de l'année 2011.

Le 7e tribunal de Mexico avait donc rejeté l'amparo déposé par Mes Acosta et Berton, et il semblait que tous les recours avaient été épuisés devant la justice mexicaine. Une grâce présidentielle était toujours possible, mais on a vu ce qu'il en était. L'étape suivante était alors la saisine de la Cour interaméricaine des droits de l'homme. Une procédure forcément très longue. En même temps que l'affrontement à distance entre les présidents des deux pays, notamment à propos de l'année du Mexique en France en 2010, il nous fallait donc réfléchir à une stratégie, et le plus rapidement possible, à cause des délais. J'ai parfois dit, au début de cette période, que j'étais une morte vivante. Certains de mes proches s'inquiétaient de la possibilité que je fasse « une bêtise » en prison, et je n'avais même plus la force de les rassurer. C'est indéniablement l'une des périodes les plus douloureuses que j'ai vécues.

J'ai appris, au bout de quelques jours, que le cabinet d'Agustin Acosta avait peut-être trouvé le moyen de déposer un recours devant la Suprema Corte de Justicia de la Nación, la Cour suprême de justice de la nation. La plus haute instance judiciaire du Mexique, où ne siègent que onze juges, mais qui sont réputés indépendants, et pour la plupart attachés aux progrès de la justice dans leur pays.

Un problème cependant : « Plus de 90 % des recours déposés sont rejetés, m'a dit Me Acosta. Ils ne sont même pas jugés recevables. Nous n'avons qu'une chance infime... » Il n'y croyait pas. C'est d'ailleurs ce qu'il a dit immédiatement à Frank Berton. Les deux hommes se sont découverts au cours de cette histoire, et ils sont devenus amis. Une belle complicité les unit, faite de convictions et d'humour. Quand le Mexicain donnait du « patron » à son ami français, celui-ci prenait volontiers la pose. Mais les semaines qui suivraient seraient extrêmement tendues, même pour deux hommes aussi proches.

Un troisième homme a joué un rôle important, à cette période. C'est Jean-Claude Boksenbaum, directeur du bureau de l'Agence France-Presse à Mexico. J'ai eu des relations fluctuantes avec les patrons successifs de l'AFP à Mexico. Au début avec Bertrand Rosenthal, qui était d'abord convaincu de ma culpabilité. Les dépêches qu'il envoyait n'incitaient pas à la compassion et ne donnaient pas envie à la presse française de s'intéresser à mon cas. Mais avant son départ, son opinion a un peu évolué. Puis Gérard Vandenberghe l'a remplacé. Un homme du nord de la France, comme moi. Il est arrivé un peu plus averti des complications de mon dossier, et il ne m'a pas jugée. Rapidement, même, il a pris la mesure du piège dans lequel j'étais tombée, et il m'a soutenue. Ses dépêches étaient objectives, il avait compris que j'étais innocente. Djamila, son épouse, s'était proposée de venir me rendre visite, de m'aider aussi elle arrivait donc chaque samedi matin avec mes colis, des cadeaux, et le couscous qu'elle cuisine si bien. Chaque fois, j'en avais pour plusieurs jours.

Mais Gérard et Djamila ne sont restés à Mexico qu'un peu plus d'un an, et c'est Jean-Claude Boksenbaum qui a hérité du poste, au début de l'année 2011. En plein tourbillon.

Immédiatement après le rejet de l'amparo, il a demandé à venir m'interviewer. Il a croisé Agustin Acosta dans la salle des visites de la prison, un jour où je n'allais vraiment pas bien.

Mon avocat parti, je suis restée face à ce M. Boksenbaum, un type costaud qui me regardait avec beaucoup de douceur, même si je ne faisais pas grand cas de lui. Agustin Acosta venait de m'expliquer que nous étions face à un mur nommé Felipe Calderón, et qu'il allait sans doute falloir attendre qu'il parte. En fait, il ne savait plus que faire et me répétait : « La bataille continue, Florence... »

Rien de tout cela ne dispose une fille comme moi à être particulièrement agréable à l'égard d'un homme qui est là pour faire son travail de journaliste. J'ai donc répondu distraitement à quelques questions – je n'en ai aucun souvenir – avant qu'il prenne la parole, me tutoyant soudain. Il a posé son doigt sur mon front et m'a dit : « Maintenant, c'est là que ça se passe. Tu es intelligente, tu vas te battre. »

Ce sont des paroles qui touchent, mais j'étais abattue. Je faisais de nouveau la une des journaux qui annonçaient tous que ma condamnation était cette fois définitive, et j'avais perdu pied. Je lâchais. Je n'avais plus l'envie, plus la force. La justice n'existait décidément pas dans ce pays, qui avait fini par me broyer, pensais-je. Je ne voulais plus. Jean-Claude est revenu trois jours plus tard. Il avait étudié la possibilité d'aller devant la Cour suprême et, instinctivement, sa conviction était faite : « Il faut y aller, Florence. C'est la solution ! » Boksenbaum, c'est un type costaud. Du béton. Malgré ma déprime, il a réussi à me secouer. À me convaincre : « Tu veux me prouver que tu es innocente ? Alors tu vas te battre. Il reste une solution, tu n'as pas le droit de lâcher maintenant, pas après tout ce que tu as enduré. »

Il existe des situations que l'on n'explique pas forcément, mais dont on sait qu'elles sont déterminantes. Je ne sais si c'est parce que j'avais envie d'entendre exactement ces mots-là, ou parce qu'il les avait prononcés d'une manière particulière, mais ces mots et ce doigt sur mon front trois jours plus tôt m'ont électrisée. Et j'en avais bien besoin, pour la période qui allait suivre.

– 18 –

On ne peut pas être complètement sereine quand on risque sa vie. J'avais des gens autour de moi pour m'aider à prendre une décision, mais cette décision ne tombait apparemment pas sous le sens pour tout le monde. Entre mes deux avocats, mes parents, Jean-Claude Boksenbaum et quelques personnalités qui s'étaient rapprochées de moi, j'étais ballottée, secouée par leurs arguments parfois totalement contradictoires, et aussi par la vigueur de leurs échanges. Je me sentais de nouveau perdue, trop seule dans ma prison de l'autre bout du monde pour affronter convenablement l'échéance capitale qui approchait. J'avais terriblement besoin de sérénité.

Elle est venue toute seule, sous les traits d'une jeune femme brune, très dynamique, très souriante et ouverte, qui s'est présentée un jour en proposant de m'aider, elle aussi. Sylvie Boksenbaum, l'épouse de Jean-Claude, ne connaissait pas grand monde à Mexico où elle venait d'arriver, et elle avait été touchée par cette histoire qui bouleversait manifestement son mari. Elle est venue avec son sourire et sa façon d'être, bras ouverts et front têtu, avec autant de détermination que de générosité.

En très peu de temps, Sylvie est devenue mon amie, ma confidente. Elle venait tous les jours de visite, de 10 heures à 17 heures, infatigable et attentive. Elle veillait toujours à ce que je ne manque de rien. À m'apporter ce qui me serait nécessaire. Sylvie disait en s'énervant : « J'en ai marre des gens qui viennent te voir et t'apportent leurs restes ! Ce n'est pas parce que tu es en prison que tu dois manger les restes. » Pour moi, elle cuisinait. Elle choisissait un bijou, un vêtement. Elle me gâtait, tout comme elle l'aurait fait pour elle-même, c'est-à-dire avec goût et respect. Une chose l'énervait profondément : les visiteurs qui venaient me voir sans rien, sans cigarettes, et qui fumaient toutes les miennes et qui en plus me disaient qu'ils avaient faim une heure après être arrivés. Le plus souvent, ils n'avaient ni biscuits, ni argent pour acheter un petit encas au magasin de la prison.

Sylvie n'arrivait jamais les mains vides, et bon nombre de mes visiteurs ont profité de sa générosité et de ses sachets de nourriture aux heures de table. Jean-Claude m'avait convaincue que mon salut passait par la Cour suprême, Sylvie m'a donné la force de m'y préparer et d'entreprendre le long chemin qui me mènerait vers le 23 janvier 2013. Deux ans plus tard.

Je ne savais pas tout de ce qui se jouait dehors à propos de ce recours devant la Cour suprême. Jean-Claude avait cette solide conviction qu'il m'avait transmise, mais mes deux avocats réfléchissaient sur le terrain du droit. « Le jugement du tribunal ne nous a pas été notifié immédiatement, explique Agustin Acosta. Nous ne savions donc pas sur quelles bases l'amparo avait été rejeté, donc comment bâtir un éventuel recours. L'opinion mexicaine était bouillante. Je passais mon temps à répondre aux journalistes, et j'ai même participé à l'émission de Denise Maerker, sur Televisa, face à Isabel Miranda de Wallace. Elle paradait, bien sûr ! Elle avait gagné. Moi, j'avais à l'esprit une saisine de la Cour interaméricaine des droits de l'homme : c'était vraiment une situation désespérée… »

En France, Frank Berton tournait en rond et cherchait le chemin le plus adroit dans le maquis du droit mexicain. Les téléphones et les boîtes mail chauffaient, d'autant que les délais étaient courts. Pour des raisons personnelles, Me Berton devait se rendre à San Francisco, à cette période. Son collègue mexicain en a profité pour passer quelques jours à Los Angeles et les deux hommes se sont donné rendez-vous en Californie. Il fallait se parler directement, éplucher cette question à fond pour prendre la meilleure décision. Non seulement le temps pressait, mais nous n'avions plus droit à l'erreur depuis bien longtemps.

« En Californie, Agustin m'a dit qu'il n'y avait qu'une chance infime pour que le recours soit accepté par les juges de la Cour suprême, raconterait plus tard Me Berton. Il la fixait même à 1 %. Et en même temps, nous avions une pression terrible de l'ambassade. On sentait vraiment que le Quai d'Orsay, à Paris, était pour la saisine de la Cour interaméricaine. Le problème, de ce côté, c'est qu'on nous expliquait que la procédure serait alors très longue : près de trois ans pour faire accepter le dossier, puis autant pour le régler ensuite. Au moins cinq années durant lesquelles le dossier de

Florence était de côté pour le ministère des Affaires étrangères, mais cinq années de plus en prison pour elle. »

Quand ils se sont quittés, les deux hommes n'avaient pas pris de décision. « Florence était convaincue, se souviendrait Agustin Acosta. Elle me poussait vers le recours, mais ce n'était pas si simple. En cas de rejet – très probable –, nous aurions encore perdu un ou deux ans. Elle était admirable d'énergie. Elle me disait de pousser son cri d'innocence jusqu'au bout. Je me souviens de lui avoir répondu que le boulot de son avocat n'était pas de lui dire ce qu'elle avait envie d'entendre, mais ce qui convenait le mieux à sa situation judiciaire. »

Une autre question taraudait les deux hommes, même s'ils ne la formulaient jamais publiquement : était-il vraiment utile de continuer le combat face à la justice mexicaine, alors que Felipe Calderón et Genaro García Luna avaient fait la démonstration qu'ils la contrôlaient aussi sûrement que leur police spéciale censée lutter contre le crime organisé ? Le menaces pouvaient succéder aux simples pressions s'il le fallait – la suite nous le prouverait. Mais Agustin Acosta avait décrit la Cour suprême à son ami français comme l'élite de la justice mexicaine, où siègent des juges courageux et pour la plupart progressistes, ambitionnant d'obtenir un jour l'indépendance indispensable au bon fonctionnement de leur institution.

Frank Berton penchait donc pour le recours, lui aussi, mais il avait en tête une autre échéance : « Il ne fallait pas laisser passer le délai pour la Cour interaméricaine non plus. Si le recours était rejeté d'un côté et que ce délai nous échappait, nous pouvions tout perdre. Et surtout, nous avions cette question essentielle de droit : sur quelles bases rédiger le recours ? Avions-nous au moins des arguments à soutenir, afin de ne pas nous faire rejeter sèchement ? »

Beaucoup d'angoisse, beaucoup de réflexions, et des moments décisifs, également : « Un soir, Jean-Claude Boksenbaum a demandé à me parler, raconte Me Acosta. Je connaissais et j'appréciais Jean-Claude, mais j'ai toujours considéré qu'un journaliste et un avocat ne font pas le même travail. Et que chacun doit rester à sa place. J'ai donc accepté, mais seulement un quart d'heure, et dans ma voiture, pour signifier mon agacement. De plus, sur ses conseils, Florence s'était adressée à Horacio García, qui était son avocat avant moi, afin de lui demander s'il voulait bien rédiger ce recours. Je n'étais donc pas très bien disposé, mais je dois reconnaître que Jean-Claude a été très convaincant. L'une de mes dernières réticences était le risque que nous prenions d'exposer une nouvelle fois Florence à la vindicte populaire et médiatique, en cas de rejet de notre recours par la Cour suprême. Elle était prête à le prendre, Jean-Claude en était certain. J'avais eu une discussion sur le fond avec Horacio García, et j'ai eu Frank Berton une nouvelle fois au téléphone. Il m'a dit : "Fonce ! Fais-le, ce recours !" Il nous restait deux jours… »

Voilà comment mon destin devant la justice mexicaine s'est joué en quelques jours. Évidemment rien n'était gagné. Il ne se trouvait pas grand monde au Mexique pour croire au succès de ce recours. Il n'était même pas question que la Cour suprême accepte de s'en saisir, selon les éditorialistes. Car ils étaient encore tous attentifs à ce que nous faisions. Me Acosta était toujours très sollicité : « Après avoir travaillé sur la rédaction de ce document jour et nuit pendant tout le week-end, il fallait aller le déposer. Les principaux quotidiens voulaient savoir. Ils avançaient des hypothèses. Le journaliste de *Reforma*, un des quotidiens de référence, chez nous, a vu juste. Il a écrit : "Florence est une battante, elle crie son innocence depuis toujours : il y aura un recours." Le lundi, dernier jour du délai, nous avons été assaillis de demandes. Tous les journalistes qui suivaient cette histoire étaient devant la Cour suprême. Mais ce n'est pas à la Cour suprême qu'on dépose un recours. C'est au tribunal. Là, quand je suis arrivé, il n'y avait qu'un journaliste : celui de *Reforma*. »

Mes opposants les plus farouches, à l'image d'Isabel Miranda de Wallace, ne se formalisaient pas de notre démarche. Ils avaient en tête le taux de rejets de ces recours par la Cour suprême. Ils devaient considérer que c'était un baroud d'honneur, que nous serions purement et simplement désavoués par la plus haute instance mexicaine. Si c'était le cas, ma condamnation deviendrait alors définitive aux yeux de la justice mexicaine et je ne serais certainement pas restée à Tepepan. J'aurais été transférée dans une prison dédiée aux longues peines. Santa Martha, peut-être. Ou pire encore.

« Trois jours plus tard, Daniel Parfait, l'ambassadeur de France à Mexico, m'annonçait au téléphone que la Cour suprême acceptait le recours, et qu'Arturo Zaldívar en serait le juge rapporteur. C'était une surprise énorme. Pas seulement pour moi : personne n'en revenait. » Quand Agustin Acosta parle de ce moment, c'est encore aujourd'hui avec des trémolos dans la voix. La « porte entrouverte », comme avait dit Frank Berton, se trouvait enfin devant nous.

Il n'était pas neutre que cette nouvelle nous soit annoncée par Daniel Parfait. Nommé ambassadeur peu après ma première condamnation, en 2008, cet homme courtois et raffiné a toujours suivi mon dossier de très près. Il a toujours proposé ses services à mes avocats, à mes parents, et autour de lui une équipe soudée et attentive portait le soutien impulsé par le président de la République. Tour à tour, ils venaient me rendre visite à la prison, ou défendaient ma cause autour d'eux, ce qui n'était pas facile, au Mexique. Leur travail acharné pour me représenter ou me défendre, dans les couches de la société mexicaine auxquelles ils avaient accès, a été énorme. La consule générale, Véra Valenza, était également attentive. Une femme merveilleuse d'humanité, souriante, ce qui m'a souvent été très précieux. Son successeur, Gérald Martin, avait d'ailleurs le même œil rieur. Ce sont des choses qu'on apprécie, au fond d'une prison, de même qu'il est important de sentir les représentants de son pays derrière soi. Dans les longues périodes d'attente, lorsqu'il n'y avait aucune actualité autour de moi, je comprenais parfaitement que les médias français ne parlent plus du tout de mon affaire, mais heureusement que j'avais cette présence de mon pays, à Mexico même, pour me rappeler qu'on ne m'oubliait pas.

Pourtant, ces gens ont dû vivre des moments délicats, à cause de moi. Outre l'hostilité de l'opinion à mon égard, ils ont peut-être subi la pression venue du Quai d'Orsay, dont la préférence allait clairement à une saisine de la Cour interaméricaine. Les services du ministère des Affaires étrangères travaillaient discrètement, mais pas toujours dans le même sens que ceux de l'Élysée. À mots couverts, on faisait comprendre à mon entourage que si mon dossier partait aux États-Unis, les affaires seraient plus simples entre la France et le Mexique. « Même alors que le recours était déposé, on nous a passé des messages laissant entendre que c'était inutile, juste une perte de temps », racontent mes deux avocats. Un renoncement était toujours possible. Ils continuaient donc à envisager toutes les pistes, et ils sont allés jusqu'à consulter des grands cabinets d'avocats et des juristes américains, lors d'un voyage à Washington. « Les plus grands spécialistes de la Cour interaméricaine sont là-bas, m'ont-ils dit tous les deux. Nous irons y passer deux jours. » Ils ont même été reçus par le doyen de l'université de Georgetown, le président de la Commission des droits de l'homme, avant de terminer leur périple par une réunion de synthèse à laquelle participaient les deux ambassadeurs de France – au Mexique et aux États-Unis –, la consule générale, Damien Loras qui était venu également, comme Florian Blazy et Élisabeth Beton-Delègue, qui allait devenir ambassadrice à Mexico… « Ce fut une discussion très tendue », dit encore aujourd'hui Agustin Acosta. « En gros, nous avions tout le monde contre nous, confie Frank Berton. Mais on nous promettait vraiment une procédure trop longue, devant la Cour interaméricaine. Puisque la Cour suprême avait accepté de se pencher sur notre dossier, il fallait saisir cette chance. »

Me Acosta est également allé rendre visite au juge Zaldívar : « Il ne m'avait accordé que vingt minutes, mais j'ai pu lui commenter nos arguments de recours. Il m'a posé des questions très pertinentes qui m'ont rapidement fait comprendre qu'il était très au fait du dossier. Quand je suis sorti, j'avais confiance. Je savais que nous avions une chance devant la Cour suprême. Certainement pas pour la liberté immédiate, mais au moins pour que la sentence soit cassée et qu'un nouveau procès ait lieu. »

– 19 –

Mes sept années de prison ont été rythmées par des moments d'espoir fous, chaque fois qu'une échéance approchait, quand l'adrénaline montait en moi comme en ceux qui me sont proches, puis redescendait brutalement, douloureusement, jusqu'à me laisser à terre, parfois incapable de me relever avant plusieurs jours. J'en ai pris des gifles ! Et de colossales. Mais j'ai aussi végété des semaines, des mois complets, quand il ne se passait rien autour de moi, quand on savait que la prochaine décision ou prise de position n'était pas pour tout de suite. Parfois, Frank Berton réussissait à organiser une visite ou un soutien qu'il pouvait médiatiser, de manière à maintenir un peu de pression sur l'administration pénitentiaire mexicaine. Afin que mes conditions de détention ne se détériorent pas, par exemple.

Je tenais à ce que j'avais. Je connaissais l'horreur de Santa Martha et je savais qu'il existait encore pire, alors je m'accrochais à cet espoir de rester à Tepepan. Au moins, j'y avais mes repères. Ce qui, en France, a parfois été interprété de manière surprenante. On m'avait un peu prévenue, mais j'en ai eu la confirmation à mon retour. Plusieurs fois, j'ai entendu des inconnus me dire avec beaucoup de conviction : « Vous aviez de bonnes conditions de détention, je crois... » Et surtout : « Ah oui, vous aviez le droit de téléphoner ! » À Orléans, une dame que je ne connaissais pas m'a même dit : « C'est un luxe ! »

Un luxe ! Parlons-en, de ce luxe que l'immense majorité des pays étrangers offre d'office aux prisonniers. La France a des années de retard, dans ce domaine, sur d'autres pays à qui elle donne pourtant parfois des leçons de savoir-vivre. Au Mexique, donc, un détenu a accès au téléphone. Sous conditions, évidemment. Celle d'avoir de l'argent, déjà. Pour les Mexicains, ce n'est généralement pas cher du tout. Mais pour moi qui voulais appeler mes parents une fois par jour, les cartes téléphoniques avaient un tarif spécial. Une carte de 100 pesos (5,6 euros) permettait dix minutes de conversation, alors qu'une Mexicaine qui appelait sa famille dans le district fédéral pouvait parler cent minutes pour le même prix. J'étais parfois obligée d'appeler mes parents sur leur portable, et c'est alors à eux que cela coûtait une fortune. J'ai dû composer avec le décalage horaire, également. Cela peut paraître insignifiant, mais il ne fallait pas que j'aie un coup de blues à 19 heures. Il était 2 heures du matin en France, alors je restais avec ma peine, parce que je ne voulais pas déranger mes proches. J'avais appris à attendre. La patience était une vertu indispensable. J'attendais, seule, je tentais de canaliser mes émotions avant qu'arrivent la bonne heure, le bon moment.

Et ce moment venu, il fallait viser un des deux téléphones installés pour les cinquante filles de l'étage. Aux heures de pointe, je devais attendre mon tour. Le plus étrange, c'était à 20 heures. Toutes les filles voulaient savoir si leur mari était bien rentré, si les enfants avaient fait leurs devoirs, et elles rappelaient encore une fois, histoire de vérifier si le mari n'était pas ressorti pour faire la fête ou retrouver une autre femme. Il fallait donc faire la queue, pour les vingt minutes d'entretien téléphonique « conseillées », et la respecter sous peine de... règlement de comptes. Tout cela pour arriver, à l'époque des smartphones et des pièces jointes, à un téléphone des années soixante, avec de grosses touches grises et un combiné lourd comme une poêle.

Combien de fois, alors que je cherchais à joindre quelqu'un, m'a-t-on répondu : « Ah, Florence. Dis-moi, tu peux me rappeler dans dix minutes ? » Alors, je disais oui, sans problème, et je calculais rapidement dans ma tête. J'avais le téléphone pour vingt minutes, je devais rappeler dix minutes plus tard, donc je cherchais à joindre quelqu'un d'autre pour pouvoir conserver le téléphone. Un autre correspondant qui avait évidemment quelque chose de très important à raconter, qui durait, qui durait, je stressais et je n'en pouvais plus. J'ai fini par détester le téléphone. J'ai eu des périodes où je ne voulais plus appeler personne. Voilà le luxe que c'était.

Les jours d'ennui, des tas d'idées, pas toujours très structurées, tournaient dans ma tête. Je pensais à cet endroit où l'on m'avait enfermée, dans de si bonnes « conditions ». Le règlement intérieur du Centro femenil de readaptación social de Tepepan parlait de réadaptation en société, et notamment en famille. C'est pour cette raison que les visites étaient ainsi organisées : de 10 heures à 17 heures, dans une grande salle commune où l'on pouvait recevoir plusieurs personnes, enfants compris. Il est primordial, selon le texte, de pouvoir observer l'évolution du prisonnier dans ses relations avec sa famille. Le nombre de visites de la famille ou d'un conjoint est très important. Mais moi ? Qu'en était-il pour moi ? Avec deux ou trois visites par an d'une dizaine de jours chacune, mes parents faisaient déjà beaucoup. Ils faisaient tout ce qu'ils pouvaient. Où était leur logique de réadaptation par la famille, quand ils s'obstinaient à refuser mon transfèrement en France ? Tout ça était vraiment une farce, qui tournait dans ma tête les longues journées de vide.

Les pires étaient évidemment les jours fériés. Je les détestais. C'était tellement triste : rien à faire, pas de visite, c'était déprimant. Je restais des heures allongée sur mon lit, à regarder le plafond, essayant de lire un peu, ou j'errais sans but dans les couloirs défraîchis de ce bâtiment bombardé de soleil l'été et glacial l'hiver. Je m'arrêtais parfois devant les grandes vitres qui donnaient sur des cours intérieures mal entretenues et bordées de ces hauts murs blancs sales qui me séparaient de la vraie vie. Combien de fois m'est-il arrivé de me poser dans le préau qui donnait sur le terrain de basket, avec les grillages et les barbelés sur lesquels les ballons venaient se crever ! Terrain de basket, herbes folles et mirador sur la droite. En face, à moins de dix mètres, le magasin, petite boutique protégée par des grilles juste percées d'un guichet étroit, géré par des détenues qui trafiquaient les prix et pesaient 850 grammes au lieu d'un kilo, pour le sucre ou la farine, par exemple, afin de gagner quelques pesos. Il en coûtait 4 pesos pour faire chauffer un plat, même très petit, au micro-ondes. Dans les cellules, le micro-ondes était interdit. Comme le frigo : il fallait demander une place aux filles du magasin, contre quelques pesos également.

Cela représentait beaucoup de travail pour elles : elles y étaient de 9 heures à 17 heures pour 150 pesos (8,5 euros) à la quinzaine. Alors, si elles pouvaient arrondir un peu les fins de quinzaine, pourquoi se gêner ?

Plus loin, c'était l'aile psychiatrique. Quarante détenues que je regardais avec beaucoup de compassion. Elles étaient toutes malades, parfois très profondément, et n'étaient probablement pas responsables de leurs actes au moment du crime ou du délit pour lesquels elles avaient été condamnées. Elles n'avaient d'ailleurs souvent pas conscience de l'endroit où elles étaient, ce qui n'était pas plus mal. Pas d'aide, pas de visite, pas d'argent, quasiment pas de sortie de l'endroit qui leur était réservé, et pas d'activités proposées non plus… Est-ce une vie ?

Enfin, encore plus loin, c'était l'aile médicale. Un laboratoire et des installations importantes où étaient reçus des hommes détenus ailleurs, qui y venaient pour des consultations ou pour se faire opérer. Dans toutes les prisons, il y a une infirmerie, mais ici, c'est un hôpital.

J'en ai eu besoin au pire moment : il était en travaux. C'était au creux de l'été 2011, après l'effervescence du recours devant la Cour suprême. Nous savions que le délai serait d'environ un an, je devais donc attendre. Une nouvelle fois attendre. Ne pas penser aux vacances d'été pour espérer que cette période ne me soit pas trop lourde. Et puis, un matin, je me suis levée avec une douleur terrible aux gencives. Je ne pouvais même pas boire un café. Le mal cognait dans ma tête et gonflait ma bouche ; j'ai couru chez le dentiste. C'était un abcès, évidemment, qu'il pouvait soigner, mais il en ignorait la cause. Il a donc fait des radios et je suis retournée le voir quelques jours plus tard. « Il faut que je vous opère, me dit-il. Vous souffrez de décalcification des os ; si je ne vous opère pas, vos dents vont tomber les unes après les autres. » Et le voilà qui m'explique, me fait un dessin : « Nous allons soulever la peau, puis gratter avec une roulette. Ensuite, nos appliquerons de la poudre d'os pour consolider, avant de refermer. » Charmant ! Mais tout cela ne se passerait ainsi que si j'avais de l'argent :

« Pour ceux qui n'ont pas d'argent, c'est un Ave Maria.

– Pardon ?

– Oui, une prière, afin que les dents ne tombent pas. »

J'ai refusé d'être opérée là. La tour médicale en travaux, il ne restait que trois malheureux bureaux et quasiment pas de personnel, j'imaginais des conditions d'hygiène déplorables : « Je veux être opérée dans un endroit convenable… » Je me suis quasiment enfuie et j'ai appelé ma mère, afin qu'elle trouve une solution avec l'aide de l'ambassade, peut-être. J'allais attendre. J'avais l'habitude. Mais un autre matin, l'abcès est revenu. Encore plus terrible, encore plus douloureux.

Je suis retournée voir le même dentiste, si désespérée que je lui ai demandé de m'opérer. Tant pis pour les conditions d'hygiène. « Ah non, je ne peux pas vous opérer… »

Il ne m'a pas ratée : « Non, non, je comprends que nous ne soyons pas assez bien équipés pour vous, pas assez performants. Vous me l'avez dit la dernière fois : il faut un autre endroit. Mieux qu'ici. Mieux que nous. »

OK. D'accord, j'avais dit une bêtise. Il avait raison : il voulait me rendre la monnaie de ma pièce. C'était de bonne guerre. Je l'ai supplié. Je n'en pouvais plus !

Il m'a opérée le lendemain. J'étais terrorisée mais j'y suis allée comme un bon petit soldat. En fait, ma mère avait assuré les démarches et l'ambassade, comme d'habitude, avait fait le nécessaire. Le chirurgien-dentiste avait reçu la poudre d'os. Pendant l'opération, j'avais un drap sur moi, avec juste une ouverture à l'endroit de la bouche. J'étais anesthésiée localement : je ne sentais rien mais j'entendais tout. C'était épouvantable. J'ai mangé de la soupe à la paille pendant des jours et j'étais défigurée par les hématomes. Mais au moins, j'étais guérie de cette saleté sans doute due au stress.

J'ai refusé les visites pendant quelques jours, après cette intervention. Question de pudeur. Quand je devais m'offrir au regard des gens de l'extérieur, des journalistes que je ne connaissais pas, ou simplement de gens qui avaient entendu parler de moi et venaient par pure curiosité, sous prétexte de soutien, il m'arrivait de penser que j'étais comme un animal au zoo. Qu'il fallait que je sois douchée, maquillée, disponible et prête à me laisser observer sous toutes les coutures. À disposition. Des visiteurs, mais aussi des gardes, de l'administration, de la directrice.

Chaque vendredi, je pouvais changer la liste des personnes dont j'acceptais les visites. Elle ne devait pas dépasser quinze noms. Je devais donc y noter ceux qui avaient demandé à venir me voir. J'établissais une sorte de planning, en fonction des impératifs des uns ou des autres. Je faisais abstraction de tout ce qui pouvait me plaire ou me déplaire. De mon envie de recevoir telle visite – ou pas. Certains jours, je me levais sans le moindre désir de parler à quiconque. C'est humain. Je crois que ça arrive à tout le monde. Mais je n'ai jamais refusé un visiteur. En revanche, on m'a souvent posé des lapins. Pour des « empêchements » de dernière minute. Je n'ai jamais très bien su ce que je devais mettre derrière ce mot. J'ai cessé de me poser la question. Parfois, c'était un problème de trafic, une indisposition ou autre chose. Et on m'expliquait que c'est terrible, le trafic. Un véritable enfer…

Aujourd'hui, je m'amuse en me souvenant des maux de tête que me donnaient parfois ces visites. Beaucoup de visiteurs me voulaient pour eux seuls. Il ne leur plaisait pas de croiser quelqu'un d'autre à ma table. J'ai vu des gens se fermer en une minute parce qu'un autre qu'ils ne connaissaient pas – ou n'appréciaient pas ! – arrivait. Certains ne rester que quelques instants et partir presque sans un mot, parce qu'ils n'étaient pas seuls avec moi. Les autres détenues me regardaient parfois en souriant, quand je m'efforçais de traduire de plus ou moins bon cœur ce que disaient deux visiteurs qui ne parlaient pas la même langue : il y avait autant de Mexicains que de Français, lors de mes visites. Dans cette caisse de résonance qu'était la salle des visites, où chacun criait de plus en plus fort à mesure que l'heure avançait et que le nombre de visiteurs augmentait, j'ai souvent fini la journée avec des maux de tête épuisants.

Mais je faisais bonne figure. Je me disais que c'était sûrement plus agréable d'aller rendre visite à une Florence souriante. Parfois, je me surpassais. Je prenais sur moi, me répétant que les gens n'étaient pas responsables de mon humeur et ne voulant pas faire deviner mon mal-être. Je tenais à ce qu'on continue à venir, je ne voulais surtout pas me sentir seule, abandonnée, et je me disais que c'était déjà bien de pouvoir compter sur quelques personnes qui surmontaient peut-être la difficulté d'être là, sans savoir que dire, à chercher les mots les moins maladroits possible. Pour eux, je me maquillais, j'essayais de trouver un ensemble un peu élégant, tout en restant dans le bleu marine obligatoire des détenues de Tepepan – c'était parfois un sacré défi.

Les détenues mexicaines me surprenaient toujours, de ce point de vue. Les jours de visites, elles se pomponnaient – maquillage outrancier, talons hauts, minijupes et décolletés vertigineux. Souvent, aux tables de quatre personnes de la salle de visites, la plus apprêtée était la prisonnière, il y avait parfois un décalage énorme. Et les autres jours, elles restaient en short, tee-shirt informe, sans maquillage, à traîner les pieds dans les allées de la prison. Il faut comprendre : au fil des mois et des années, il devient difficile de s'entretenir sans la perspective de rencontrer quelqu'un, de sortir, et même de chercher à plaire.

Pour tenter de m'évader – un peu –, je peignais. J'ai beaucoup peint. J'ai même été exposée. À Lambersart, à Vernaison, à Paris, même. Évidemment, si je n'avais pas été Florence Cassez, je n'aurais jamais été exposée. Mais je suis devenue une personne célèbre. On parlait de moi dans les journaux. Je m'étais entretenue avec Nicolas Sarkozy et son épouse par téléphone. On m'a même dit que j'avais de la chance. Oui, j'ai eu de la chance, en somme. Au téléphone, j'aurais pu n'avoir en ligne que la voix de mes bourreaux et personne pour me croire. Serais-je sortie vivante de cette prison, alors ?

Si j'avais une chance, c'était de ne pas désirer ce que je n'avais pas. Pour la nourriture, par exemple. Je me contentais du strict minimum. Les seules choses qui m'étaient indispensables, c'étaient mes cigarettes et le café. Des chewing-gums, peut-être. Quand on m'envoyait des paquets de chips – grâce au comité de soutien, des gens savaient que j'adorais les chips au vinaigre… – j'étais capable d'en manger seulement quelques-uns afin d'en garder pour les moments de stress ou les coups de blues. Pour le reste, je ne faisais le plus souvent qu'un repas par jour. J'avais fini par ne plus connaître la sensation de manger chaud. J'avais d'ailleurs perdu des réflexes tout bêtes.

Il n'était pas facile de cuisiner. C'était un peu comme pour le téléphone : il fallait savoir attendre son tour, puisqu'il n'y avait là aussi qu'une petite cuisine pour cinquante détenues. Six mètres carrés, six plaques côte à côte, un petit plan de travail et trois éviers alignés pour la vaisselle. Les heures de pointe – tout le monde a faim à la même heure... –, ça avait un petit côté camping. Comme la lessive. Le savon et la brosse dans l'évier et ensuite des heures de patience, en attendant que le linge sèche. À proximité, si on voulait le récupérer.

Je n'ai jamais eu besoin de paradis artificiels, non plus. Pourtant, Dieu sait qu'il était facile de tomber dans l'addiction – j'en ai vu tant, en sept ans, se perdre dans le cercle vicieux et sans fin ! Les conditions dans lesquelles nous vivions y étaient propices. À coup sûr, celles qui goûtaient à la drogue y devenaient accros. Il était d'ailleurs plus facile de se procurer de la drogue que de l'alcool. Une association d'alcooliques anonymes venait à la prison, aider les détenues qui le souhaitaient à parler, à trouver la force de reconnaître leur addiction. La répression était forte, contre l'alcool, qui se faisait rare, donc. Celles qui se faisaient surprendre à boire, ou simplement en possession d'une bouteille, ou encore à tituber dans les couloirs, en prenaient pour quinze jours de trou.

Alors que la drogue était partout. La majorité des filles en consommait tous les jours, vivait sous l'emprise de stupéfiants vingt-quatre heures sur vingt-quatre – ou en état de manque, parfois. C'était pire alors, car elles étaient prêtes à tout : mentir, voler, se battre. Il n'y a pas qu'en prison que la violence naît des trafics de drogue, mais là, dans un espace si confiné, c'est terrible. On est toujours amené à se croiser. Sauf à rester enfermé dans sa cellule, bien sûr.

Le « trou », cette punition tant redoutée, était en fait la source des trafics. Là où commençaient pour certaines la tentation d'oublier le désespoir et l'isolement. Les pupilles dilatées, les yeux rougis, elles sortaient de là avec un comportement si irrationnel qu'elles ne voyaient plus leurs problèmes et se trouvaient soudain plein de nouveaux amis. J'ai fini par comprendre que fumer un joint, dans cette prison, était considéré comme normal, ou pour le moins toléré par les gardes qui n'en faisaient plus grand cas. Ils savaient parfaitement qui fumait et laissaient faire.

Il y avait pourtant des fouilles, parfois. C'était alors la nuit blanche assurée. Les gardes arrivaient vers 22 heures, minuit, parfois jusqu'à 4 heures du matin, et retournaient toute la cellule pendant une demi-heure. Par principe, le plus souvent. Et même pour tuer leur propre ennui. Elles s'acharnaient et revenaient parfois une heure plus tard et recommençaient – j'ai fini par apprendre qu'il valait mieux ne pas tout remettre en ordre après leur départ, sous peine de devoir tout recommencer deux heures plus tard. J'ai rapidement compris également que je devais rester à l'écart, la plus indifférente possible – si je le pouvais. Si au contraire je posais mon regard sur un objet auquel je tenais, parce que j'avais peur qu'on l'emporte ou qu'on me le casse, c'était exactement ce qui arrivait. Ces fouilles étaient une torture psychologique : pour un regard mal interprété, ou simplement parce que les gardes étaient entrées dans sa cellule avec cette intention déjà bien arrêtée, n'importe quelle fille était convoquée à la prochaine commission de discipline, avec la terrifiante menace d'une peine de trou, pour une ou deux semaines.

Il n'y avait d'ailleurs pas besoin des fouilles pour risquer le trou : chaque jour, nous devions répondre trois fois à l'appel. C'était une garde qui criait au bout du couloir, devant laquelle on devait se présenter physiquement pour lui donner notre nom et notre numéro de cellule. Preuve de vie et d'obéissance. De soumission. Un oubli, c'était trois jours de trou. Trois occasions par jour d'y aller.

Longtemps, je me suis levée avant le premier appel de la journée, à 8 heures. Je me levais à 5 h 30 ou 6 heures, parce qu'à ces heures-là on avait une chance de trouver un peu d'eau chaude pour la douche. Avec cinq cabines dans le dortoir, c'était vite foutu, d'autant que l'usage, chez les Mexicaines, est de rester longtemps sous la douche. Mais peu à peu, j'ai perdu l'énergie de me lever si tôt. Je me douchais donc à l'eau tiède. Ou froide. Ou glaciale, l'hiver. Alors, philosophe, je tentais de me souvenir de ce que disaient les magazines de mode : l'eau froide raffermirait mon corps.

Dieu qu'ils étaient loin, pourtant, ces magazines que je feuilletais en France avec insouciance ! À Tepepan, il arrivait que j'en reçoive, mais je n'avais pas la force de les lire. Si c'était pour y trouver les dernières tendances de la mode, non merci ! Ou les meilleures recettes, ou les questionnaires sur la fidélité dans le couple…

Alors, je passais ces revues à mes voisines, sans même les ouvrir. Elles adoraient cela, souvent. Comme elles adoraient regarder des *telenovelas* à longueur de journée. Je trouvais cela insupportable. Une même histoire qui se répétait, basée sur la ségrégation profonde qui mine le peuple mexicain, entre les *« morenos »*, les bruns de peau, et les Blancs, qui fournissent l'élite du pays. Pour percer en politique, dans les affaires, et même à la télévision, il vaut mieux être blanc, au Mexique.

Alors, les feuilletons qui composent le plus gros des programmes racontent toujours l'histoire d'une jeune fille *« india »*, comme ils disent, travaillant pour des Blancs et qui tombera amoureuse d'un garçon beau et riche qui l'emmènera loin de sa condition misérable. Autour de moi, elles étaient toutes à regarder cela. Pendant que je m'énervais, elles rêvaient qu'un jour, peut-être…

Un jour, je ne serai plus ici. Voilà ce que je me disais, en tapant parfois du poing sur la table, quand je regardais les journaux télévisés, à la place des feuilletons. Les plus suivis étaient ceux de TV Azteca ou Televisa, les deux chaînes proches du gouvernement, celles qui avaient retransmis en direct la fausse nouvelle de notre arrestation. Quelques semaines avant ma libération, les présentateurs de ces journaux m'appelaient encore comme le voulait le pouvoir : *« la Secuestradora »*. Chaque fois, mon cœur palpitait de colère, de rage, je sentais mon corps se figer. Je ne me suis jamais habituée à cette insulte. Être traitée de la sorte me donnait la nausée et j'étais là, impuissante avec mon envie de vomir devant l'écran de la télévision sur lequel un homme qui ne me connaissait pas parlait de moi comme d'une criminelle.

Voilà ce que fut le luxe de ma détention pendant sept années. Sept des années – de trente et un à trente-huit ans – qui auraient pu être parmi les plus belles de ma vie. J'y pensais souvent, aussi. Au risque de me répéter, je sentais au fond de moi que mon horloge biologique tournait, tournait, et qu'on me volait peut-être plus que ces années-là. Peut-être aussi une partie de mon avenir.

– 20 –

« C’est la première bonne nouvelle depuis cinq ans ! » Nicolas Sarkozy ne veut pas en dire plus, « pour ne pas influer sur une situation déjà très tendue », mais il a résumé ce que pensent tous les gens de mon entourage : pour une bonne nouvelle, c’est une bonne nouvelle !

Nous sommes le 7 mars 2012, un mercredi. Les nouvelles, bonnes ou mauvaises, tombent toujours le mercredi, à la Cour suprême. Celle-ci fait l’effet d’une bombe : Arturo Zaldívar, juge rapporteur de mon dossier devant la première chambre, vient de rendre public le rapport sur lequel ses quatre collègues et lui devront se prononcer deux semaines plus tard. Il propose « la libération immédiate et sans condition de Florence Cassez ».

Évidemment, il s’agissait d’une sacrée secousse. Tous les gens que j’appelle réagissent comme le président de la République, et moi j’y crois dur comme fer. Arturo Zaldívar est un homme d’âge mûr, sans doute la cinquantaine, les cheveux grisonnants et le regard droit. Il a la réputation d’être un juge courageux, farouchement indépendant, et il vient de le prouver une nouvelle fois.

Au Mexique, cette nouvelle secoue également l'opinion, mais pas du tout de la même manière. À la veille de l'audience, le quotidien *Excélsior* publiera un sondage par lequel on apprendra que 84 % des Mexicains sont contre ma libération.

Tout cela ne m'atteint pas. Depuis plusieurs mois, j'ai pris conscience de la chance que j'ai : mon dossier est accepté par la Cour suprême. La Cour SU-PRÊ-ME ! J'en étais tellement fière. Agustin Acosta m'avait tout de suite expliqué que c'était la plus haute instance juridique de son pays, mais j'ai surtout compris au fil des semaines que les onze juges qui la composaient étaient réputés plus sereins, plus indépendants que leurs collègues des tribunaux. Ils travaillaient de manière différente : ils n'acceptaient pas beaucoup de dossiers, mais quand ils en prenaient un, ils l'épluchaient à fond. Exactement ce qui avait manqué à ceux qui m'avaient jugée auparavant.

Pour moi, ce juge Zaldívar était le premier magistrat à se pencher sérieusement sur mon dossier et, en toute logique, il préconisait de me remettre en liberté. J'y voyais déjà la reconnaissance de mon innocence. Je me suis même surprise à penser, ce jour-là, qu'il me serait égal de ne pas sortir tout de suite, puisqu'on reconnaissait enfin que j'étais innocente. Ce rapport était clair. Il venait couronner une période euphorique. J'avais retrouvé le sourire. On ne m'avait pourtant pas lâchée, avec la Cour interaméricaine. Certains autour de moi continuaient de soutenir que la Cour suprême n'oserait pas aller contre la volonté du gouvernement, mais c'était plus fort que moi. Tous les matins, je me levais avec un moral d'acier. Le plus dur était fait : la Cour suprême avait accepté mon recours. Et puisque ses juges avaient lu tout mon dossier, ils rendraient la décision qui s'impose.

Dans les semaines qui ont précédé l'annonce du juge Zaldívar, j'ai même étudié les personnalités des cinq juges qui composaient la première chambre. Je voulais les connaître. Savoir qui étaient les hommes et les femmes qui allaient décider de mon sort. Me rendre ma liberté. Je demandais tous les journaux qui parlaient d'eux, je questionnais tous mes amis susceptibles de les connaître. Un peu comme dans la peinture qui me tenait lieu de thérapie, quand on étudie les couleurs qui se mélangent ou ne se mélangent pas, et le résultat que l'on obtient à la fin.

Je voyais à peine l'effet qu'avait cette nouvelle sur l'actualité mexicaine. Pourtant, je faisais de nouveau la une des journaux, et les émissions de télévision se succédaient pour diffuser encore et encore les images de notre fausse arrestation, les commentaires des uns et des autres, et surtout les paroles toujours plus dures d'Isabel Miranda de Wallace. Une nouvelle fois, Cristina Ríos Valladares et ses versions contradictoires, ainsi qu'Ezequiel Elizalde, avec son doigt en l'air, ressortaient de leur exil américain – s'ils étaient toujours aux États-Unis. Personne n'en savait rien, au fond. Je me moquais de cela. Pour moi, les juges verraient rapidement que leurs témoignages étaient contredits par les faits. Peut-être le savaient-ils déjà. Je ne voulais pas voir non plus la campagne publicitaire lancée par le gouvernement contre les ravisseurs et les demandes de rançon.

Un affichage partout sur le bord des immenses autoroutes du district fédéral, et des spots télévisés chaque jour : les autorités avaient mis le paquet. Mais rien ne m'atteignait : j'allais sortir.

Je sentais pourtant que la tension montait jusque dans mon entourage le plus proche. Les uns me soutenaient dans mon inébranlable optimisme, les autres me conseillaient d'être plus prudente. Agustin Acosta faisait devant moi des pronostics sur les votes des juges et tentait de se persuader qu'on arriverait à trois votes favorables. C'était ce qu'il fallait : trois votes sur les cinq juges. La majorité. Mais je ne voulais rien savoir. Je lui disais : « Non, cinq ! Les cinq voteront pour moi. »

À la vérité, rien n'était joué. Nous savions ce que ferait Arturo Zaldívar, et il était également à peu près certain que sa collègue Olga Sánchez Cordero le suivrait.

J'avais eu un choc en apprenant que cette dame faisait partie des cinq juges de la première chambre, parce qu'elle porte presque le même nom que la magistrate qui m'avait condamnée à quatre-vingt-seize ans de prison en 2008 : Olga Sánchez Contreras. Une petite différence de patronyme qui changeait tout, pourtant : Olga Sánchez Cordero deviendrait plus tard ma fée bienfaitrice.

Avec ces deux-là, siégeaient trois hommes. Le plus âgé ne portait pas mon avocat à l'optimisme. Guillermo Ortiz Mayagoitia était le doyen des juges de la Cour suprême, il était à quelques mois de la retraite, et on le connaissait surtout pour ses positions conservatrices. Le pire, pour Me Acosta, était cette proximité qu'on lui connaissait avec le président Felipe Calderón. Il ne fallait pas compter sur son vote. Restaient Jorge Mario Pardo Rebolledo et José Ramón Cossío.

Le premier venait d'être nommé à la Cour suprême. Avant cela, il avait prononcé quelques acquittements retentissants et on le considérait comme un bon spécialiste du droit pénal. « Je ne sais pas ce qu'il faut en penser, disait Agustin Acosta. Il ne laisse rien filtrer de ses sentiments. » Il avait plus de confiance en José Ramón Cossío, qu'il avait connu à la faculté de droit. « Il a toujours dénoncé les violations de procédure et poussé dans le sens du respect des droits de l'homme. » C'était bien, ça. « J'espère seulement que ses relations difficiles avec le juge Zaldívar n'entreront pas en ligne de compte. » Allons bon ! Me Acosta, qui avait demandé à être reçu par les cinq juges, avait toutes les cartes en main : « Cossío s'est présenté à l'élection pour la présidence de la Cour suprême, et Zaldívar ne s'est pas prononcé pour lui... »

Le président, Juan Silva Meza, je l'aimais bien, lui. Il avait toujours parlé très clairement de mon dossier, sans jamais se prononcer ouvertement parce qu'il n'en avait pas le droit, mais on sentait qu'il était pour la présomption d'innocence, pour le respect de la procédure, et farouchement contre les combines de la police, quand elle fabriquait de fausses preuves. Mais Juan Silva Meza ne votait pas.

À mesure que l'audience approchait, la tension se faisait de plus en plus forte. Les journaux publiaient des tribunes sur des pages entières. Tout le monde voulait prendre position. Des juristes, des diplomates, des ministres… Les juges étaient également grandement sollicités. Par Pedro Arellano, entre autres. Sacré Pedro ! Il avait attendu le dernier jour pour se rendre auprès du juge Zaldívar et ses collègues, afin de leur livrer son sentiment après l'enquête qu'il avait dirigée à la demande du pape.

Mais je n'ai pas eu le temps de me réjouir. Le même jour, Felipe Calderón lui-même a fait une intervention très remarquée en direct à la télévision. Il y a mis tout son poids. Sans équivoque, il a parlé du respect du droit des victimes : « La justice implique l'obligation élémentaire que celui qui a commis un délit soit véritablement jugé et châtié et que jamais l'interprétation de la loi ne soit la brèche par laquelle passe l'impunité. » Le message ne pouvait être plus clair. Mais ce n'était pas tout. À moins de quatre mois de l'élection présidentielle, il a martelé un véritable discours de campagne : « Justice pour les parents à qui on a enlevé leurs enfants. Justice pour les enfants qui n'ont pas revu leurs parents kidnappés ou assassinés. Justice pour ceux qui subissent le racket. Justice pour ceux qui subissent un enlèvement. » Du lourd. En effet, il allait falloir du courage à mes juges.

À la vue de ces images cinglantes, j'ai tout de même pris un coup au moral, d'autant qu'à peu près en même temps un tremblement de terre est venu secouer Mexico sans que les gardiens interviennent le moins du monde pour nous faire sortir dans la cour de la prison. Si les bâtiments avaient cédé, nous y serions toutes restées enfouies.

Frank Berton n'a pas fait le déplacement pour cette audience. Il était venu un mois et demi plus tôt en compagnie de Mélissa Theuriau, il avait rencontré Pedro Arellano et s'était exprimé plusieurs fois dans les médias : il s'était attiré les foudres d'une grande partie de l'opinion. On lui avait alors conseillé de ne pas envenimer une situation au bord de l'explosion et il était resté à Lille. C'est Gérald Martin, le consul général, qui m'a proposé de venir me tenir compagnie pendant l'audience qui serait retransmise en direct à la télévision. À la Cour suprême, il y avait une foule de journalistes, et autour de la prison également. On ne pouvait pas savoir : il était possible que je sorte le jour même ! D'ailleurs, à l'ambassade, tout avait été prévu. Les billets étaient préréservés pour le vol de 21 heures. Des mesures de sécurité avaient été élaborées avec la police de Mexico. Isabelle Miranda de Wallace avait dit publiquement qu'elle ferait tout son possible pour m'empêcher de quitter le pays.

Mais il se pouvait également que la Cour se prononce pour l'effacement des éléments tronqués par les vices de procédure, et renvoie mon dossier devant un tribunal. Un dossier vidé de toutes les fausses preuves fabriquées : j'avais toutes les chances d'être cette fois acquittée. Mais je voulais sortir tout de suite. Les mots d'Arturo Zaldívar tournaient dans ma tête : « La libération immédiate et sans condition de Florence Cassez. » Autant dire que je n'avais même pas écouté la troisième possibilité qui s'offrait aux juges : la confirmation pure et simple de ma peine de soixante ans.

Tout le monde, dans la prison, s'était trouvé un poste de télévision. Le matin du 21 mars, j'étais sans doute la personne la plus connue au Mexique. J'avais décliné la proposition de Gérald Martin. Je lui avais juste demandé de se tenir prêt : si j'étais libérée, ce serait lui qui viendrait me chercher ; si je ne l'étais pas, j'allais avoir besoin de soutien…

Les cinq juges ont d'abord siégé à huis clos. Ils discutent entre eux, échangent leurs arguments et prennent position. Mais ils avaient ce jour-là d'autres dossiers à traiter. L'attente a été longue. Deux bonnes heures, à me sentir totalement impuissante tandis que cinq personnes décidaient de mon destin. J'avais confiance, et puis moins, et puis de nouveau… Vers 14 heures, ils sont apparus dans la salle d'audience. Arturo Zaldívar au centre, et les quatre autres autour, chacun avec sa mine de circonstance, impossible à déchiffrer.

José Ramón Cossío a pris position en premier. Celui sur lequel nous comptions pour faire pencher la balance de notre côté. Celui qui pouvait aider Arturo Zaldívar et Olga Sánchez Cordero à me libérer. Il a vite anéanti mes illusions. Dans un discours lancinant, entièrement prononcé sur un ton détaché, il a expliqué que les violations de procédure étaient incontestables, de même que je n'avais pas eu droit à un procès équitable et que mes droits consulaires n'avaient pas été respectés. Mais pour lui, ce n'était pas à la Cour suprême de rendre une décision : elle devait vider mon dossier de tous les éléments viciés et le renvoyer devant un juge d'appel. En effet on m'avait parlé de cette solution éventuelle pendant ces deux semaines de folie, mais je n'en voulais pas. Je ne voulais pas croire que ces juges-là n'iraient pas au bout. C'est drôle comme le temps file, parfois, quand les choses vous échappent. J'ai entendu ensuite Guillermo Ortiz Mayagoitia expliquer de sa voix haut perchée que mon recours ne lui semblait même pas recevable. Il ne voulait pas aller plus loin : une peine de soixante ans avait été prononcée, il n'y avait pas à y revenir. Je commençais à me vider de mes forces. À ne plus entendre qu'une sorte de murmure autour de moi, auquel j'étais totalement étrangère. D'un seul coup, je me sentais de nouveau si seule. Je me suis encore accrochée quelques minutes, le temps de voir le visage de Jorge Pardo Rebolledo. « Je vote contre le projet », a-t-il commencé. J'en avais assez entendu. Trois voix contre, c'était foutu. Je n'ai même pas écouté la suite. Je me suis dirigée vers le téléphone mural et j'ai appelé Gérald Martin : « Vous venez, maintenant ? Parce que là, j'ai besoin de vous… »

Le temps qu'il entre, je suis descendue, et c'est en arrivant au bout du couloir que j'ai vu mon père. Il était là depuis la veille et ne m'en avait rien dit. Il voulait me faire la surprise. Il avait rêvé d'une merveilleuse surprise, mais à la place c'était une nouvelle déconvenue. Du genre de celles qui laissent un trou énorme à la place du cœur. J'en avais déjà connu, j'avais eu d'autres déceptions, mais j'étais montée si haut, cette fois. Je m'étais laissé convaincre, j'avais été séduite par ce qu'on disait de ces juges courageux… Et maintenant, j'étais brisée.

Mon père m'a prise dans ses bras, j'ai senti quelques soubresauts dans sa poitrine. Non. Non, surtout ne pas pleurer. Je lui ai dit : « Je ne veux pas qu'on me voie à terre. » Et nous nous sommes retenus. À coup d'orgueil. À la force de toutes nos réserves d'orgueil. Je savais que tout le monde nous regardait.

On ne m'a d'ailleurs pas laissée m'attendrir. Je n'ai pas été épargnée par le cynisme de la directrice. Nous étions passés dans la salle du conseil, qui nous avait été réservée. Damien Loras nous avait rejoints. Mais j'ai à peine eu le temps de les saluer qu'on est venu me chercher. On m'a emmenée devant la porte du bureau de la directrice et je suis restée là, debout, pendant une vingtaine de minutes. Pendant que mon père, le consul et l'envoyé de l'Élysée m'attendaient. Cette femme avait le sens de l'humiliation. Je la détestais. Je sentais la rage monter en moi, comme si ma tension faisait bourdonner mes oreilles et vrillait mon ventre, et quand elle m'a enfin fait entrer dans son bureau, j'étais à deux doigts d'exploser. Mais il ne fallait surtout pas. Elle aurait été trop heureuse. Je l'ai regardée en silence et, comme si je ne savais pas, elle a fait mine de m'annoncer la nouvelle : « Tu n'es pas remise en liberté, Florence. » Elle a dit ça doucement. Pour m'accabler. Puis elle a passé son message : « Ça pourrait être pire, n'est-ce pas ? Tu pourrais être à Santa Martha… » C'était une menace. Une manière de me dire les yeux dans les yeux que je devais me tenir à carreau. Me faire discrète. Et faire en sorte, aussi, qu'on soit discret autour de moi. La justice mexicaine était passée, il convenait de respecter sa décision.

À mon retour, mon père et les autres m'ont dit que tout n'était pas perdu. Le juge Zaldívar, constatant l'impossibilité de trouver un accord, avait renvoyé mon dossier à une nouvelle étude par la même chambre, et sa collègue Olga Sánchez serait cette fois rapporteur. Miguel Carbonell, qui était arrivé tout excité, trouvait que c'était plutôt bon signe. Je l'ai même entendu dire qu'on avait gagné. Mais on avait gagné quoi ? Qu'avais-je gagné, moi qui venais une nouvelle fois de me faire humilier par la directrice ? Elle n'avait pas laissé passer l'occasion de me rappeler ma sinistre condition de détenue – celle qui était la mienne depuis six ans.

Puis je me suis retrouvée seule, un moment terrible. Je me suis enfermée, me suis allongée et j'ai pleuré, pleuré, longtemps, très longtemps parce que j'étais incapable de faire autre chose et que c'était le seul moyen pour que mes idées finissent par se remettre en place. Je ne voyais plus de raison de continuer. Je ne voyais qu'une décision comme toutes celles qu'on m'avait déjà signifiées et qui me laissaient là, prisonnière, sans forces et sans espoir.

Le lendemain, un peu de vigueur m'est revenue. Sylvie est arrivée, puis mon père, et Agustin Acosta est venu le midi m'expliquer la façon dont il voyait les choses. « Tout n'est pas perdu. » J'avais déjà entendu ce message la veille. Mais il n'en démordait pas : « Quatre juges ont affirmé que votre dossier est truffé de vices de procédure. Ils se mettront d'accord pour le renvoyer devant un tribunal d'appel exempt des fausses preuves. C'est juste une question de langage juridique. La juge Olga Sánchez est chargée de rédiger un nouveau rapport et elle trouvera la formule qui emportera l'adhésion des autres. Il faut y croire, Florence. »

D'accord. Il fallait y croire. Sur la table, tous les quotidiens mexicains tentaient d'analyser une décision qu'ils ne trouvaient pas logique du tout. Puisque mon dossier était si corrompu, si entaché de fautes de procédure, comme quatre juges l'avaient dit, pourquoi ne pas avoir pris une décision ? *La Razón*, l'un des principaux journaux nationaux, titrait en gros : « *Si, pero no !* » : « Oui, mais non ». C'était irrationnel. Oui, ce dossier est corrompu, mais non, on ne la libère pas. Et combien de temps pourrait encore durer cette absurdité ? « Plusieurs mois, Florence. Il faudra sans doute attendre l'automne. Au moins… » Pour ça, je ne pourrai jamais reprocher à mes avocats de ne pas m'avoir parlé franchement. Mais ce jour-là, si Me Acosta m'avait poignardée, il ne m'aurait pas fait plus mal. Devant mon père, j'ai serré les dents. Rien dit. Juste gardé la tête droite, le regard fixe, tenté de paraître forte. C'est mon orgueil qui m'a tenue.

Mais le soir, je me suis effondrée. « Des mois ! Des mois, des mois, des mois… » Je répétais cela en boucle, dans des sanglots que j'étais incapable de maîtriser, hermétique à toute expression de soutien. J'avais un tel sentiment d'injustice, d'impuissance, j'étais dans un état d'abattement tel que j'en avais connu aux heures les plus dures, quand me revenait toujours cette idée : *Mais je suis innocente, moi ! Et regardez ce qu'on me fait…*

– 21 –

Quelques semaines après l'élection présidentielle française, les Mexicains votaient. Sur un seul tour, et ni pour ni contre Felipe Calderón, puisqu'il avait rempli son mandat unique. La catastrophe humaine qu'il avait laissée derrière lui ne donnait pas beaucoup de chances à son parti. Il avait promis de faire la guerre aux narcotrafiquants, et ç'avait vraiment été une guerre, puisqu'il avait fait appel à l'armée. Mais le bilan était terrifiant. Plus de soixante-dix mille morts en six ans. Ce pays était plus que jamais gangrené par la violence et Calderón lui-même était poursuivi par plusieurs organisations de défense les droits de l'homme. Des procédures ont été ouvertes contre lui pour crime de guerre devant la Cour interaméricaine.

Pourtant, j'avais de réelles raisons d'être inquiète. D'abord parce que, six ans plus tôt, le candidat du PAN n'était pas le favori non plus, et on avait vu ce qu'il en était advenu. Ensuite, une semaine avant l'élection, la candidate du parti, Josefina Vázquez Mota, avait lancé une promesse à me glacer d'effroi en pleine réunion publique, dans le stade de foot de Jalisco : si elle était élue, elle nommerait son prédécesseur à la tête de la Procuraduría general de la República. La PGR. Calderón à la tête de la magistrature, c'était la certitude que j'en prenais à nouveau pour six ans.

Mais dans cette campagne sans concession, les grandes chaînes de télévision ont une nouvelle fois pesé de tout leur poids. Et notamment Televisa, qui a pris fait et cause pour le candidat du PRI. C'est donc Enrique Peña Nieto qui a été élu, marquant le grand retour au pouvoir du Parti révolutionnaire institutionnel. Était-ce bon pour moi ? Cela ne pouvait pas être mauvais, en tout cas, puisque le nouveau Président avait annoncé qu'il laisserait la justice faire son travail et qu'il ne se mêlerait pas plus de mon dossier que d'un autre. Agustin Acosta était confiant : on pouvait croire que c'en était terminé des pressions présidentielles sur les juges. À condition que l'audience ne se tienne pas tout de suite, évidemment : au Mexique, le nouveau Président entre en fonction six mois après l'élection. Ce serait donc pour décembre, au plus tôt.

Attendre. Toujours attendre. Me dire aussi que c'était désormais avec un peu plus d'espoir. La juge Olga Sánchez avait semble-t-il envisagé de tenir la nouvelle audience de la Cour suprême avant les vacances d'été. C'était en tout cas ce qu'elle avait laissé entendre au mois de mai : « Je veux croire que ce dossier sera traité avant les vacances de la première période de la Cour suprême. » C'est-à-dire avant juillet. Elle avait alors rendu un vibrant hommage au travail de son collègue Arturo Zaldívar et reconnu qu'elle voyait, comme lui, de nombreuses raisons de proposer une nouvelle fois ma libération.

On imagine l'effet qu'ont pu avoir ces paroles sur un García Luna voué à céder sa place quelques mois plus tard. Pour l'heure, en tout cas, il était toujours aux manettes. Et comme chaque fois qu'un coin de ciel bleu se dégageait au-dessus de ma tête, il fallait que gronde le tonnerre. Le jour même des déclarations de Mme Sánchez Cordero, une radio, reprise ensuite par de nombreux journaux, a annoncé de nouvelles accusations portées contre moi. Cette fois, c'était Mario Vallarta, l'autre frère d'Israel, qui avait été arrêté. Trois ans après René et ses deux neveux, Alejandro et Juan Carlos. Mario avait été arrêté à la fin du mois d'avril, en même temps qu'un autre neveu de la famille, Sergio Cortes Vallarta. Ce qui portait tout de même à sept le nombre de frères et de neveux de la famille sous les verrous. Pourquoi Mario et Sergio avaient-ils été arrêtés aussi longtemps après les autres, s'il s'agissait de la même bande ? Et pourquoi toujours aussi peu d'accusations précises ?

En tout cas, les « fuites » parvenues à cette radio périphérique me rappelaient quelque chose : Mario aurait avoué sa participation aux enlèvements (sans qu'aucun nom ne soit cité) et raconté que j'étais l'égérie du groupe, que j'exerçais une forte influence sur Israel, qui était en fait le fondateur de la bande du Zodiaque. Exactement la même version que celle présentée dans la vidéo de 2009 par David Orozco. Sauf que David Orozco s'était rétracté dès son passage devant le juge, et que son avocat avait réussi à prouver que ces aveux lui avaient été arrachés sous la torture. Quelques mois plus tard, Lupita Vallarta, la sœur d'Israel, Mario et René, montrera le procès-verbal de la déclaration de Mario : il ne fait état de moi que sur quelques lignes, juste pour dire qu'il m'a vue au ranch, avec son frère. Et lui aussi a été torturé. Mensonges et violations des droits de l'homme : García Luna et Calderón étaient donc bien toujours aux manettes. Attendre était plus raisonnable, à défaut d'être plus facile.

Ce fut donc une de ces périodes lancinantes où le quotidien menaçait toujours de m'absorber, où les jours vides succédaient aux nuits inutiles, parce que je ne dormais pas correctement et que rien de concret ne venait nourrir mon espoir. Un automne interminable. On me promettait que ce serait le dernier, et j'avais parfois envie de le croire. À d'autres moments, je me remémorais toutes les promesses qu'on m'avait faites dans le passé et je pleurais.

C'est pourtant au cœur de cet automne que s'est discrètement jouée une partie de billard qui sera décisive pour moi. Le 12 octobre, deux nouveaux juges ont été nommés à la Cour suprême. Un dans chaque chambre. Dans la première, la chambre pénale, qui gérait évidemment mon dossier (l'autre est une chambre étudiant surtout les affaires administratives, et notamment fiscales), Alberto Pérez Dayán remplaçait Guillermo Ortiz Mayagoitia, ayant atteint l'âge de la retraite. Celui-ci, réputé proche du président Calderón depuis l'époque de leurs études de droit, avait refusé d'étudier mon cas lors de l'audience de mars, considérant que mon recours n'était même pas recevable. « Son successeur est également un proche de Calderón, m'a dit immédiatement Agustin Acosta. Il n'y a d'ailleurs rien d'étonnant : les juges de la Cour suprême sont nommés par le Sénat, sur proposition du Président. »

À première vue, ces mouvements de changeaient pas grand-chose pour moi. Il fallait toujours compter sur l'habileté d'Olga Sánchez Cordero, en laquelle je croyais profondément. Je n'avais pas la moindre idée de la manière dont elle s'y prendrait, mais j'avais confiance. À mesure que les semaines passaient, que la fin de l'année approchait, on imaginait autour de moi les trésors de subtilité dont la juge pourrait faire preuve, afin de rédiger un rapport rapprochant les points de vue de ses collègues. Et puis, à la surprise générale, Juan Silva Meza, le président de la Cour suprême, réussit un coup formidable. De mon point de vue, en tout cas. C'était le 3 décembre. Deux jours plus tôt, le samedi 1er décembre, peu après minuit, une cérémonie au palais présidentiel avait marqué le changement de Président. Enrique Peña Nieto était donc au pouvoir depuis une cinquantaine d'heures quand a commencé la réunion plénière de la Cour suprême. Son président a proposé d'inverser les deux nouveaux juges.

Dans la deuxième chambre a été nommé Alfredo Gutiérrez Ortiz Mena, un spécialiste de la fiscalité. Le président Silva Meza a expliqué à ses dix collègues un risque de conflit d'intérêts pour lui, puisque les dossiers de contentieux fiscaux sont nombreux, dans cette formation. Ces explications données, les onze juges ont voté pour la permutation. Au lieu d'Alberto Pérez Dayán, qui semblait avoir tant de sympathie pour Felipe Calderón, la première chambre se retrouvait avec Alfredo Gutiérrez Ortiz Mena… dont on ne savait pas grand-chose. « Ce n'est pas un pénaliste, m'a dit Me Acosta. Il a quarante-quatre ans, ce qui est très jeune pour siéger à la Cour suprême. On sait qu'il a fait ses études aux États-Unis et qu'il a été ensuite avocat fiscaliste. C'est le petit-fils d'un ancien ministre des Finances. » Avec ça, on n'était pas vraiment renseignés, mais Agustin Acosta était de l'avis général : « C'est plutôt une bonne nouvelle. Certainement une garantie d'indépendance. » Je savais bien que j'avais raison d'apprécier Juan Silva Meza. Ses prises de position m'avaient toujours plu, je le sentais instinctivement de mon côté. Et s'il ne voterait pas sur la résolution de mon dossier lors de l'audience qui devenait maintenant imminente, il venait peut-être d'y jouer un rôle décisif.

Un mois plus tard, je suis tombée de haut. Impossible de le cacher : j'étais très déçue. J'avais beau tenter de me raisonner, d'écouter ceux qui me disaient que ce n'était pas si mal, que c'était sans aucun doute pour mon bien, j'ai pris la décision d'Olga Sánchez en pleine poire. La juge à laquelle il me plaisait de confier mon destin, ma liberté, ma vie n'avait pas attendu bien longtemps pour rendre son rapport et déclencher la date de la nouvelle audience, mais elle avait refusé de dévoiler la solution qu'elle proposait. Nous étions le 9 janvier – toujours un mercredi… – et la première chambre statuerait sur mon cas le 23, voilà tout ce que je savais. « Ici, il y a toujours des fuites », avait dit Agustin Acosta.

Dès le vendredi, il m'a confié cette information que se disputaient les médias : « Mme Sánchez Cordero ne propose pas votre libération immédiate, Florence. Elle préconise plutôt le retrait de toutes les charges viciées et la présentation du dossier ainsi nettoyé devant un tribunal d'appel. Un dossier sans charges, Florence. C'est l'acquittement à tous les coups ! » Oui. Évidemment. Mais j'étais habituée à mieux, moi. J'avais tellement aimé, tellement rêvé de cette phrase issue du document Zaldívar : « La liberté immédiate et sans condition »…

« C'est sans doute une stratégie, Florence… » Me Acosta était indéniablement optimiste. On me répétait qu'un dossier expurgé de ses charges était un dossier facile à régler, qu'il n'y aurait sans doute pas un grand délai avant la décision d'appel, mais j'accusais le coup. Pourtant, les fêtes de fin d'année avaient été moins pesantes que les précédentes car cette année j'étais persuadée que c'était la dernière. Tout avait eu un goût différent. Je m'étais dit : *Allez, on en finit avec ça et après je rentre chez moi.* J'avais été gagnée par l'optimisme de mon entourage, d'un tas de commentateurs qui voyaient s'accumuler les bonnes nouvelles : le départ de l'équipe Calderón – García Luna, le coup de dés du président de la Cour suprême. Et… patatras !

Alors, je tentais de tourner tout cela dans ma tête : *Peut-être a-t-elle été menacée, elle aussi ? Peut-être a-t-elle échangé avec les autres juges et compris que cela ne pourrait pas être plus simple ?* Des analyses à ma sauce qui tournaient en boucle et m'empêchaient à nouveau de dormir.

Dans la presse, mes deux avocats, très sollicités, faisaient assaut de commentaires, laissant au scribe le soin de tirer une cohérence de tout cela. De dessiner une issue logique. « Il est clair que Mme Sánchez Cordero a agi de cette manière pour que Florence puisse sortir, disait Me Acosta. D'autres auraient pensé à leur prestige, livrant le contenu de leur rapport afin de le commenter sur tous les plateaux de télévision… »

Quelque chose semblait avoir changé depuis décembre. On ne pouvait pas oublier le voyage officiel du président Peña Nieto à Paris. À François Hollande, il avait assuré sa volonté de laisser la justice fonctionner de manière indépendante. J'y voyais un message.

Frank Berton était plus prudent : « Certes, le nouveau Président semble rassurant, mais ne reste-t-il pas des réseaux d'influence de l'ancien pouvoir ? Pour tout dire, au mois de mars dernier, on nous avait assuré qu'un troisième juge devait voter la libération de Florence !… »

Il fallait donc s'accrocher vaille que vaille à cette proposition qui semblait contenter beaucoup de monde autour de moi, à commencer par mes avocats : « C'est le plus probable mais on ne peut être catégorique. Un nouveau procès, c'est l'une des possibilités, mais il y en a d'autres. Une libération immédiate est toujours possible, mais aussi une sacrée désillusion. Ce ne serait pas la première… »

– 22 –

Mexico, au cœur de janvier 2012. Une période tranquille où s'enchaînent des journées douces et claires, avant que la nuit précoce rafraîchisse une atmosphère toujours clémente. Si on veut rester aux terrasses des bars animés de Polanco, dans le centre chic du district fédéral, un pull suffit. Dans les appartements aux grandes baies vitrées, on se couvre un peu aussi : les logements sont rarement équipés de chauffage, ici. « À quoi bon ? sourient les Mexicains. On s'en servirait si peu… »

Polanco, c'est le quartier des ambassades. Frank Berton y est descendu, à deux pas de la représentation française. L'hôtel Presidente Intercontinental est un vaste bâtiment d'une quarantaine d'étages au charme un peu désuet, qui s'attache à montrer que son luxe a été moderne. Depuis l'arrivée de l'avocat français, l'immense hall est parcouru d'un frisson nouveau, dont personne n'ignore l'origine. Les journalistes qui se succèdent – certains font le pied de grue depuis deux jours –, les spécialistes du droit ou de la politique qui passent et donnent un avis inspiré, les badauds aussi, qui s'agitent. On est à la veille d'une audience que toutes les télévisions du pays retransmettront une nouvelle fois en direct. La décision qui sera rendue demain n'est pas seulement importante pour une jeune Française que le Mexique profond a appris à détester, mais pour tous les analystes qui rivalisent de gravité et sont unanimes : « Elle marquera sans doute un tournant essentiel dans l'histoire de la justice mexicaine. » Bigre !

À vrai dire, il flotte dans cet air clément quelque chose d'indéfinissable qu'on prend le temps de savourer. Felipe Calderón n'assénera pas à la télévision ses menaces à peine voilées d'autocrate assumé : il est déjà aux États-Unis. On dit que c'est plus prudent pour lui. García Luna a choisi Miami, et Luis Cárdenas Palomino pourrait le suivre. L'électricité de l'an dernier a laissé place à une effervescence plus saine. Plus optimiste, aussi.

Depuis que la date de cette audience a été communiquée, il y a deux semaines, les journaux donnent chaque jour des tribunes plus critiques les unes que les autres sur le fonctionnement de la police et la justice, telles qu'elles se sont montrées dans cette affaire qu'on considère désormais comme étant historique.

À la surprise générale, Carlos Loret de Mola, le présentateur vedette de Televisa, s'est expliqué pour la première fois sur les images qui avaient été diffusées en direct le 9 décembre 2005, au petit matin, alors qu'il était à l'antenne. Fausse arrestation, vraie mise en scène, il a présenté des excuses : « Au vu de ces images, j'aurais peut-être pu m'apercevoir en direct de la supercherie, mais j'étais comme un arbitre de foot qui n'a pas droit au ralenti. » Ses confrères ont fait la grimace : le ralenti, tout le monde l'avait vu des dizaines de fois, depuis sept ans.

D'ailleurs, eux aussi semblent libérés de quelque chose. Ils vont cette fois au-devant des représentants des médias français, venus en masse. Quasiment personne ne fait l'impasse. « Les circonstances semblent meilleures, pour Florence. Elle va sans doute sortir... » Aucun ne se risque à donner une date, un scénario, pas même une explication précise, mais tous ont choisi le ton qu'ils donnent à leurs sujets.

Devant la prison de Tepepan, les micros et caméras sont en place. Nombreux. Encore plus que l'an dernier, beaucoup plus que devant l'Intercontinental ou autour de la Cour suprême. Au passage de Frank Berton, cette foule aux aguets bouillonne un instant, mais l'avocat reste discret : « Florence est angoissée et sereine à la fois. » Certains tireront des paragraphes entiers de ces quelques mots : soudain, ce pays s'intéresse à ce que ressent la prisonnière.

Aidé par le consul général et les gens de l'ambassade, mon père se fait également le plus discret possible. Il est lui aussi angoissé et serein à la fois. Plus angoissé que serein, lâche-t-il en aparté, mais dans un souffle de voix qu'il peine à maîtriser, il confie doucement : « J'ai promis à Charlotte que je lui ramènerais sa fille... »

C'est la fin de la journée. Au cabinet d'Agustin Acosta, le dernier point presse du jour a tourné au jeu des pronostics, demandé par des journalistes qui souhaitent faire simple, pour leurs rédactions. Mais la situation ne l'est pas tant que cela, et l'avocat mexicain énumère toutes les possibilités légales qui s'offriront aux cinq juges, demain. Ils peuvent même, en cas de blocage, renvoyer le dossier à la formation plénière, c'est-à-dire aux onze juges siégeant ensemble. « Tout est possible », répète Me Acosta. À ses côtés, Frank Berton s'en contente pour l'instant. Il attend son heure.

Un peu plus tard, dans l'anonymat d'un bar sombre aux fauteuils profonds, les deux hommes se retrouvent, forts de cette complicité qu'ils ont tissée en cinq ans. Il est question de ce dossier qui ne ressemble décidément à aucun autre, de la rage qu'ils y mettent et de l'admiration qu'inspire cette cliente qui n'a jamais sombré, jamais lâché. L'un et l'autre sont convaincus que cette affaire les marquera aussi sûrement, aussi longtemps que l'amitié qui est née entre eux. L'un et l'autre savent mieux que quiconque qu'ils sont à la veille du jour crucial. On est dans une sorte de secret du cabinet, délocalisé et adouci au mojito. « Je crois que le plus probable est qu'Olga Sánchez obtienne la majorité sur son projet. José Ramón Cossío était déjà d'accord, l'an dernier, pour renvoyer un dossier assaini devant le tribunal. Arturo Zaldívar est favorable à Florence. Et je crois qu'Alfredo Gutiérrez Ortiz l'est également. » Acosta a ses entrées à la Cour suprême. Des bruits de couloir parviennent parfois jusqu'à son cabinet.

C'est d'ailleurs ce que croit savoir Frank Berton, également. Dans l'après-midi, il a rendu une visite de courtoisie à Olga Sánchez. La juge l'a reçu avec élégance et lui a juste demandé d'avoir confiance. « En fait, dit

Agustin Acosta, l'inconnue, c'est Gutiérrez. C'est peut-être lui la clé. Il suffirait… »

Il y a un silence. Berton attend un instant et, puisque rien ne vient, puisque cette phrase suspendue ne lui suffit pas, il approche encore son œil brillant :

« Il suffirait ?…

– Eh bien, suppose que Gutiérrez soit pour la liberté immédiate. Il n'en a rien dit, et personne ne l'envisage vraiment parce qu'il n'est pas un pénaliste. Mais il sait que deux de ses collègues sont arrivés à cette conclusion l'an dernier, et il peut tout à fait l'avoir envisagée…

– Alors ?…

– Alors, Olga Sánchez pourrait ressortir le projet d'Arturo Zaldívar, en lieu et place du sien. Si elle n'obtient pas la majorité de trois voix sur sa proposition, elle peut tout à fait demander à voter à nouveau sur celle de Zaldívar. Juridiquement, ce projet est toujours pendant devant la Cour. Elle l'aura sans doute avec elle à l'audience. Si Gutiérrez vote alors comme Zaldívar et Olga Sánchez l'an dernier, on aura la majorité. Et Florence sera libre demain soir. »

C'est lumineux. Un peu trop, même, pour que les deux hommes y croient dur comme fer, mais au moment de se quitter sur ces mots, une lueur persistante les habite. On sera le 23 janvier dans quelques minutes, la nuit est un peu fraîche mais plutôt claire. Agustin Acosta se rend à un énième rendez-vous tandis que Frank Berton regagne l'Intercontinental, où RTL et Europe 1 ont installé des studios de fortune sur la terrasse. Avec le décalage horaire, les radios préparent leurs journaux du matin.

Quelques heures plus tard, le vénérable bâtiment de la Cour suprême impose sa façade de pierres taillées à quelques mètres du palais présidentiel. La place de la Constitution est en plein cœur de Mexico. On l'appelle aussi El Zócalo, « le socle ». Sur cette place qui est l'une des plus grandes au monde, flotte mollement un drapeau gigantesque vert-blanc-rouge.

Tout semble démesuré, et pourtant les marches à l'entrée de la Suprema Corte de Justicia de la Nación tiennent leur place. Monumentales mais inaccessibles ce matin : des barrières ont été installées dès l'entrée du Zócalo. Il faudra faire le tour par l'arrière, slalomer entre les cars des régies des télévisions, se frayer un chemin à travers une foule qui stationne là sans savoir où aller, puisque peu de gens pourront entrer, aujourd'hui. À l'intérieur, une fois passé le dédale des interminables couloirs, on arrive à l'immense hall au sol de pierre noire. Un autre escalier, pour monter aux salles d'audience, mais il est barré lui aussi. Ce n'était pas le cas en 2012, mais on ne laisse monter qu'une petite centaine de personnes triées sur le volet. Ce que contient la salle où se réunit la première chambre. Berton arrive dans une cohue indescriptible, comme Acosta une petite demi-heure plus tard.

Autre bousculade spectaculaire : c'est Isabel Miranda de Wallace, flanquée de l'inévitable Ezequiel. Fermée, la dame. Elle siffle quelques amabilités et monte à son tour, jetant au passage un regard de feu aux deux avocats. Chacun sait que les cinq juges sont ensemble, que leur discussion à huis clos a débuté et qu'il faut maintenant attendre là, sur cette mezzanine large et claire. En bas, de chaque côté du grand escalier, deux longues tables accueillent près de trois cents journalistes qui retransmettent en direct. Quand Mes Berton et Acosta, bras croisés dans l'attente, pointent le nez en haut de l'escalier, c'est la bousculade chez les cameramen et photographes. La nervosité glisse d'un bout à l'autre de ces marches interdites.

Puis il faut entrer. La cour est annoncée, il est midi passé. Dans la salle d'audience, Berton et Acosta sont côte à côte, à quelques mètres seulement des cinq magistrats. Pardo Rebolledo au centre, Cossío et Zaldívar à sa gauche, Gutiérrez puis Mme Sánchez de l'autre côté. Jorge Pardo préside, présente le dossier et donne la parole à Olga Sánchez Cordero, femme élégante qu'un foulard vert et des lunettes habillent avec classe. Elle parle avec passion, ses longs cheveux blonds balançant au gré des phrases qu'elle énonce et explique que c'est la raison plus que la conviction qui l'a guidée dans ce travail. Une nouvelle fois, elle rend hommage à Arturo Zaldívar, dont on sent bien qu'elle partage l'analyse. Mais « ce dossier difficile demande beaucoup de réflexion », dit-elle. Sûrement du second degré. Comme prévu, elle propose de déclarer irrecevables les éléments retenus et viciés par la procédure tronquée. Violation des droits consulaires, violations de la procédure : tout ce qui contrevient à la loi doit être écarté, la sentence, annulée et le dossier ainsi expurgé, renvoyé pour être jugé au tribunal. On est en terrain connu.

La première surprise, c'est José Ramón Cossío Díaz. Longuement, il détricote le projet de sa collègue pour arriver à cette conclusion étonnante : il est pour l'annulation de la sentence, mais vote contre le projet. Le juge Zaldívar aussi, finalement. Il ne fait pas les concessions qu'on pouvait attendre et s'en tient à ce qu'il a défendu l'an dernier. Son credo, ce sont les droits de l'homme, son intervention est remarquable de conviction et d'exigence humaine. Il n'en démord pas : pour lui, ce projet n'est pas assez ambitieux, il vote contre. Pardo Rebolledo sera encore plus bref : comme il l'a expliqué en 2012, son avis est qu'un nouveau procès doit balayer tous ces éléments. Il pense que ce n'est pas à la Cour suprême de le faire. Il vote contre.

Le projet d'Olga Sánchez est déjà mort. Quoi qu'il arrive maintenant, il n'y aura pas de nouveau procès avec un dossier vide. Pas d'audience espérée pour bientôt, pour le mois prochain peut-être, qu'on aurait attendue, désirée, jouée maintes fois d'avance avec la certitude de la gagner. Des murmures indécis se répercutent sur les murs du bâtiment un peu engourdi par une bise fraîche, et de France on reçoit des textos, des messages interloqués sur Twitter : « On ne comprend pas ! Mais que se passe-t-il ? »

Le miracle. Voilà ce qui se passe. Alfredo Gutiérrez Ortiz s'exprime maintenant, un bras posé sur la lourde table, juste à la gauche d'Olga Sánchez. Son visage rond est tranquille, sa voix, claire, il a l'air sûr de lui. Pour un spécialiste des contentieux fiscaux qu'on disait peu habitué au pénal, il est parfaitement à l'aise et intraitable avec le travail des policiers, des juges, qui a conduit à ce fiasco. Voilà ce qu'il pense de l'affaire Florence Cassez, « sans même aller jusqu'à la discussion sur la culpabilité ou l'innocence ». Tout est factice, pour lui. Il dira même « grave ». Suspendu à ses lèvres, on se demande jusqu'où il ira, mais un homme lancé de la sorte ne s'arrête pas en chemin. Il va jusqu'au bout : « Il y aurait quelque chose de plus grave encore, ce serait de garder cette femme dans nos prisons. » Acosta a compris. Il attend encore un instant, juste quelques mots pour que s'accomplisse le miracle : « En conclusion, dit le magistrat, à l'observation de tant de violations constitutionnelles et des droits de l'homme, je suis pour une remise en liberté immédiate ! » Voilà. Comme détaché de l'incrédulité de la foule qui attend la suite pour comprendre vraiment, l'avocat mexicain prend la main de son ami et lui glisse à l'oreille : « Tu rentres avec Florence ce soir. »

C'est à Olga Sánchez de parler. Si elle est ravie, pas un trait de son visage ne le trahit. Elle prend tout son temps. Elle réalise alors exactement ce qu'avait à peine osé espérer Agustin Acosta la veille, dans son discret face-à-face avec Frank Berton. Son projet rejeté par ses quatre collègues, elle sait qu'il lui reste une cartouche, et que celle-là fera mouche à tous les coups. La magistrate pousse un peu plus loin le dossier qui est devant elle et doucement, très doucement, elle approche celui qui attendait un peu plus à droite. « Je propose à cette salle de changer l'issue de mon projet. Puisqu'il nous reste celui qui avait été discuté en mars dernier, préconisant la liberté immédiate, nous pouvons en reprendre les termes, si M. Zaldívar, son auteur, en est d'accord… »

Dans la même logique, avec les mêmes mots que la veille au bistrot, on entend alors se dessiner l'issue heureuse, concrète, définitive de l'affaire Florence Cassez. Tu parles que Zaldívar est d'accord ! Si la vie d'une jeune femme est en train de se jouer là, en quelques instants magiques, il pense comme sa collègue qu'ils sont tous les deux en train de frapper un grand coup dans l'histoire de la justice mexicaine. Et ils vont le faire, avec l'aide de leur jeune allié. « Nous pouvons passer au vote », dit Olga Sánchez. Zaldívar n'en fait pas des tonnes : « Je suis pour. » Cossío est contre. Gutiérrez, alors : « Je suis pour le projet modifié. » Puis Olga Sánchez elle-même, bien droite : « Je suis pour le projet modifié. »

Quelqu'un entend-il le juge Pardo qui se prononce contre ? C'est ce qu'il fait, pourtant. Mais le temps est suspendu, là. Ce sont des instants que chacun vit à sa manière, écoutant le même Jorge Pardo énoncer solennellement la formule qui scelle ce genre de décisions, dans le droit mexicain : *« La justicia de la unión ampara y protege a Florence Marie Louise Cassez Crépin. »*

Liberada ! À Tepepan, le consul Gérald Martin, téléphone à l'oreille, tape du plat de la main contre un mur qui ne lui a rien fait, tandis qu'au cœur de Mexico deux hommes s'embrassent en ne trouvant cette fois qu'un seul mot : « Quel combat ! »

Et quelle cohue. La presse mexicaine a pris la mesure de l'événement qu'elle n'en finira plus de commenter, pendant que les journalistes français se demandent ce qui va bien se passer maintenant. « Je vais la chercher ! Elle est libre. Je vais à la prison et je rentre avec elle par l'avion de ce soir… » Frank Berton se laisse emporter, Agustin Acosta est acculé vers l'autre coin, et il reste encore largement assez de journalistes pour entendre Isabel Miranda de Wallace et Ezequiel Elizalde Flores hurler depuis les marches du grand escalier : « Le Mexique est un pays de merde ! »

Il est à peine 14 heures. Sur le Zócalo et dans les rues alentour, des journalistes s'affairent, des policiers sifflent et des badauds s'invectivent. À l'ambassade, Laurence Pantin s'apprête à confirmer à Air France les billets pour le vol du soir de Florence Cassez, Bernard Cassez, Frank Berton et Florian Blazy, qui les accompagnera au nom de l'État français. Le 747 décollera à 21 heures. Frank Berton monte dans sa voiture en direction de la prison, où Agustin Acosta, qui continue de répondre à la presse, le rejoindra quelques minutes plus tard. Il flotte dans l'air de l'après-midi un sentiment qu'on n'arrive toujours pas à définir, mais qui ressemble furieusement au bonheur.

– 23 –

Quatre mois ont passé. L'été arrive et Mexico grouille toujours. À voir cette ville s'affairer sans cesse, on imagine qu'elle est peut-être passée à autre chose ; que l'émoi suscité par la décision de la Cour suprême, à la fin du mois de janvier, s'est un peu estompé.

À l'époque, la presse avait relayé un sentiment de rejet de la population. Le quotidien *Reforma*, très friand de sondages populaires, avait publié une étude suggérant que 83 % de ses lecteurs étaient en désaccord avec le verdict du 23 janvier. *La Jornada* avait titré : « Innocente ou coupable, Cassez est libre », et ses articles énonçaient, comme beaucoup d'autres médias, la colère des associations de défense des victimes : « La cour n'a pas respecté les droits des malheureux qui ont été enlevés ! » Plus que de la colère, c'était parfois de la rage, voire de la haine qui s'exprimait alors. Au cours d'une fête de village, en province, une poupée sur laquelle était écrit *« secuestradora »* avait été brûlée en public. Et pire, une lettre ouverte d'une violence inouïe, toute de fureur et d'injures, avait été mise en ligne sur plusieurs sites. Les rares journalistes à atténuer un peu ce sentiment radical s'en prenaient alors à la police, accusée en somme d'avoir tout gâché. L'éditorialiste de *La Razón*, par exemple : « Les victimes se plaignent mais elles devraient le faire auprès de ceux qui ont déformé la réalité. » L'AFI, donc, et son ancien chef, « dont le premier devoir était d'agir en conformité avec la loi ».

Trois semaines plus tard, Raúl Plascencia, président de la Commission nationale des droits de l'homme, avait annoncé le dépôt de plaintes administratives et judiciaires contre vingt et un policiers et fonctionnaires impliqués dans l'opération du 8 décembre 2005. Genaro García Luna était évidemment le premier visé, de même que Luis Cárdenas Palomino et d'autres cadres, comme le directeur général des enquêtes et le chef des opérations spéciales, déjà remplacés à leurs postes. Devant le ministère public, ces plaintes visaient les violations « des principes de légalité, d'objectivité, d'efficacité, de professionnalisme, d'honnêteté et de respect des droits de l'homme ».

« Il ne faut pas s'y tromper, dit Agustin Acosta, c'est encore très sensible. Le sentiment qui domine ici est que Florence a été libérée parce que ses droits ont été violés, donc pour des problèmes de procédure, et non parce qu'elle est innocente. Or la vérité juridique est bien celle-là : la cour a annulé la condamnation. Si la condamnation est annulée, la présomption d'innocence doit s'appliquer à Florence comme à n'importe qui. C'est le sens de la décision de la Cour suprême. »

Me Acosta n'en a pas fini avec ces débats : « Chaque semaine, je suis encore invité à une conférence, devant le barreau ou dans une faculté, où je répète qu'en vertu de tout cela rien ne permet plus aujourd'hui de dire que Florence est coupable. »

Tout le monde s'accorde, en revanche, pour dire que la décision du 23 janvier a marqué comme prévu un virage crucial dans le fonctionnement de la justice mexicaine. Agustin Acosta prend un exemple tout chaud : « La police vient d'arrêter la présidente du principal syndicat des enseignants, pour détournement de fonds. On la suspecte d'avoir détourné 3 millions de dollars en achats personnels sur sa carte de crédit du syndicat, notamment aux États-Unis. C'est une nouvelle qui bouleverse le pays, parce qu'il s'agit de quelqu'un de très connu, qui paraissait intouchable et irréprochable. Mais cette affaire très sensible est suivie au jour le jour sous l'éclairage constant du respect de la procédure, de la présomption d'innocence et du procès équitable. C'est une préoccupation majeure et omniprésente, désormais, dans le traitement de ces affaires, et tout le monde dit ici que c'est un progrès immense pour la crédibilité des décisions de justice. »

Retour à la Cour suprême. L'immense bâtiment a retrouvé sa vénérable tranquillité, on parcourt ses couloirs et gravit le large escalier sans croiser grand monde. Il faut être escorté pour aller jusqu'aux bureaux des juges, dans l'aile la plus surveillée. Un petit guichet d'accueil, une secrétaire intraitable : « La ministre est très occupée, elle ne pourra pas vous recevoir longtemps ! » C'est le titre qu'ont les juges de la Cour suprême : *« ministro »*. Neuf hommes et deux femmes, dont la *ministra* Olga María del Carmen Sánchez Cordero de García Villegas.

C'est ce que dit la plaque dorée à l'accueil. Un patronyme qui en jette, pour une femme tout en simplicité, qui arrive avec un sourire éclatant : « J'ai tout le temps que vous voulez, pour parler de Florence Cassez ! »

Son bureau est une vaste pièce où elle veut que chacun se sente à son aise. Elle-même semble détendue et ravie de revenir sur ce dossier : « J'ai vécu là un des moments les plus importants de ma vie. » Son enthousiasme est lumineux, et on comprend vite pourquoi elle est prolixe : « J'ai passé un an à lire les trente tomes de ce dossier. Même pendant les vacances. J'avais dix collaborateurs autour de moi. Au début, ils n'étaient que cinq à partager l'avis d'Arturo Zaldívar ; à la fin ils le partageaient tous. »

Pour tous, il a rapidement été évident que les dispositions de la loi, voire de la Constitution mexicaine avaient été violées. Cela avait déjà été maintes fois répété : « M. Zaldívar avait mis en avant l'effet corrupteur du montage télévisé pour la présomption d'innocence. Son impact était énorme. Comme si on imposait une décision avant le procès. Cela aurait été suffisant pour casser la sentence, mais il y avait beaucoup plus. » L'arrestation un jour plus tôt, ce qui a empêché la présentation immédiate des deux suspects à l'autorité judiciaire, comme l'ordonne le texte fondamental ; le non-respect des droits consulaires, également. « Mais en cherchant dans le dossier, nous nous sommes également attachés à la règle de la preuve. Notamment aux déclarations de Cristina Ríos Valladares et de son fils. Ces preuves n'étaient pas crédibles. Nous sommes arrivés à la conclusion que la première déclaration était sincère, tandis que la deuxième était dirigée. » Dans leur première déclaration, le petit Cristian et sa maman disent et répètent qu'il n'y avait pas de femme parmi leurs ravisseurs et qu'ils ne reconnaissent pas la voix d'Israel Vallarta. Mme Sánchez ne parle même pas d'Ezequiel. Si on suggère son nom, elle se contente d'un sourire entendu et ne s'y arrête pas.

À la suite de la décision qu'elle a portée de toutes ses forces, elle a dû donner des dizaines d'interviews, afin d'expliquer le sens de ce qui venait de se passer. « Je parlais le plus simplement possible. Je tentais de convaincre que c'était l'évidence qui s'était imposée à nous. » L'évidence n'allait pas de soi pour tout le monde, Olga Sánchez le sait bien. « Notre décision dit que Florence Cassez n'est pas coupable. C'est vrai que c'est différent aux oreilles des gens que dire qu'elle est innocente. Mais ce n'est pas moi qui le dis, c'est notre Constitution. C'est elle qui parle par ma voix. »

Afin d'aplanir la polémique, la solution eût été d'ordonner un nouveau procès, sur la base du dossier expurgé des preuves fabriquées. Un procès au terme duquel aurait immanquablement été prononcé un acquittement. « Mais c'était impossible de retourner devant un tribunal avec toutes ces violations. C'était très important pour l'histoire judiciaire du Mexique. En refusant de reprendre ce dossier fabriqué, nous avons envoyé un message capital à tous les justiciables. Pour nous, ce dossier, c'est une affaire Dreyfus ! »

Mme Sánchez savait bien, en soutenant cette position, qu'elle aurait l'opinion mexicaine contre elle. « Mais c'était pour moi comme une mission. Et pas seulement pour moi. » Elle revit alors ces moments cruciaux de l'audience qui a bouleversé la justice de son pays – et sa vie professionnelle également. Elle est radieuse, quand elle raconte l'exposé de son collègue Gutiérrez : « J'ai vite compris que mon projet n'avait plus d'avenir. Mais je ne l'avais fait que pour tenter une conciliation. Je n'ai donc eu aucune peine à bâtir un nouveau projet, avec un peu de Zaldívar, un peu de Gutiérrez et… un peu de moi ! » Elle reconnaît qu'elle avait prévu cette possibilité – « C'est l'expérience qui parle… » – et se revoit au moment qu'elle considère comme le plus important : « J'avais un nœud à la gorge, quand mon collègue a commencé à lire la résolution de la Cour. »

Olga Sánchez Cordero est aujourd'hui l'une des femmes les plus considérées dans son pays. Au mois de septembre 2013, elle faisait la une du magazine *Forbes*, qui la classait en tête des « cinquante femmes les plus puissantes du Mexique ». L'article lui rendait essentiellement hommage parce que son combat est « la défense des droits fondamentaux de tous les hommes ».

À deux pas des arènes monumentales, quand on descend la ville par l'avenue Insurgentes Sur, la pastorale pénitentiaire et sociale de l'Église mexicaine est toujours protégée par une porte étroite mais solide. Pedro Arellano y travaille encore sur des dizaines de dossiers, pas forcément connus du public. Il refuse toujours d'entrer dans les détails de ses conclusions et se tient à ce qu'il a répété des mois durant – y compris aux juges : « Les preuves de l'innocence de Florence Cassez existent. » Pour lui comme pour tous ceux qui se sont penchés sur les faits et les témoignages, le rôle d'Eduardo Margolis reste trouble. « L'ex-associé de Sébastien Cassez était au siège de la police le soir de l'arrestation, il n'est plus permis d'en douter. Il n'a rien manqué de ce qui se passait. » Mais est-il intervenu, cet homme qui semble avoir tant d'influence ? « Nous avons établi que Cristina Ríos Valladares était à son service – elle travaillait comme femme de ménage. De même que le père d'Ezequiel, qui était un homme à tout faire, en plus d'être le gérant d'une salle de billard. J'ai dit un jour à Margolis que ce qui avait été fait à Florence était injuste. Il m'a répondu : "Dites-lui de m'appeler…" »

Pour cet homme d'Église humble aux yeux rieurs, il est difficile de détricoter le nœud formé par Margolis et les responsables de l'AFI. Ezequiel Elizalde, Cristina Ríos Valladares et son fils Cristian ont été amenés au ranch par la police, le jour du montage télévisé : « J'ai parlé avec deux policiers qui m'ont raconté être allés les chercher vers 1 heure du matin à Xochimilco pour les emmener au ranch. » C'est donc la preuve que les policiers savaient où étaient ces trois personnes et qu'elles n'étaient plus séquestrées à ce moment-là.

Tout cela, comme d'autres éléments, a été consigné par écrit dans le fameux rapport que Pedro n'a jamais voulu communiquer. « Il est dans les archives du Vatican, maintenant. Vous savez : celles que l'on n'ouvre qu'une fois tous les cinquante ans. La prochaine fois, il y aura ça… » Ce qui le fait sourire. C'est un têtu, Pedro. Un homme pénétré de ses convictions et de sa mission, que les menaces et les mesures d'intimidation n'ont jamais arrêté : « Je continue parce que, dans nos prisons, il y a encore beaucoup de Florence. » Mais cette affaire-là lui laisse un souvenir tout à fait particulier. Ce fut l'une des plus difficiles, des plus sensibles qu'il ait connues. Dans son bureau austère aux murs de ciment nu, il met en garde : « Il y a une chape de plomb sur la ville. La peur de parler de ceux qui savent… » La peur de qui ? D'Eduardo Margolis, de Genaro García Luna ? Pedro sourit encore : à chacun de se faire une idée. Il lève les yeux au ciel et s'en retourne fouiller les dossiers des faux coupables qui peuplent les prisons mexicaines.

C'est pourtant vrai qu'on sent encore le lourd nuage de l'omerta. Il s'est un peu dissipé, avec les départs de Felipe Calderón et Genaro García Luna, mais il faut encore multiplier les précautions pour obtenir un rendez-vous avec ceux qui ont servi leur administration. Le progrès est tout de même important : jusque 2012, c'était impossible. Aujourd'hui, à condition de connaître la personne de confiance qui servira de caution, on peut se retrouver un matin au fond d'un café tranquille, de préférence à l'écart des autres tables. Il faut promettre l'anonymat et se résoudre à écouter des récits qu'on ne pourra pas totalement vérifier, mais au moins on est sûr que ceux à qui on parle ont approché de très près l'histoire qui tenait tant à cœur à Genaro García Luna.

« Pour lui, Florence Cassez, c'était un trophée de chasse ! » Cet ancien flic de l'AFI n'était pas de service le 8 décembre 2005, mais il se souvient parfaitement des récits de ses collègues : « C'est Cárdenas Palomino qui les a appelés vers 3 heures du matin, parce qu'il y avait une opération. Ils ont commencé vers 4 heures.

C'est Palomino directement qui donnait les instructions. Ils étaient très ennuyés par la présence des caméras et des photographes, mais personne n'a osé se manifester. » Aujourd'hui, plus aucun de ces agents n'est en service à l'AFI : « Certains ont été promus ailleurs, d'autres se sont fait oublier dans des États où on n'ira pas les chercher. Mais tous ont compris qu'ils ont intérêt à garder le silence. »

Ce type costaud au regard sûr a opéré pendant deux ans dans ce service d'élite. De quoi multiplier les exemples de culpabilités fabriquées. « Je me souviens d'un entraîneur de football, et aussi de la sœur d'un grand chef d'entreprise, qui avaient été enlevés et à qui on a demandé de désigner des coupables choisis pour eux. »

Au cœur de l'été 2008, il a eu en main un document extrêmement troublant. « C'était en pleine affaire Marti », dit-il. Le jeune Fernando avait été enlevé le 4 juin dans la voiture qui l'emmenait au collège. Ce sont des hommes en uniforme de l'AFI qui ont arrêté le véhicule ; le chauffeur a été torturé et le garde du corps, étranglé, mais il a survécu. La famille Marti, propriétaire d'une grande chaîne d'articles de sport, a versé une très forte rançon, mais le corps de l'adolescent a été retrouvé le 1er août dans le coffre d'une voiture, au centre de Mexico.

Cette affaire a bouleversé le Mexique. D'énormes manifestations ont eu lieu à cette époque pour demander une plus grande efficacité des services de police contre l'industrie du crime, et notamment contre les gangs de ravisseurs. « Des policiers étaient mêlés à cette histoire. C'était une période extrêmement tendue. Tous les chefs étaient aux abois. » C'est à cette époque, donc, que notre policier a reçu un paquet contenant quatre DVD. « Les consignes, pour ce genre de documents, étaient de les faire parvenir à la direction, après en avoir fait une copie à remettre au service de la communication. J'ai donc amené l'original chez García Luna et une copie à la directrice de la communication. »

Trois jours plus tard, celle-ci est venue le trouver pour lui demander s'il avait regardé ce que contenaient les DVD. Il ne l'avait pas fait. « Alors, elle m'a montré quelques images. On y voyait Luis Cárdenas Palomino en civil, parlant à une association de victimes. Il leur disait : « Je sais que ce ne sont pas ces gens qui ont enlevé vos proches, mais nous vous demandons de les désigner. » Sur les boîtes des DVD, il était inscrit : Zodiaco 1, Zodiaco 2, Zodiaco 3, Zodiaco 4… » La directrice de la communication lui a montré ces quelques images parce que c'était lui qui avait reçu le paquet, mais il n'a pas pu en voir plus.

Pourtant, tout cela ne l'a pas étonné. « Quelque temps plus tôt, lors d'une réunion du service, Palomino nous a parlé d'une bande que nous avions arrêtée et qu'il allait présenter à la presse. "Nous allons les appeler Les Faucons", a-t-il suggéré. Mais quelqu'un lui a fait remarquer que nous avions déjà mis sous les verrous une autre bande qui portait ce nom. Alors il a dit que ce n'était pas grave, et il a décidé que celle-ci s'appellerait "Los Tacos". Pour "Los Zodiacos", les choses se sont peut-être passées de la même manière. » Sauf que ce nom-là est devenu célèbre dans tout le Mexique. Et plus encore dans la police : « À cette époque, dans le service, on disait que Florence Cassez s'était trouvée au mauvais endroit au mauvais moment, c'est tout… »

Pour lui, les choses se sont gâtées en 2009, après une nouvelle opération tronquée. « Nous avions arrêté des petits délinquants. Ce n'était vraiment pas une affaire importante. L'un d'eux avait été blessé et un médecin était venu le soigner, avant que nous l'emmenions. Mais il y avait sur place un photographe. Au retour, mes chefs m'ont demandé de monter une histoire avec ce médecin, afin de le présenter comme une personne qui aurait été enlevée par ces types que nous avions arrêtés pour tout autre chose. J'ai répondu que je ne ferais cela que si j'avais une instruction écrite. Dès lors, je suis tombé en disgrâce. »

Autre rendez-vous discret, dans les allées tranquilles d'un parc urbain de Polanco, autre témoignage consenti en échange d'une promesse de secret. C'est un fonctionnaire du ministère de la Justice, cette fois, qui a connu le tourbillon de l'époque à laquelle la Cour suprême s'est emparée du dossier Florence Cassez : « La pression du Président était énorme ! »

Les services de communication étaient aux aguets : « Il n'y avait pas de véritable stratégie. La chancellerie travaillait au coup par coup, en réaction aux positions de la presse, mexicaine et étrangère. L'ordre avait été donné d'acheter de la publicité aux journaux qui allaient dans le sens souhaité. Quand un journal comme *Proceso* ou *La Jornada* donnaient des informations qui nuisaient à la version de la police, l'État leur retirait toutes ses commandes de publicité. L'État était également très ennuyé à cause de l'image que tout cela donnait en France. Le ministère du Tourisme était chargé d'identifier des leaders d'opinion et de les inviter pour donner une bonne image du pays. »

– 24 –

Lupita Vallarta, la sœur d'Israel, est une femme dont les cheveux tirés en arrière, en un chignon hâtivement pincé, soulignent le regard inquiet et la lassitude des traits. Elle est assise dans un charmant café-librairie de la Colonia Roma, sur l'avenue Álvaro Obregón. Un quartier « bobo », dirait-on en France, mais ce n'est pas là qu'elle habite. Depuis que ses frères ont été arrêtés, la famille est éclatée. Les frais d'avocats l'ont mise sur la paille et elle a trouvé refuge dans un tout petit logement, au-dessus d'un garage. Un deux pièces qui appartenait à ses parents, au bout d'une rue qu'elle préfère ne pas emprunter seule à la nuit tombée.

Devant elle, sur la table, des pièces du dossier pénal de ses frères sont étalées. Elle aussi a cette conviction : « Prenez ce que vous voulez ! Et lisez-le. Il suffit de se pencher sur ce dossier pour comprendre qu'Israel est innocent. Et mes autres frères aussi. » Huit ans qu'il est ouvert, ce dossier : « Quand celui de Florence a été bouclé, nous en étions au tome seize. Maintenant, nous en sommes à trente et un. » À raison d'un petit millier de pages par tome.

Lupita est fatiguée de tout cela, mais elle se bat. Outre Israel, trois de ses frères sont emprisonnés, ainsi que trois neveux. Sans compter six autres hommes, tous plus ou moins proches de la famille, travaillant parfois dans les petits garages automobiles. Ils sont presque tous à Tepic, au nord du Mexique, vers la Côte pacifique, mais Israel est dans une prison de haute sécurité, pas très loin de Mexico. Elle montre des photos où on le voit poser à côté d'employés de l'administration pénitentiaire, un léger sourire aux lèvres. Amaigri et le bouc bien taillé, il n'a plus rien à voir avec l'homme chancelant du 9 décembre 2005 au matin quand, boursouflé par les coups, il reconnaissait, sous la menace de Luis Cárdenas Palomino, avoir séquestré les trois personnes qu'on lui présentait.

Elle écarte les bras, dans un geste d'évidence, et revient aux sources de cette affaire. « Avec la jeune Valeria, les policiers disent qu'Israel va chez les Rueda Cacho, quand ils prétendent le voir dans la Volvo. Mais sur les photos de la maison, il n'y a pas Israel. Sur les photos des personnes qu'on lui montre, Valeria ne reconnaît que les Rueda Cacho. Quand on lui montre une photo d'Israel, elle ne le connaît pas. Or, le même soir, selon le procès-verbal, elle le voit en voiture ! Cette fois, elle prétend le reconnaître, parce qu'il avait un bouc. Or, à l'époque où elle est enlevée, Israel avait fait des photos pour une demande de visa, que nous avons versées au dossier : il est imberbe. » Pour les autres frères, c'est à peu près la même chose. C'est ce pittoresque Ezequiel qui les désigne également, sur des photos. « Mais en 2005, quand Israel et Florence sont arrêtés, on lui montre des clichés de mes autres frères et il est formel : il ne connaît personne. C'est trois ans et demi plus tard que la mémoire lui revient ! »

Elle connaît son dossier par cœur, jusqu'aux moindres dates. Outre Valeria et les trois autres victimes désignées, Israel est accusé du rapt d'un homme de quarante-quatre ans, enlevé en 2003. Il s'appelle Shlomo Segal Mizrahi, et Eduardo Margolis, protecteur autoproclamé de la colonie juive de Mexico, l'a pris sous son aile. « En décembre 2005, on l'a amené au ranch et il a reconnu l'endroit où il avait été séquestré, mais sur les photos il n'a reconnu personne ! Juste la pochette d'un DVD… » Rien de tout cela ne semble plus solide que le reste. « Israel ne désespère pas que son innocence soit reconnue. Ainsi que celle de Florence et de ses frères. Mais il sait que ce sera long. Il en a pris son parti : il sait que pour arriver à ce résultat, il faudra environ dix ans. C'est ce que lui ont dit des avocats et d'autres personnes qu'il a vues, en prison. Il sait que s'il veut sortir innocenté, il faut ce temps-là. Il a déjà présenté son dossier deux fois, mais on lui a dit qu'il n'était pas conforme… »

Lupita aimerait bien connaître, elle aussi, la genèse de tout cela. Elle remonte à l'époque de l'amitié entre son frère et Sébastien Cassez, se doute qu'Eduardo Margolis les avait à l'œil. « Israel dit qu'il y a derrière tout cela une histoire de vengeance de Margolis envers Sébastien. Mais pourquoi lui ? Peut-être parce qu'il avait eu une altercation avec le puissant associé, à propos de Sébastien, à l'issue de laquelle Margolis lui avait dit : "Tu te souviendras de moi…" J'espère que pour le procès nous pourrons avoir le témoignage de Sébastien. Même par visioconférence. Même par écrit. »

Elle ne dit rien, en revanche, de cette maison de l'avenue Xochimilco, où elle a été vue en compagnie d'Alejandro Mejía. Cette maison, c'est pourtant une des clés de l'énigme. Les personnes séquestrées en reconnaissent l'intérieur, et deux policiers ont dit à Pedro Arellano que c'était là qu'ils étaient allés chercher les otages faussement libérés le 9 décembre 2005.

« Dans cette maison, il y a toujours eu beaucoup de passage. Il y a plusieurs locataires différents, mais ce sont des policiers qui contrôlent les allées et venues. » Surprise. L'homme qui dit cela ne plaisante pas. Sa corpulence, son regard noir, ses gardes du corps et les armes posées devant lui font d'ailleurs penser qu'il ne plaisante pas souvent. C'est un policier, trente ans de métier dans les services les plus sensibles, et des références inattaquables. Y compris les cicatrices de balles qu'il exhibe en soulevant sa chemise. Celle qui s'est logée dans sa jambe y est encore, depuis 1978. Il a toujours été impossible de l'extraire.

Pour arriver jusqu'à lui, il a fallu le sésame des sésames. Un ordre venu de très haut – sous condition d'anonymat, évidemment. Le quartier n'engage pas à la flânerie, le bâtiment équipé de caméras de surveillance est sinistre, on y est accueilli par une fouille au corps en règle. Mais puisqu'on est recommandé, on a le droit de s'asseoir.

Aux murs, des armes. Sur les meubles, des armes. Sur la table aussi, on l'a vu. Derrière elles, l'homme qui parle est le pacha : « L'an dernier, on m'a demandé de reprendre l'enquête depuis le début. J'ai réuni quatre hommes sûrs, je savais que cette histoire était particulièrement sensible. » Une enquête parallèle, en quelque sorte. Debout, de l'autre côté de la pièce, quatre types ont exhibé leurs insignes de la police. Ils ne prononcent pas un mot sans que le boss les y invite et, pour l'instant, c'est lui qui dit : « Nous n'avions pas beaucoup d'informations, parce que le dossier était bloqué à la PGR. De toute façon, on ne pouvait pas compter sur le dossier. D'après nos renseignements, il était monté de toutes pièces. »

Pendant qu'il parle, ses hommes épinglent au mur deux grands panneaux illustrés de photos reliées entre elles par des flèches et des légendes. On se croirait dans une série américaine. Il prend son élan : le récit part de loin. Cet homme a connu García Luna tout jeune, et pour rester poli on dira qu'il ne le tient pas en très haute estime :

« Son véritable talent, c'est qu'il a une formidable mémoire, surtout photographique. C'était un homme de main, au départ, sans aucune envergure. Mais son passage dans les services secrets lui a donné accès à des informations sensibles, sur les uns et les autres, dont il a su se servir pour se placer. Du bas de l'échelle, au début…

« Jusqu'en haut ?

« Personne n'ignore qu'il a un dossier sur Felipe Calderón. Vous me direz : personne n'en a la preuve non plus. C'est la règle. Aujourd'hui, la presse parle ouvertement de ses liens avec le cartel de Sinaloa, alors qu'avant seuls les services de renseignement étaient au courant. Moi, ce qui m'exaspère le plus, c'est la fortune qu'il s'est bâtie. J'ai trente ans de service, dont une grande partie dans les services secrets – bien plus que lui, d'ailleurs –, et je n'ai pas un peso devant moi. Vous m'expliquez ? »

Non. Pour les quatre du fond, c'est Cárdenas Palomino, la cible. « Outre l'histoire du chauffeur de taxi, ce gars a plein de casseroles aux fesses. Du sang sur les mains. Quand on pense aux examens et interrogatoires que nous avons dû subir pour entrer dans la police, c'est incroyable qu'il ait pu faire partie des mêmes services… »

Leur enquête a débuté à Xochimilco, évidemment. La fameuse maison à la grande porte verte. Telmex en donne cinq titulaires de ligne téléphonique, tous inconnus. « Dans cette zone, les policiers contrôlent tout. Il y a là l'une des antennes principales de la police fédérale. Ils savent forcément tout ce qui s'y passe. Qui entre, qui sort. Il y a quelques années, l'un des chefs du service chargé de lutter contre le kidnapping a été arrêté, en même temps que le leader d'une bande connue, dont il était le complice. » C'est un bon début.

Tout commence donc avec l'enlèvement de la jeune Valeria. Peu de temps après, Marco Antonio et José Fernando Rueda Cacho, dont la jeune fille désigne la maison, dans le quartier d'Iztapalapa, sont convoqués par la police. Ils ont à peine le temps d'être questionnés que leur père, Marco Antonio Rueda Valencia, se présente pour livrer un témoignage spontané. Procès-verbal à l'appui : « Mes fils n'ont rien à voir là-dedans. Mon fils aîné est prêteur sur gages. Il a prêté 108 000 pesos à un certain Alejandro Mejía Guevara, qui lui a laissé une Volvo S 240 en garantie. Alejandro Mejía est le fiancé de Lupita Vallarta. » Mejía qui les mènera sans mal à Israel Vallarta, puisqu'il a fait lui-même les présentations avec les frères Rueda Cacho.

« Marco Antonio Rueda Valencia, le père des deux garçons, n'est autre que le frère d'Alejandro Jaime Rueda Valencia, le véritable parrain du quartier d'Iztapalapa. Nous avons recensé une quinzaine de maisons sécurisées dont les lignes téléphoniques sont à son nom, et il est le propriétaire des halles centrales, par lesquelles tout le monde passe. »

Outre les deux jeunes gens rapidement relâchés, Alejandro Jaime a un autre neveu, Édgar Rueda Parra. Dont la mère a été mariée à Raúl Ramírez Chavez. Sur les tableaux des policiers, c'est clair : celui-ci est le papa du petit Cristian Ramírez Ríos, qu'on découvre sur les genoux de sa mère sur les images de la fausse arrestation, le 9 décembre. Dans sa première déclaration, le gamin dit spontanément : « Un jour, alors que deux de mes ravisseurs parlaient entre eux, j'ai reconnu la voix de mon cousin Édgar. » Sa mère, Cristina Ríos Valladares, le confirme d'ailleurs, à propos d'un traitement médical qu'on lui aurait amené.

Ces policiers n'ont pas eu accès au dossier, mais ils arrivent à la même conclusion que tous ceux qui l'ont lu. Ils désignent la même famille qu'Héctor de Mauleón, le journaliste de *Nexos*, ou d'autres reporters qui se sont intéressés à cette histoire depuis 2008 ou 2009. En fait, ils ne révèlent rien de nouveau, mais livrent des conclusions identiques auxquelles ils sont arrivés par d'autres chemins. « C'est parce qu'il n'y a pas d'autre explication », dit leur chef. Et il ne doute pas un instant que des policiers sont complices des ravisseurs. « Il fallait protéger cette famille. Il a donc été fait appel à Mme Ríos Valladares, qui a sans doute été kidnappée, mais quelques semaines plus tôt, ainsi qu'au jeune Ezequiel, dont le père était également un indicateur de la police. Il avait une dette dont il s'est acquitté en "prêtant" son fils pour cette mascarade. »

Les frères Rueda Cacho n'ont plus jamais été inquiétés. Un mandat d'arrêt avait été délivré à l'encontre de l'un d'eux, mais il a été rapidement annulé. Ni leur cousin Édgar Rueda Parra, ni Alejandro Mejía n'ont été interrogés depuis, et nos policiers doutent qu'ils le soient de sitôt : « Apparemment, il est impossible de les retrouver, ils sont en fuite depuis plusieurs années. De plus, la famille continue de payer pour sa protection, et même très cher. »

Les deux tableaux sont décrochés du mur. Une autre certitude, qui ne semble pas étonner grand monde : « Les autorités ne sont pas pressées de relancer cette enquête officiellement. Pour la nouvelle administration, l'essentiel était de se débarrasser du cas de Florence Cassez qui empoisonnait les relations internationales et aussi les affaires intérieures. »

Qu'en est-il d'Israel et de sa famille ? « On a vu souvent des gens arrêtés pour des choses graves et remis en liberté quelques années plus tard sans condamnation. Puis reprendre leurs vies. Pour l'instant, ils sont en train de payer le fait qu'ils n'ont jamais accusé « *la Secuestradora* » de García Luna… » Israel Vallarta achetait et vendait des voitures dont il échangeait parfois les cartes grises ou maquillait les immatriculations. Mais autant dans le bunker sécurisé qu'au fond du bistrot de Polanco, les policiers pensent qu'il n'a jamais enlevé personne. Et ses frères non plus. Si sa sœur voit juste, il pourrait espérer retrouver la liberté dans deux ou trois ans…

– 25 –

En tentant de me réapproprier ma vie, de me construire une nouvelle liberté, j'ai souvent pensé à Rocio. C'était une jeune femme un peu ronde mais jolie, qui prenait soin d'elle, se maquillait et se coiffait avec goût. Elle est arrivée à Tepepan en 2006. On l'a mise en cellule avec moi. Elle avait pris dix ans pour trafic de drogue. Quand elle est arrivée, elle avait déjà fait sept ans à Santa Martha. Rocio était remplie de colère. De haine, même. La drogue qu'on avait trouvée sur elle, c'était à son mari, et il s'était empressé de la laisser tomber. Il n'est jamais venu la voir. Elle était à peine plus âgée que moi, mais elle était grand-mère. C'est courant, au Mexique. Elle avait trente-six ans, elle avait été maman à dix-sept, et maintenant elle avait un petit-fils.

Elle était là quand j'ai été condamnée à quatre-vingt-seize ans de prison. Nous étions dans le même état d'esprit, cela nous rapprochait. En 2007, quand Tony a été extradée aux États-Unis en pleine nuit, Rocio s'est encore rapprochée de moi. Elle avait un petit côté protecteur. Je me souviens qu'elle tentait de cuisiner, dans la mesure de nos moyens. Nous étions devenues assez proches, toutes les deux.

C'était une fille débrouillarde. Elle était de Tepito, un quartier de Mexico qu'on ne recommande pas, en général. Dans la prison, elle connaissait beaucoup de gens, dont certains gardes qui étaient originaires de son quartier, et elle faisait du commerce avec tout le monde. Personne de sa famille ne venait la voir, mais elle s'en sortait toujours. Elle avait pour compagnon un garde qui avait vingt ans de plus qu'elle. Un grand type, avec des cheveux blancs.

Juste avant qu'elle sorte, je lui avais dit : « Ne reste pas avec lui. Change de vie. Prends ton envol… » Elle m'avait promis de venir me voir. De ne pas m'oublier. Mais quand je l'appelais elle me disait : « Oui, je viens mardi ! » Et puis rien. Elle n'est jamais venue. J'ai plusieurs fois demandé à son compagnon pourquoi elle ne se décidait pas, et il me disait : « Elle ne peut pas. Elle est bloquée. Ça n'a rien à voir avec toi, c'est juste qu'elle ne peut pas sortir. » Je ne comprenais pas. Je me mettais en colère, déçue, peut-être vexée. Je lui en voulais beaucoup.

J'avais mal jugé Rocio. La vérité, quand on sort de plusieurs années de ce régime, c'est qu'on est effectivement bloqué. Moi, comme Rocio et comme tant d'autres. Cela n'a rien à voir avec l'ouverture d'esprit, la culture ou la force morale. En prison, on vous imprime dans la tête qu'il ne faut pas sortir. Et ça marche !

Soraya me disait la même chose. En Colombie, quand je l'appelais, elle me racontait que c'était trop compliqué de reprendre sa vie. Je ne comprenais pas, moi qui l'avais vue si forte, si admirable, en détention. On m'a souvent dit cela, tiens : « Vous êtes admirable. Quelle force ! » Mais oui : quelle force ? La force n'a rien à voir là-dedans. L'instinct de survie, plutôt.

Voilà une image à laquelle j'ai souvent pensé : prenons un petit chat qui vient de naître. Il est innocent. Peut-on être plus innocent qu'un petit chat qui vient de naître ? Maintenant, jetons-le dans l'eau. Que fait-il ? Il se débat. C'est inné. Ce n'est pas parce qu'on lui a dit de faire comme cela, c'est un réflexe. Il veut survivre. Et quand on le pose à côté du seau, il tremble. Il a peur. Traumatisé par ce qui vient de lui arriver. Peur qu'on le reprenne pour le rejeter à l'eau, aussi. Eh bien, je me suis débattue pendant sept ans, voilà. Non, je ne suis pas forte : d'autres auraient fait mieux, à ma place. Ils auraient écrit, auraient repris des études…

À ma libération, j'étais traumatisée. J'avais peur de sortir, peur de la vie. J'avais l'impression qu'il me faudrait franchir à nouveau toutes les grilles, pour sortir. Je me souviens même avoir pensé que je devrais de nouveau répondre à toutes ces questions, passer par la conférence de presse…

Je ne pouvais pas me déplacer seule. Incapable de sortir dans la rue ou sur la plage de Malo-les-Bains sans mon père ou ma mère. Pourtant, les gens étaient si gentils avec moi. Quand j'ai fait toutes ces démarches obligées, avec mon père, à Dunkerque – ma carte d'identité, mon permis de conduire, mon compte en banque… – tous ces gens ont été adorables. Ils comprenaient que je redémarrais de zéro. Sans doute se rendaient-ils compte que j'étais perdue.

J'avais tellement rêvé de ces moments ! J'avais fait des projets, je m'étais promis de montrer que j'étais saine et sauve, qu'on ne m'avait pas abîmée. Je croyais retrouver un travail tout de suite. Tourner la page rapidement, passer à autre chose. C'était une grosse erreur. Le contrecoup, je l'aurais eu de toute façon.

C'est venu au bout de quelques semaines. Peut-être deux mois après mon retour. Quand je me suis rendu compte que ma liberté n'était pas tout à fait celle que j'avais imaginée. Je n'avais vu que le beau. J'avais oublié les contraintes, oublié qu'il faut se prendre en main, s'organiser, faire des choix, tout ce qu'on ne fait plus en prison. Et que je ne savais plus affronter. J'ai eu des semaines très difficiles. Des moments d'abattement, de découragement.

Heureusement, j'ai reçu tant de témoignages de sympathie. Quand Michel Delebarre, le maire de Dunkerque, m'a remis la médaille de la ville, j'en étais presque gênée. C'était le début de nos retrouvailles, avec Fausto, et nous tenions surtout à nous protéger. On avait tellement parlé de moi ! Mais cela s'est passé en toute simplicité. Fausto est resté dans le public, à l'abri, personne n'a été indiscret avec lui, et moi j'étais choyée.

Quand nous nous sommes mariés, au début du mois de juillet 2013, toujours devant le maire de Dunkerque, nous avons voulu que ce soit dans la discrétion. Presque dans l'intimité. Avec nos familles, les amis, en évitant le tumulte médiatique. J'avais été échaudée par le déluge du mois de janvier. Échaudée et interloquée : j'avais fait cela avec tout mon cœur, parce qu'on me le demandait, alors que j'avais envie de tout autre chose, et au bout de quarante-huit heures j'avais entendu dire : « Pour qui elle se prend ? »

J'ai retrouvé Fausto un jour de février, alors que Mélissa Theuriau me recevait chez elle quelques jours à Paris. Mes parents ont organisé un week-end, avec plusieurs invités, à Dunkerque. Fausto était du nombre : il avait été tellement présent, au comité de soutien. D'Annecy, où il habitait, il a fait un détour par Paris, pour m'emmener chez mes parents. C'était charmant. Et délicieusement rassurant, aussi. Je sentais que la prison ne m'avait pas tout pris, pas complètement cassée. Je pouvais encore me regarder dans les yeux de l'autre. Je reprenais confiance en moi.

Mais ce ne fut pas si simple. Il me fallait encore du temps. La première fois que je suis allée chez lui, j'étais perdue. Dans son appartement, j'avais un problème avec l'espace. Je ne savais pas où me situer. La prison, je ne l'avais jamais vue de l'extérieur, alors j'avais fini par m'imaginer un bloc perdu, au milieu de rien. Dans l'appartement, c'était la même chose. Et toujours cette hantise de sortir. Marcher seule dans la rue m'était impossible. Pourtant, avec Fausto, c'était tout de même plus simple. Quand nous sortions tous les deux, pour manger une gaufre, nous promener au lac, les gens me reconnaissaient, me souriaient. Au restaurant, combien de fois nous a-t-on offert l'apéritif ? Quand nous avons emménagé, que nous sommes allés acheter un lave-linge, c'était quasiment la fête dans tout le magasin !

Tous ces gens qui m'accueillaient comme s'ils me connaissaient, qui m'encourageaient m'ont beaucoup aidée à reprendre pied.

Parfois, on se demandait qui j'étais. « Je vous reconnais, vous êtes passée à la télévision ! » Ou bien : « Vous êtes une actrice, non ?... » Mais comme ç'a été long d'oser enfin !

Les premières fois où je me suis lancée seule, c'était terrible. Quand je suis allée rejoindre Fausto, il m'attendait à l'aéroport de Genève. Ma mère m'avait accompagnée par le TGV à Roissy. Avant que je monte dans l'avion, Fausto m'avait expliqué, comme à une petite fille : « C'est simple : tu suis le couloir, côté français. Toujours côté français. Puis tu prends ta valise et tu reprends le couloir, et il y aura une porte vitrée. C'est là que je t'attendrai. » Le couloir. Côté français. Toujours côté français. Comme une enfant, je répétais cela, j'avançais au radar. Et d'un coup j'ai vu Fausto. Et je n'ai pas vu ma valise. J'ai éclaté en sanglots. Incapable de me contrôler, persuadée que je ne savais même plus faire une chose aussi simple. Sincèrement effondrée. Fausto n'en revenait pas : « Mais tu n'as rien oublié : c'est juste que les policiers ont accepté de me laisser avancer. Elle est là, ta valise... »

Voilà ce que j'étais : une petite fille. J'avais imaginé que je pourrais foncer à nouveau, reprendre ma vie où je l'avais laissée, rattraper toutes ces années qu'on m'avait volées, et je n'en avais pas les moyens. C'est dur de prendre conscience de cela. Il a fallu que je me cache, alors, pour me guérir de tout cela.

Je ne pouvais pas oublier si facilement. Pas faire un trait sur ce qui m'était arrivé, sur le Mexique, et ne plus y penser. C'était en moi et il fallait que ça sorte. Que j'en parle. C'est avec Fausto que je l'ai fait. Il m'a raconté son histoire et je me suis sentie moins seule, moins perdue. Fausto a fui le Mexique parce qu'il en avait peur. Très jeune, il a été confronté à la violence : « Quand j'avais dix ans, environ, nous vivions avec ma famille dans un quartier agréable. Pas riche, mais confortable. Je grandissais dans une famille aisée. Mais un jour, mon frère a été attaqué au couteau, juste en face de chez nous. Je me souviens des cris dans la nuit, de sa chemise pleine de sang. Mon père et les voisins ont pu maîtriser les agresseurs, qui ont été arrêtés. Mais une fois libérés, ils nous ont harcelés. C'étaient des menaces sans cesse, nous étions en danger et la seule solution a été de déménager. Un dimanche matin, sans laisser de traces, sans rien dire à personne. Je n'ai même pas pu prévenir mes amis. C'est comme ça, au Mexique : une famille disparaît et on ne s'inquiète pas…

« Mais dans notre nouveau quartier, ce n'était pas la même chose : j'ai rencontré des gamins d'un autre milieu. Je m'étais fait un copain qui était le fils d'un commandant de la police judiciaire. Il fréquentait beaucoup les narcotrafiquants. Certains matins, il arrivait avec une montre de luxe, un collier en or ou autre chose et, au bout d'un moment, pour montrer que ce n'était rien pour lui, il jetait l'objet à travers la classe. Il me disait : "J'ai vu ça, chez moi. Les narcos font ça !"

« Un jour, il a disparu, lui aussi. Mais quelques semaines plus tard, il m'a appelé pour me demander de l'argent. Pour me menacer. Il me harcelait, ma mère me voyait trembler et avait peur de ce qui se passait. J'ai fini par lui renvoyer une montre qu'il m'avait laissée et j'ai été tranquille…

« Mais c'est plus tard, à peine adulte, que j'ai été enlevé. C'était devant chez moi, dans un taxi que j'avais pris à la gare. Je rentrais de Puebla, où je suivais des études pour devenir professeur de musique. Avant que j'aie le temps de descendre du taxi, deux types sont montés et la voiture a redémarré. Un des deux gars m'a dit : “À partir de maintenant, tu es séquestré.” Il avait un couteau, je n'ai pas bougé. Ils ont appelé mes parents, leur ont dit qu'ils me détenaient, afin d'obtenir le code de ma carte bancaire. Ils ont vidé mon compte.

« C'est dur d'oublier ça. On ne se sent plus en sécurité, ensuite. D'autant que je suis persuadé que je les connaissais, ces types. Le contraire est impossible. On se méfie de tout, alors. Et puis, il y avait ce policier, dans notre quartier, qui nous menaçait sans cesse, qui nous rançonnait. Il m'a même retenu dans une voiture de police toute une nuit, avant d'aller demander de l'argent à ma mère pour me libérer… »

Fausto a fui la violence. Lui aussi a voulu se mettre à l'abri. Ici, il est mieux placé que n'importe qui pour comprendre que ce qui m'est arrivé est possible, au Mexique. Il en connaît les codes. Il sait qu'on peut être embarqué dans une histoire comme celle qui m'est arrivée et ne jamais comprendre ce qui s'est vraiment passé. C'est bien mon cas ! Aurai-je un jour les réponses aux questions que je pose encore ?

J'ai bien essayé, après quelques mois de liberté. Puisque Eduardo Margolis, l'ancien associé de mon frère, avait fait savoir que je pouvais l'appeler, qu'il avait donné un numéro, je me suis payé le culot de le faire. Ce fut bien plus facile que je l'avais imaginé : on me l'a passé presque tout de suite. Fausto était à mes côtés, il n'en revenait pas. Margolis est presque un mythe, au Mexique. Un homme puissant. Qui fait peur. Mais il m'a accueillie avec beaucoup d'amabilité : « Comment vas-tu, Florence ? »

D'emblée, il m'a tutoyée. Nous avons échangé des nouvelles, comme deux vieilles connaissances. C'était incroyable. Et puis, très naturellement, il m'a raconté une histoire de voitures à propos desquelles Sébastien et lui s'étaient embrouillés et dont il était allé s'emparer dans un garage des frères d'Israel. Une histoire obscure :

« C'est comme ça que je me suis rendu compte que le frère d'Israel, Arturo, c'était l'homme que l'on avait tué lors d'une opération pour récupérer un séquestré.

– Oui, je savais qu'il avait été tué… »

Devant moi, Israel avait fait allusion à la mort de son frère mais sans jamais donner de détails.

« J'ai alors compris que toute la famille était une bande de ravisseurs. Donc je suis allé voir Luis Cárdenas Palomino et je lui ai donné toutes ces informations en lui demandant d'arrêter au plus vite le gang des frères Vallarta… »

Margolis serait donc à l'origine de l'arrestation d'Israel. Il aurait décrété que les Vallarta étaient des criminels et Palomino lui aurait obéi ! Ce qui est bizarre, c'est que les autres ont été arrêtés des années plus tard, dans les conditions qu'on sait…

« Mais moi ? Qu'est-ce que je venais faire là-dedans ?

– Toi, tu ne nous intéressais pas. Personne ne savait que tu serais là quand ils ont arrêté Israel. Et cet imbécile de Palomino qui t'a frappée et menacée en prononçant mon nom ! Il pensait que tu aurais plus peur de moi que de la police. Je n'ai jamais autorisé cela, moi ! Je suis allé leur reprocher. Leur dire qu'ils n'avaient pas le droit. Depuis sept ans, je suis fâché avec eux. García Luna m'a mis un tas de choses sur le dos : il a prétendu que j'étais un narcotrafiquant, il a fait fermer mes entreprises… Je sais que tu es innocente. Je l'ai toujours dit.

– Mais alors, pourquoi ne pas être venu le dire au procès ?

– Parce que j'aurais mis ma famille en danger. Tu n'as pas eu de chance, Florence, voilà tout… »

Qui faut-il croire ? Cet homme-là, qui prétend avoir mis quatre mille malfaiteurs sous les verrous avec son armée privée ? Ou Lupita, qui semble se battre seule contre une force obscure ? Aujourd'hui, les policiers disent qu'elle a raison, que sa famille n'a rien à se reprocher, et continuent de baisser la voix pour prononcer le nom d'Eduardo Margolis.

Tout cela est trop compliqué. Le Mexique était trop compliqué pour moi. Je me suis battue contre une puissance occulte et machiavélique qui s'est acharnée contre moi sans se soucier de toute la douleur que cela engendrait. Avec tant de haine. La haine que j'en ai conçue, moi, je l'ai transformée en force pour me battre. On a essayé de me tuer de mille manières – j'ai même songé à le faire moi-même – mais je m'en suis sortie. Avec cette angoisse rétrospective, peut-être : heureusement que la peine de mort n'existe plus, au Mexique ! Mais avec cette certitude, aussi : il ne faut jamais renoncer quand on a une vérité à défendre.

Mon père dit cela, encore aujourd'hui : « On n'aurait jamais lâché. Jamais ! » Du premier au dernier jour – et même ensuite – mes parents ont eu la force prodigieuse de faire front. Contre ce qui m'arrivait, contre tout un pays qu'ils ne connaissaient pas, contre leur propre nature, plutôt discrète. « C'est extraordinaire, ce qu'on peut faire pour son enfant », dit ma mère. C'est bien le mot. Mais pour elle non plus, ce n'est pas si évident d'oublier : « Plus rien ne sera comme avant. Parfois, j'ai l'impression qu'elle est encore là-bas. J'ai comme un doute. La confiance ne revient pas du jour au lendemain, il faut la réapprendre mais aussi relativiser. Je m'attache beaucoup moins à des choses qui me touchaient avant. Je me dis qu'après tout, puisque Florence est rentrée, je vais bien… »

Tous les deux, ils m'ont portée. « Nous avons eu la chance inouïe d'être ensemble, dit ma mère. Je n'imagine pas une personne seule face à tout cela. » Mais ils évoquent encore toute l'énergie qu'ils ont puisée dans les témoignages des gens : « C'est formidable, toute cette force ! Et de la part de gens que nous ne connaissions même pas ! C'était totalement désintéressé : un don gratuit et puissant. Nous nous demandions parfois pourquoi des gens que nous ne connaissions pas nous semblaient aussi proches. Au fond, pour qui le faisaient-ils ? Pour Florence ? Pour nous ? On ne sait pas vraiment. Mais c'est fou, ce qu'on a eu comme retours. »

S'il faut tirer quelque chose de positif de tout cela, ma mère ne cherche pas plus loin : « Moi qui suis plutôt de nature renfermée, solitaire, j'ai été totalement bluffée par cette aide spontanée et sans arrière-pensées. » À tel point que mon père s'inquiète encore un peu : « Avons-nous suffisamment remercié tous ces gens ? »

Pour le reste, ma mère dit ignorer les persifleurs et mon père met des mots sur le choc qu'ils ont encaissé : « Jamais je n'aurais imaginé qu'un de mes enfants se retrouve un jour en prison. » Mais eux n'ont jamais douté de moi. Pas un seul instant. C'est une richesse, ça ! Qui me donne l'énergie de me battre aujourd'hui encore pour qu'on comprenne une bonne fois pour toutes que la Cour suprême m'a innocentée. Je me bats contre une autre force cachée, qui fait son miel de la rumeur et de la calomnie. Je n'ai jamais été agressée, ni même interpellée dans la rue, mais sur les réseaux sociaux, qu'est-ce que je prends ! Parfois, quand tout cela me fait mal, je relis l'arrêt de la Cour suprême, daté du 23 janvier 2013. Il est écrit, parce que c'est la formule juridique : « La justice de l'union aide et protège Florence Marie Louise Cassez Crépin contre la déclaration et les arguments utilisés pour cette sentence. » La condamnation est annulée, les arguments sur lesquels elle se fondait également.

Plus loin, il est même précisé que sont sans effet la sentence et les accusations de privation illégale de liberté sous forme de séquestration à l'encontre de Cristina Ríos Valladares, Cristian Hilario Ramírez Ríos, Ezequiel Elizalde Flores.

Comment appelle-t-on quelqu'un sur qui ne pèse aucune charge ? Au Mexique, les plus hauts magistrats, des avocats, des universitaires répètent que c'est grâce à mon histoire que s'applique désormais la présomption d'innocence. Alors moi aussi, j'ai le droit une bonne fois pour toutes et face à tous à ce joli mot : innocente.

Chronologie

11 mars 2003 : Florence Cassez rejoint son frère Sébastien installé au Mexique.

Octobre 2004 : Rencontre avec Israel Vallarta par l'intermédiaire de Sébastien.

Avril 2005 : Florence se sépare d'Israel Vallarta et retourne en France en juillet.

9 septembre 2005 : Après des difficultés pour trouver du travail en France, Florence retourne au Mexique. Israel propose de l'héberger au Ranch « Las Chinitas » le temps de trouver un logement.

4 novembre 2005 : Florence est embauchée à l'hôtel Fiesta Americana, dans le centre de Mexico.

6 décembre 2005 : Florence trouve un appartement et signe un bail.

8 décembre 2005 : Florence est arrêtée en début de journée, à bord d'une camionnette transportant des affaires qu'elle déménage avec l'aide d'Israel Vallarta.

9 décembre 2005 : La police met en scène une arrestation et une opération de sauvetage pour deux chaînes de télévision en direct (TV Azteca et Televisa) au ranch d'Israel Vallarta. Trois personnes, Ezequiel Elizalde Flores, Cristina Ríos Valladares et son fils Cristian, âgé de 10 ans, sont prétendument libérées.

11 décembre 2005 : Florence est mise en « Arraigo », l'équivalent d'une garde à vue, pour 90 jours.

6 février 2005 : Florence témoigne en direct depuis sa garde à vue pour l'émission « Punto de partida » et dénonce le montage de son arrestation en accusant directement Genaro García Luna alors présent sur le plateau.

8 mars 2006 : Première audience de son procès.

25 avril 2008 : Florence Cassez est condamnée à 96 ans de prison.

4 mars 2009 : Condamnation en appel, Florence Cassez obtient une réduction de sa peine de 96 à 60 ans d'emprisonnement.

9 mars 2009 : Les Présidents Nicolas Sarkozy et Felipe Calderón annoncent la création d'une « Commission binationale » qui aura pour tâche d'examiner le transfèrement des personnes condamnées, comme prévu dans la Convention de Strasbourg signée par le Mexique en 2007.

Juillet 2009 : Felipe Calderón annonce à la télévision mexicaine que Florence Cassez purgera sa peine au

Mexique, expliquant que les conditions pour un transfert en France ne sont pas réunies.

Août 2010 : Recours en amparo, « en cassation », reposant sur les violations du Code pénal mexicain dénoncées par Florence Cassez et ses avocats.

10 février 2011 : Le 7e tribunal collégial en matière pénale refuse d'analyser objectivement les preuves présentées par la défense de Florence Cassez et la juge responsable des délits qui lui sont reprochés.

21 février 2011 : L'hebdomadaire *Proceso* écrit que Roberto Gil Zuarth, porte-parole du gouvernement mexicain, aurait rencontre le président de la Cour suprême et trois de ses magistrats du 7e tribunal quelques heures avant que celui-ci émette son verdict concernant le « pourvoi en cassation ». M. Gil Zuath aurait argumenté : « Si Cassez est déclarée innocente, cela entraînera non seulement la chute de Genaro García Luna mais aussi l'image du gouvernement de Felipe Calderón et sa lutte contre le crime organisé. »

14 février 2011 : Le Président Nicolas Sarkozy annonce la décision de dédier l'année du Mexique en France à Florence Cassez.

7 mars 2011 : Florence décide de déposer un recours à la Cour suprême.

21 mars 2012 : La Cour suprême rejette la libération immédiate proposée par le Ministre Zaldivar. La ministre Olga Sánchez doit établir un nouveau projet.

2 décembre 2012 : Felipe Calderón s'exile aux États-Unis d'Amérique, après avoir fini son mandat.

23 janvier 2013 : La Cour suprême invalide toutes les charges qui pèsent sur Florence et ordonne sa liberté absolue et immédiate.

24 janvier 2013 : Florence arrive en France à l'aéroport de Roissy.

20 juillet 2013 : Florence se marie avec Fausto Avila à Dunkerque.

Remerciements

Je remercie du fond du cœur :

Mes parents, pour leur amour inconditionnel.

Eloy y Margarita Avila, pour avoir été à mes côtés depuis 2009.

Juan Silva Meza, pour m'avoir ouvert les portes de la Cour suprême de justice.

Arturo Zaldivar Lelo de Larrea, pour son remarquable projet à la SCNJ, qui m'a rendu ma liberté.

Olga Sánchez Cordero, pour sa conviction.

Alfredo Gutiérrez Ortiz Mena, pour son courage.

Mes avocats, Maîtres Agustin Acosta et Frank Berton, pour leur combat pour la vérité.

Thierry Lazarro, pour avoir été « Le premier ».

Frédéric Cuvillier, pour son soutien de taille.

Damien Loras pour ses visites.

Vera Valenza et son successeur Gérald Martin, Consul Général de France au Mexique.

Daniel Parfait, et toute son équipe à l'Ambassade de France au Mexique.

Toute l'équipe de *La Voix du Nord*, pour leur présence depuis le début.

Michel Lafon, pour sa confiance renouvelée.

Juan Calderon, pour son amitié.

Jean-Claude Bocksenbaum et son épouse Sylvie, pour leurs précieux conseils. Merci !

José Révéles, pour son excellente enquête dans le livre *El Affair Cassez* des éditions Temas de hoy, publié au Mexique.

Les Dunkerquois et leur maire, Michel Delebarre.

Tous les mexicains qui m'ont soutenue et qui se reconnaîtront. Mon comité de soutien, ainsi que mes amis Jean-Luc Romero et Christophe Michel, David Bertet au Canada.

Toutes mes amies, toutes mes compagnes de Tepepan, qui m'ont soutenue, embrassée, appréciée et qui disaient souvent m'admirer. Grâce à elles j'ai tellement appris... Vous me manquez et je pense à vous tous les jours, sans savoir pourquoi ce quotidien à vos côtés me manque terriblement des fois...

Mon époux Fausto et sa fille Harika-Maria, pour leur amour.

Composition PCA
44400 – Rezé

Éditions de Noyelles,
123, boulevard de Grenelle, Paris
www.franceloisirs.com
Une édition du Club France Loisirs, Paris
réalisée avec l'autorisation des Éditions Michel Lafon

IMPRIM'VERT® PEFC 10-31-1510

Imprimé en France

par Corlet Imprimeur S.A.
N° d'imprimeur : 162440
N° ISBN : 978-2-298-08270-8
N° Editeur : 75466
Dépôt légal : février 2014